Belas Letras.

COM JOEL SELVIN

SAMMY HAGAR

RED

MINHA VIDA NO ROCK SEM CENSURA

Belas Letras

Título original: *Red: my uncensored life in rock*
Publicado mediante acordo com HarperCollins Publishers.

Este livro é o resultado de um trabalho feito com muito amor, diversão e gente finice pelas seguintes pessoas:

Gustavo Guertler (*publisher*), Eduardo Alves (tradução), Celso Orlandin Jr. (capa, projeto gráfico e diagramação), Danielle Sales (preparação), Paola Sabbag Caputo (revisão), Mariane Genaro (edição).
Obrigado, amigos.

Foto da capa: Jared Milgrim | Alamy Stock Photo

Demais fotos: cortesias do autor

2021

Editora Belas Letras Ltda.
Rua Antônio Corsetti, 221 – Bairro Cinquentenário
CEP 95012-080 – Caxias do Sul – RS
www.belasletras.com.br

Dados Internacionais de Catalogação na Fonte (CIP)
Biblioteca Pública Municipal Dr. Demetrio Niederauer
Caxias do Sul, RS

H141r Hagar, Sammy
Red: minha vida no rock sem censuras / Sammy Hagar com Joel Salvin; tradutor: Eduardo Alves. - Caxias do Sul, RS: Belas Letras, 2021.
336 p.

ISBN: 978-65-5537-118-5
ISBN: 978-65-5537-117-8

1. Hagar, Sammy, 1947-. 2. Autobiografia. 3. Van Halen (Conjunto musical). 4. Músicos de rock – Estados Unidos – Biografia. I. Salvin, Joel. II. Alves, Eduardo. III. Título.

21/48 CDU 929Hagar

Catalogação elaborada por Vanessa Pinent, CRB-10/1297

MISTO
Papel produzido a partir de fontes responsáveis
FSC® C148257
FSC www.fsc.org

PARA GLADYS

SUMÁRIO

PREFÁCIO

Por Michael Anthony

A PRIMEIRA VEZ QUE VI OS IRMÃOS VAN HALEN tocando foi quando eu estudava na Arcadia High School, no leste de Los Angeles. Foi durante uma feira estudantil realizada em um campo de futebol, e a banda se chamava Mammoth. Eram apenas Eddie Van Halen na guitarra, seu irmão Alex Van Halen na bateria e um sujeito chamado Mark Stone tocando baixo. Eddie fazia todos os vocais. Eles tocaram Cream, Grand Funk Railroad e The Who. Eddie acertava em cheio cada uma das notas de todas as músicas, exatamente como nos discos.

Depois do ensino médio, participei de uma banda chamada Snake. Um nome bastante original, eu sei. Abrimos um show do Van Halen na Pasadena High School. Eles agora tinham um vocalista. Lembro-me de ficar sentado no estacionamento depois do show conversando com Eddie.

Avancemos para meu segundo ano na Pasadena City College, e por intermédio de um amigo em comum voltei a ter contato com os irmãos Van Halen. Eles queriam se livrar de um baixista e me pediram para fazer uma jam com eles. Foi quando me convidaram para entrar na banda.

Tocamos em todos os lugares que conseguimos. Aqueles caras estavam decididos a dar duro e fazer a banda acontecer. Tocamos em festas, clubes, coisas do tipo, aonde quer que o dinheiro para a gasolina conseguisse nos levar. Depois de tocar a noite toda, eu praticamente dormia dentro do meu carro quando deveria estar na aula. Estava me preparando para tomar uma decisão — ir para a escola ou ter uma banda — quando meu pai me expulsou de casa.

Os Van Halen eram garotos normais. Todos festejávamos bastante e, sendo irmãos, eles brigavam muito. Eles sempre se abraçavam e faziam as pazes depois, mas tinham sérias desavenças e tínhamos que os separar. Fosse onde fosse — eles começavam a socar um ao outro, mas pouco depois passavam a chorar e se abraçar, dizendo: "Eu te amo, cara". Aqueles dois tinham uma conexão, não apenas fraternal, mas musical também. Ed queria ouvir Al em seu monitor. Al queria ouvir Ed em seu monitor. Cada um tocava com base no que o outro estava tocando.

Antes de Sammy aparecer, todos estávamos completamente arrasados. Parecia possível que a banda tivesse chegado ao fim depois da saída de Roth. Quando assinamos com a Warner Bros., amigos na indústria nos disseram que cinco anos era uma boa expectativa de vida para uma banda de rock. Pensamos que tínhamos chegado ao fim. A gravadora também não estava muito empolgada. Eles sequer queriam que continuássemos a chamar a banda de Van Halen. Eddie e Al não sabiam o que fazer. Eles cogitaram nomes de alguns vocalistas e chegamos a chamar alguns caras desconhecidos para cantar conosco porque pensamos que ter alguém que já fosse conhecido mudaria a dinâmica da banda. Isso não deu certo, e ninguém sabia o que fazer até que Claudio Zampoli, o mecânico que cuidava do carro do Eddie, sugeriu que ele telefonasse para o Sammy.

Desde aquele primeiro momento em que apertei sua mão quando ele chegou no 5150 Studios do Van Halen, eu soube que aquele cara tinha uma boa vibração. Não nos conhecíamos, mas eu era um grande fã: quando trabalhamos com o produtor Ted Templeman na gravação do primeiro álbum do Van Halen, nós lhe pedimos que fizesse com que soássemos como o Montrose — queríamos aquele som cheio de "Rock Candy".

Sammy foi um grande alento. Fomos ao estúdio para que ele ouvisse algumas músicas. Nós tocamos e ele começou a cantar junto. O que quer que Eddie tocasse, ele conseguia acompanhar. Todos olhamos para o engenheiro, Donn Landee, e exclamamos: "Puta merda!". Foi como se as nuvens se dissipassem, o céu clareasse, o sol aparecesse, os pássaros cantassem, os animais dançassem. Foi algo como: "Amém! Temos uma banda". Ele era a peça perfeita que faltava no quebra-cabeça.

Ficamos boquiabertos. Gravamos fitas cassete e depois sentamos para trabalhar com o engenheiro de som. Lembro-me de dizer: "Temos uma banda". Todos vínhamos nos sentindo para baixo e não sabíamos o que fazer. Aquela era a resposta para nossas preces. Aquele era o empurrão de que precisávamos. Aquilo era... porra, aquilo era a coisa certa.

Toquei a fita para minha esposa, Sue. Era apenas uma letra que Sammy havia criado no improviso, a qual mais tarde se transformou em "Summer Nights". Ela pirou com o que ouviu. Ela conseguiu perceber. Você pode se reunir com algumas pessoas e tocar, e eu já fiz isso muitas vezes em bandas. Algumas vezes são ótimas, algumas vezes você vai só levando. Mas algo mágico assim acontece somente uma vez na vida, isso se você tiver sorte.

De repente, chegamos a outro nível. Não só tínhamos um sujeito que sabia cantar muito bem, como também tínhamos um outro guitarrista. Foi algo novo, algo diferente, e Eddie curtiu muito isso. Sammy era o que faltava. Ele foi a pessoa que nos levou a um nível mais alto com o Van Halen.

Sam e eu nos demos bem logo de cara. Nós nos tornamos amigos de um jeito que eu nunca tinha experimentado com mais ninguém da banda. A banda toda foi influenciada por essa atmosfera. Nada nos atrapalharia. Tivemos nada menos que um renascimento do Van Halen. Havia muita energia fluindo naquele estúdio enquanto trabalhávamos no álbum *5150*, as ideias surgiam a torto e a direito, tudo novo e empolgante.

Com Sammy, criávamos verdadeiras melodias. Ele era simplesmente um grande e completo músico. Eddie podia dizer, "Ei, Sam, tive uma ideia", então Sammy pegava sua guitarra e dizia, "Tá, mas o que você acha disso?". Essa foi uma grande novidade para nós. Começamos a nos tornar uma banda muito mais musical.

A carreira do Van Halen chegou a níveis estratosféricos com Sammy. A banda conquistou múltiplos discos de platina. Dominamos o mundo do rock de arena e tocamos em casas com ingressos esgotados noite após noite durante mais de dez anos. Éramos a banda de hard rock número um e foi Sammy quem nos elevou a esse patamar.

À medida que as coisas começaram a azedar com Sam, fiquei de lado vendo tudo acontecer. Eu tinha uma zona de conforto no Van Halen e não abriria mão dela. Eles eram a minha banda.

Quando Sammy foi forçado a sair da banda, e eles estavam negociando qualquer tipo de acordo para que isso acontecesse, não quis participar das discussões. Apenas fiz o que era considerado politicamente correto. Tenho certeza de que havia muitas coisas que os irmãos Van Halen estavam escondendo de mim àquela altura, coisas que eles simplesmente decidiram e colocaram em prática.

Eddie Van Halen queria estar no controle de tudo. Al concordava com tudo que Ed fazia. Ed assumiu as rédeas da banda e estava sempre à procura de um peão ou um fantoche. Depois que Sammy saiu da banda, não voltamos a fazer nada até Gary Cherone entrar na banda em 1998.

Quando Sammy caiu na estrada com Roth, eles acharam tudo aquilo uma palhaçada. Eddie deixou claro que não queria que eu entrasse em turnê com eles. Eu havia tocado em alguns shows com Sammy anteriormente, e ele não ficou nada feliz com isso. Mas eu era só o baixista. Meu sobrenome não é Van Halen. Eu não achava que estava fazendo alguma coisa errada. Eu achava que estava agitando a bandeira do Van Halen. Ed me telefonou quando ficou sabendo que talvez eu fosse aparecer como convidado em alguns dos shows. Eu não ia fazer a turnê toda, mas Sammy me perguntou se eu gostaria de tocar em alguns dos shows. Topei na hora. Lembro de Ed dizendo: "Você não vai fazer parte desse circo, vai?".

Quando surgiu a ideia de uma turnê de reunião do Van Halen, também não participei de nenhuma dessas discussões. Sei que Eddie não queria que eu fizesse parte dela. Eu era considerado um traidor porque tinha ido para o time do Sam. Ele não conseguia entender por que eu não podia ficar em casa sem fazer nada até que ele decidisse que faríamos alguma coisa.

Ele queria me pagar um salário e, algum tempo depois, Sammy, Alex e até mesmo nosso empresário abriram mão de suas porcentagens para que eu ficasse com algo em torno de treze por cento. Não que eu precisasse do dinheiro. O único motivo de eu ter feito aquela turnê foi porque Sammy estava nela. Para estar nessa turnê, praticamente abri mão de quaisquer direitos futuros que pudesse vir a ter com o Van Halen. Se Sammy não estivesse lá, eu sequer teria levado isso em consideração porque, naquela época, me sentia como se fosse um estranho para os irmãos. De alguma maneira, toquei nos shows.

Em algumas noites, Eddie me abraçava e dizia: "O Mike está de volta. Você está tocando tão bem, cara". Em outras, no palco, seu olhar passava direto por mim, como se eu sequer estivesse lá. Passei muito tempo de olho no Alex durante aqueles shows, apenas tentando manter tudo em sintonia. Eddie me dizia: "Olhe para mim o tempo todo".

Durante os ensaios, Ed me perguntava sobre mudanças em algumas das músicas. Eu tinha que mudar o que estava tocando, sabendo que era daquele jeito que elas deveriam ser tocadas. Eddie sequer deu as caras nos primeiros ensaios. Alex e eu tocávamos em cima da base de teclado de todas as músicas porque tínhamos isso gravado em fita. Sam só chegava e cantava. Tudo soava tão bem. Então Ed chegava e mudava tudo por completo. Certa vez, vi Eddie dando uma entrevista e ele chegou a mostrar ao sujeito onde tinha marcado o braço de sua guitarra para que pudesse saber onde tinha que entrar. Nunca vou saber como conseguimos segurar as pontas durante todos aqueles shows.

Nós nos encontrávamos no meio da tarde para fazer a passagem de som no hotel. Eddie entrava no elevador, com calças jeans rasgadas, sem camisa e uma garrafa de vinho na mão. Isso era apenas o começo, e ele seguia mandando ver ao longo da noite.

No último show daquela turnê, Eddie chegou nos bastidores com desenhos no rosto e no peito feitos com um marcador. Alex o obrigou a lavar o rosto antes de subir no palco, mas o cara estava um caco. Depois do que aconteceu durante o show, eu sequer quis viajar no mesmo avião que ele. Não me despedi de ninguém depois do show. Nunca mais falei com Eddie Van Halen. Descobri que seu filho, Wolfie, tinha me substituído na banda na mesma época em que todo mundo ficou sabendo — quando ele fez sua grande coletiva de imprensa.

Depois que eles tiraram Sammy da banda, fiquei muito tempo sem falar com Sam. O Van Halen era minha banda e fiquei do lado deles. Posso ter feito alguns comentários sobre Sammy na imprensa, sobre seu trabalho, mas, em grande parte, segui em frente com os irmãos. Nunca falei mal do Sammy. Tínhamos sido amigos. Fomos amigos até ele sair da banda. Depois disso, se aqueles caras descobrissem que eu sequer havia conversado com Sammy, esse teria sido o meu fim.

Foi minha esposa que me encorajou a tocar com Sam de novo. Ela viu como eu estava infeliz perambulando pela casa. Essa foi a melhor terapia que eu poderia ter feito, porque estava paranoico em relação a minhas habilidades. Eu poderia ter desistido de tocar baixo para sempre. Depois do que passei com aqueles irmãos, puta merda, eu estava paranoico com relação a tudo.

Quando Sammy e eu voltamos a conversar, nos reconectamos em um nível pessoal, nada que tivesse a ver com música, na verdade. Nós nos tornamos ainda mais amigos. Ele me ajudou a atravessar alguns momentos difíceis. Não se tratava mais só de música entre Sammy e eu. Nós nos tornamos bons amigos sem outras intenções.

Ele é o cara mais alegre e otimista do mundo. Ele ama a vida. Por acaso, também é um vocalista e músico. E outra coisa — ele não é mentiroso. Se Sammy diz que alguma coisa aconteceu, pode acreditar. Não existe ninguém como ele. Não sei como colocar isso em palavras. Sam é um maluco filho da mãe. Mas digo isso com a melhor das intenções.

Michael Anthony
Dezembro de 2010

1

FILHO DA MÃE AZARADO

QUANDO EU ERA CRIANÇA, FONTANA, NA CALIFÓRNIA, era repleta de laranjais, vinhedos e aviários. Eu podia comer laranjas, toranjas e tangerinas o dia todo se quisesse. Eu tinha que atravessar um laranjal só para chegar à casa do meu vizinho. Não existia um bairro de verdade. Isso foi muito antes dos bairros planejados. Nas esquinas de cada um dos amplos quarteirões do interior, havia grandes tanques de cimento a céu aberto de três metros de altura, chamados de reservatórios, que distribuíam água para as casas a partir da limpa e pura Lytle Creek aos pés das montanhas. Os reservatórios de água tinham uma boia dentro e, quando o nível da água ficava muito baixo, a boia era acionada e eles eram reabastecidos como um vaso sanitário. Cada um deles tinha uma escada que levava ao topo para que os trabalhadores pudessem realizar sua manutenção, e a molecada vivia se afogando neles. Sempre ouvíamos boatos de que uma criança tinha pegado poliomielite em um desses reservatórios. Mas bebíamos dessa água, e ela era um gelo só. No verão, costumávamos pular dentro deles e nadar. Na verdade, nós não nadávamos, mas afundávamos, morríamos de frio e saíamos correndo. Não gostaria de dizer que mijávamos lá dentro, mas mijávamos.

Meu pai se mudou para Fontana porque tinha ouvido falar que a siderúrgica local estava contratando. Quando nasci no Monterey County Hospital em Salinas, na Califórnia, meu pai e minha mãe colhiam alface nos campos e moravam em um acampamento onde todas as outras pessoas eram mexicanas. A Kaiser Steel Mill — a primeira siderúrgica a oeste do Mississippi — basicamente criou Fontana. À medida que todos os jovens de Fontana cresciam, tentavam concluir o ensino médio para conseguir um emprego na Kaiser Steel. Achávamos que ela pagava muito bem. No começo, sequer era preciso um diploma do ensino médio, mas, conforme a Kaiser Steel crescia e outras fábricas iam sendo abertas, onde eram fabricados canos ou grandes vigas, passou a ser necessário ter um diploma do ensino médio. A não ser, claro, que recebessem um pedido grande e precisassem de pessoal. Então contratavam qualquer um e o despediam quando o trabalho estivesse concluído. Mas todos ficavam felizes em ir até lá e receber o que quer que eles pagassem.

Era um trabalho brutal, porém trabalhar na siderúrgica significava trabalhar em um calor de 70°C, com pedaços de metal quente voando em sua direção. Meu pai trabalhava no forno Siemens-Martin, o lugar mais quente e o trabalho mais difícil da fábrica, onde os lingotes eram jogados em cubas e transformados em aço. Na porcaria de aço fundido. Ele chegava em casa com as roupas ensopadas de suor e costumava tomar cápsulas de sal todos os dias antes de ir trabalhar. Ele provavelmente tinha a posição mais baixa na hierarquia e seu horário era alterado quase todas as semanas. Ele passava do noturno para o turno da madrugada para o do dia. Às vezes chegava em casa à meia-noite e voltava para o trabalho às 6 da manhã. Certa vez sofreu uma queimadura muito grave — a lateral de seu rosto foi arrancada por completo. Apenas por causa do calor. Ele não foi atingido pelo aço. Aconteceu de ele chegar perto demais ou houve uma explosão ou algo assim e a porra da pele do rosto dele foi arrancada.

Os pais do meu pai eram trabalhadores rurais migrantes que tinham deixado o Kentucky em uma carroça coberta. Colheram algodão ao longo do caminho até chegarem ao Texas, onde meu pai nasceu. Dois filhos nasceram lá — foi esse o tempo que ficaram no Texas. Eles tiveram treze filhos. Ele teve uma irmã caçula, mas era o menino mais novo. Meu pai era bonito e atlético, no entanto, era um merdinha malvado. Ele dava um coro em seus irmãos maiores. Meu tio me contou que meu pai correu atrás de seu irmão mais velho, tio Charlie, até que este subisse em uma árvore. Meu pai ficou ali sentado, fumando um cigarro, esperando ele descer para poder dar umas palmadas na bunda dele. Charlie dormiu na árvore para não tomar uma surra do meu pai.

Minha mãe, Gladys, nasceu em Los Angeles. O pai dela imigrou da Itália quando tinha onze anos e nunca aprendeu a falar, ler ou escrever em inglês. Ele e minha avó — que também era italiana — nunca tiveram uma casa. Eles moravam em um trailer e estavam sempre se mudando. Ele era cozinheiro e ia aonde havia trabalho. Cozinhava em Yosemite e subia até Klamath durante a piracema do salmão. Caçava, pescava e trabalhava só quando precisava. Durante o inverno, cozinhava em Palm Springs e montava bufês enormes na pousada onde o presidente Eisenhower se hospedava. Mas, quando a estação chegava ao fim, ele fazia as malas, pegava todo o seu dinheiro, roubava tudo o que conseguia do restaurante e dava no pé no meio da noite. Meu avô era um tremendo de um ladrão — um verdadeiro trapaceiro. E era um canalha também. Ele era legal de vez em quando. Recebi meu nome em homenagem ao desgraçado, Sam Roy. Eles criaram minha mãe e a irmã dela desse jeito. Ela cresceu em uma barraca e não terminou a sétima série.

Minha mãe e meu pai se casaram quando ela estava com quinze anos. Minha mãe sempre dizia que todas as garotas gostavam dele no ensino médio. Meu pai tinha sonhos. Ele queria ser algum tipo de figurão. Gostava de socializar com figurões. Bob Hope costumava deixar que ele fosse seu *caddie* nos fins de semana, durante sua juventude em Palm Springs. Ela estava com dezesseis anos quando teve minha irmã mais velha, Bobbi. Praticamente no dia em que teve o bebê, assim que chegou em casa do hospital, ela engravidou de novo da minha outra irmã. Minhas irmãs Velma e Bobbi nasceram com uma diferença de nove meses.

Meu pai podia dar um coro em qualquer pessoa. Eu tinha muito orgulho disso quando jovem. Ele era um tremendo de um durão. Quando era mais novo, Bobby Hagar foi um boxeador peso-galo. Venceu suas primeiras oito lutas por nocaute. Era um cara baixinho, de 1,72 metro de altura, do mesmo tamanho que eu, mas o filho da mãe sabia bater — ele poderia ter sido alguém na vida. Mas foi recrutado para a Segunda Guerra Mundial, pouco depois de ter deixado minha mãe grávida do meu irmão Robert. Meu pai foi enviado como paraquedista. Ele nunca tinha estado em um avião e de repente estava pulando de um deles. Em seu primeiro salto, acima de um campo de batalha na França, seu paraquedas foi soprado para fora de curso e ele deu de cara com uma árvore. Ele tinha uma submetralhadora e, enquanto descia, ficou assustado, então salpicou a terra com balas. Ele se chocou contra uma árvore e quebrou a mandíbula. Teve que cortar o paraquedas para descer. Cavou um buraco e ficou em uma trincheira por alguns dias. Sua mandíbula estava acabando com ele. Estava desorientado, obviamente todo machucado por causa do choque contra a árvore, mas tinha sua arma. Ali perto havia um soldado alemão, também separado de seu pelotão, e eles brincaram de cão e gato até meu pai matá-lo em um tiroteio. Acho que isso mexeu muito com a cabeça dele. Matar alguém cara a cara não é como atirar em pessoas que você não conhece. Meu pai viveu com aquele sujeito durante alguns dias, movendo-se sorrateiros, sem dormirem à noite, sem de fato quererem arrumar encrenca um com o outro, mas de vez em quando atirando a esmo.

Quando voltou para sua companhia, ele já estava louco. Ele surtou por ter atirado naquele homem. Além disso, ele era durão de qualquer maneira. Ele esvaziou o pente de sua arma no chão diante de seu comandante. Mandou que ele dançasse. Isso lhe rendeu uma baixa desonrosa, para dizer o mínimo, e quando voltou para a Califórnia já era um louco alcoólatra. A guerra mexeu muito com ele. Minha mãe disse que, quando ele voltou da guerra, costumava pular da cama no meio da noite e gritar: "Onde está minha submetralhadora? Onde está minha submetralhadora?".

Nasci alguns anos depois, no dia 13 de outubro de 1947, e àquela altura éramos muito pobres. Mas, mesmo enquanto crescia, nunca soube exatamente como nossa situação era precária. Minha mãe era uma ótima cozinheira e conseguia se virar com qualquer coisa, então sempre comíamos bem. Eu andava por aí com muita fome porque nunca tinha dinheiro. Se eu quisesse comer, tinha que ir para casa e esperar pela minha mãe ou cozinhar alguma coisa por conta própria. Já cozinhava para mim mesmo aos oito anos. Observava o que minha mãe fazia. Eu sabia cozinhar espaguete e pegar tomates enlatados ou frescos do nosso jardim. Eu sabia fazer molho de tomate. Isso não me parecia coisa de uma família pobre. Minha mãe era louca por limpeza. Nossa casa era imaculada. Nossas roupas estavam sempre lavadas. Ela as passava, ficava acordada até as 4 horas da manhã passando roupas de outras pessoas e depois as nossas.

Minha mãe tinha um galinheiro e sempre tivemos galinhas. Quando nos mudávamos (o que aconteceu muitas vezes), levávamos as galinhas. Nunca tivemos uma casa própria, e sempre abandonávamos meu pai porque ele era um alcoólatra terrível que batia na minha mãe. Quando meu pai chegava bêbado em casa, saíamos de fininho e íamos dormir nos laranjais. Minha mãe escondia cobertores embrulhados em sacos plásticos, uma lanterna e pequenos estoques de água e comida nos fundos, prontos para as vezes em que tínhamos de escapar pela janela no meio da noite.

Isso sempre acontecia no dia de pagamento. Ele recebia às quintas-feiras e, quando não voltava do trabalho direto para casa, minha mãe começava a fazer planos. Ele chegava bêbado em casa, começava a berrar e gritar. Ele nunca batia em nós, crianças, mas espancava minha mãe. Todos na família odiavam meu pai, mas tinham medo dele. Certa vez, minha irmã Velma o golpeou na cabeça com um taco de beisebol, porque ele tinha prendido minha mãe no chão. Ela se aproximou por trás dele — ela tinha por volta de doze anos —, o acertou na cabeça e sujou a casa toda de sangue. Minha mãe se levantou e fugimos. Demos o fora dali.

Abandonávamos meu pai e, assim que ficava sozinho, ele perdia o lugar onde morava. Ele ficava dentro de casa, não ia trabalhar e não pagava o aluguel, até ser expulso de lá pela polícia. Era comum ser mandado para a cadeia. Esse era o resultado final padrão de toda a sua bebedeira. Às vezes ele também era preso por dirigir embriagado. Em todas essas ocasiões, éramos forçados a encontrar uma casa nova e nos mudar, ou minha mãe pegava emprestado o trailer do pai dela. Mas de alguma maneira sempre acabávamos de volta com meu pai.

Pouco antes de eu nascer, minha mãe sofreu um aborto. Ela não queria engravidar, pois já odiava meu pai àquela altura. Ela sabia que ele era louco e não queria outro filho. Só queria criar os filhos que já tinha e dar o fora daquele casamento. Estava ciente disso havia muito tempo. Ela sofreu o aborto e logo depois voltou a engravidar — e estava bastante deprimida. Ela não gostou de me revelar isso, mas alguns anos depois confessou: "Você tem sorte de estar vivo, rapaz. Se eu tivesse aquele bebê, se não tivesse sofrido um aborto, nunca teria você". Eu amava meu pai, mas ele era louco.

Por alguma razão, meu pai era rigoroso com meu irmão mais velho, Robert. Meu pai o chamava de "cérebro de minhoca" e, por isso, meu irmão começava a chorar, o que fazia com que meu pai o ridicularizasse ainda mais.

— Buáááá — imitava ele. — Você parece uma maldita sirene, seu merdinha.

Ele também odiava minhas irmãs. Tudo desandou quando elas chegaram à adolescência e começaram a sair com garotos. Certa vez, ele ficou tão bêbado que espancou o namorado de uma das minhas irmãs. Esse foi o fim da linha para ele e minha mãe.

Eu era o favorito do meu pai. Eu era o rei. O "cérebro de músculos". Ele me chamava de Campeão, como se eu fosse o próximo campeão mundial. Ele me apresentava aos amigos assim: "Ei, aqui está o Campeão. Ele tem um belo direto de esquerda". Ele queria fazer de mim um boxeador. Todos os dias, eu chegava da escola e, se meu pai estivesse em casa, ele me fazia treinar. Ele preparava um sanduíche BLT para ele — ele era um grande fã do BLT (bacon, alface e tomate) — e se sentava lá com suas roupas de trabalho, pronto para ir trabalhar.

— Coloque as luvas — dizia ele. Não interessava se eu tivesse levado um amigo para casa. Meu pai dizia: — Coloque as luvas de boxe com seu amiguinho aqui. — Obrigava meu irmão a se ajoelhar para boxear comigo. Ele me fazia treinar boxe todos os dias. Colocava as luvas comigo e me ensinava. Ele me levava a academias e me fazia bater nos sacos de pancada. — Dê um passo para perto e gire o corpo — dizia ele.

Meu pai era canhoto, então podia te acertar totalmente de surpresa, de um jeito que só boxeadores canhotos conseguem. Mesmo que você saiba lutar um pouco, os canhotos te atacam ao contrário. Além do mais, ele batia com força. Alguns boxeadores têm esse dom. Tem gente que simplesmente sabe socar. Há uma magia no momento, sobre como você usa seu peso e todas essas coisas. Por ser canhoto e saber bater, ele simplesmente nocauteava todo mundo. Ele era um prodígio de um soco só.

Como meu pai batia com tanta força, aprendi a me esquivar. Aos oito anos, eu estava cada vez mais rápido. Eu ficava um pouco afastado e depois me aproximava. Ele tentava me acertar de vez em quando e eu desviava. Ele adorava isso e costumava se gabar a meu respeito. Meu irmão era maior que eu e podia bater com mais força. Eu também não queria apanhar dele, então simplesmente fui me tornando mais rápido. Para perto e para longe, para perto e para longe. Eu tinha um ótimo direto de esquerda para um garotinho. Eu costumava bater nos meus vizinhos, nos meus amigos. Fazia o nariz deles sangrar e meu pai me dava quinze centavos por isso.

Quando eu tinha quatro anos, meu pai começou a martelar na minha cabeça que eu seria um campeão. Mas minha mãe era pragmática: "Vamos colher frutas esta semana, e você vai colher framboesas por trinta e cinco centavos a caixa" —, o que significava, na minha idade, talvez duas caixas por dia — "e você vai trabalhar o verão inteiro para que possa comprar sapatos bons para a escola. Caso contrário, não vou ter dinheiro para comprar roupas novas para você".

SEMPRE GOSTEI DE carros. Quando tinha uns três anos, eu costumava ficar em pé no banco de trás e me inclinar sobre o assento da frente onde minha mãe e meu pai se sentavam. Enquanto avançávamos pelas estradas, meu pai apontava para os carros e perguntava: "Que carro é aquele?". Eu sabia dizer o nome de todos — aquele é um Ford, aquele é um Chevy, um Studebaker. Era uma brincadeira que costumávamos fazer quando íamos para San Bernardino visitar minha avó. Quando tinha sete anos, ganhei uma bicicleta, e em todos os meses de outubro, quando carros eram lançados, meus amigos e eu pedalávamos até as concessionárias a alguns quilômetros de distância para olhar os carros novos. Havia uma concessionária da Ford, uma da Chevrolet e uma da Plymouth/Dodge. Perambulávamos pelos estacionamentos, levantávamos o capô dos carros e olhávamos os motores. Fiz isso até os Cobras serem lançados na Don Mouff Ford, em Rialto. Fui até lá para ver o primeiro Mustang quando foi lançado. Sempre gostei dele. Eu comprava kits de modelismo de todos esses carros e passava o dia todo montando-os.

Eu era um aluno nota dez, um rapazinho muito inteligente. Quando estava na quinta série, antes que a rede PBS existisse, um ônibus cheio de crianças foi levado para a emissora de TV educativa de Los Angeles. Eles escolheram apenas três crianças da minha escola e encheram o ônibus com crianças das outras escolas do distrito. Das três, eu era um gênio da matemática. Você me dava os números que quisesse e eu fazia a conta — frações, decimais, divisão, multiplicação — de cabeça, simples assim. Eu podia pegar um mapa-múndi sem nenhum nome nele e dizer o país, a capital, o rio, e ainda sabia soletrar tudo. A segunda criança era capaz de datilografar oitenta e cinco palavras por minuto ou algo assim. O terceiro garoto tinha alguma outra habilidade. Foi muito importante na época, uma recompensa apenas para os melhores alunos.

Eu era um trabalhador, não um ladrão como meu avô. Pegava nosso cortador de grama e andava pela vizinhança batendo na casa das pessoas. Eu entregava o jornal. Pedalava minha bicicleta por 16 quilômetros até a casa da minha tia Maxine para lavar o carro dela. Não tínhamos telefone, então eu não podia ligar para ela. Eu simplesmente aparecia por lá.

— Tia Maxine — dizia eu —, preciso de dinheiro. O que você tem para mim?

Ela me colocava para trabalhar. Embora fosse muito desagradável, ela me amava. Era a irmã caçula do meu pai, ou seja, foram os dois bebês dos treze filhos que cresceram na mesma casa com um banheiro externo. Ela nunca teve filhos e gostava muito de mim. Era do tipo disciplinadora, que me fazia trabalhar das 10 às 18 horas. Ela me dava o almoço e depois o jantar. Ela me fazia tomar banho e me limpar. Lavava minhas roupas, e eu voltava para casa de bicicleta. Ela me pagava um dólar, que era muito dinheiro para mim. Eu trabalhava por isso. Meu irmão nunca fez algo assim. Minhas irmãs nunca fizeram isso, mas eu, sim. É por isso que tia Maxine me amava. Ela disse em seu leito de morte: "Você nunca teve medo de ganhar a vida de maneira honesta".

Meu avô pode até ter sido um ladrão, mas também foi um chef excelente. Ele nos levava para pescar. Caçava cervos, os esfolava e então os fatiava em bifes no quintal dos fundos. Ele fazia o próprio vinho e enlatava a própria comida. Ele caçava, pescava e sempre tinha um jardim ao lado do trailer onde morava com minha avó. Estava sempre fazendo conservas de alimentos, sopas e estocando. Às vezes eu tinha a impressão de que meu avô era capaz de fazer qualquer coisa. Ele e minha avó sabiam se virar e sempre voltavam para os mesmos estacionamentos de trailers. Eu os visitava sempre que estavam por perto, pois sabia que, se fosse visitá-los, iriam me alimentar. Ele de fato sabia cozinhar. Dava para sentir o cheiro vindo do seu trailer a um quilômetro de distância do estacionamento, e ele ficava o tempo todo na cozinha. Esse era o jeito italiano dele.

Mas meu avô também sabia discutir, e minha avó nunca recuava. Eles sempre esqueciam onde guardavam as coisas e ele a culpava por isso. A briga deles era só por causa disso e mais nada.

— Onde você colocou?

— Eu te disse onde eu coloquei, Sam. Se não está aí, não é culpa minha.

— Filho da puta, então onde essa porcaria está?

Então os dois começavam a discutir. Mas meu avô, no fim de toda discussão — até hoje, ainda consigo ouvi-lo falando — dizia: "Filho da mãe azarado", e isso colocava um ponto-final na briga. Era só isso que ele dizia. "Filho da mãe azarado." Acho que minha avó pensava: "Quer saber de uma coisa? Você é mesmo", e largava do pé dele. Acho que eles tiveram algum azar ou algo do tipo, porque ela caía nessa todas as vezes.

Meu avô morria de medo do meu pai. Ele não sabia como enfrentar o homem. Comparado a nós, meu avô tinha dinheiro, mas ele nunca ajudava minha mãe. Ela precisaria estar com o carro quebrado no acostamento da estrada, sem gasolina, com quatro filhos famintos no banco de trás, para que ele a socorresse, porque ele tinha medo que meu pai lhe desse uma surra. Meu avô tinha bons motivos para sentir medo. Meu pai não queria que ninguém ajudasse minha mãe a deixá-lo. Ele era um bêbado e precisava de alguém para cuidar dele. E ele daria uma surra em qualquer um, incluindo meu avô, se essa pessoa colaborasse com minha mãe para deixá-lo.

Certa vez, todos eles estavam acampando, meu pai ficou bêbado e começou a correr atrás da minha mãe em volta do camping. Meu pai podia ser um tremendo de um maníaco sexual. Quando se embebedava, voltava para casa querendo trepar. Minha mãe costumava não estar no clima, porque ele ficava violento, e isso o deixava furioso. Ele batia nela e é provável que a estuprasse. Minha mãe não falava sobre essas coisas, mas eu os peguei no ato muitas vezes durante o dia. Eu abria a porta e meu pai estava mandando ver.

Então ali estavam meus pais e meus avós acampando juntos, quando meu pai começou a correr atrás da minha mãe. Mas meu avô pensou que ele estava correndo atrás dele, o que o fez começar a correr em volta do carro. Minha avó conhecia alguns truques e era uma italiana briguenta. Ela pegou uma pedra grande e tentou bater no meu pai, mas errou e acertou meu avô em cheio no rosto. "O papai gritava feito uma mulherzinha", minha mãe sempre dizia. Filho da mãe azarado.

Minha mãe se esforçava muito. Ela voltava para ele e tentava, tentava, tentava. Nós encontrávamos outra casa. Vivíamos com o auxílio do governo metade das vezes. Meu pai ficava sóbrio, voltava a trabalhar e entrava nos eixos. Ele puxava o saco dela. "Eu sinto muito, não vou mais fazer isso." Ouvi essa merda tantas vezes que chegou a ficar ridículo. À medida que eu crescia, era só isso que eu ouvia. "Mais uma vez e eu largo você de vez." "Eu te prometo, nunca mais faço isso." Eles frequentavam a igreja aos domingos durante duas ou três semanas, mas em pouco tempo ele voltava a aprontar as mesmas merdas.

O mais longo período de sobriedade do meu pai foi de nove meses. Essa foi a época mais feliz da minha infância. Moramos no mesmo local por nove meses — uma eternidade —, uma casa alugada grande e bonita. Meu pai ganhava oitenta dólares por semana. Achávamos que estávamos vivendo bem. Compramos uma perua Mercury 1956 com laterais de madeira novinha em folha. De fato tivemos um Dia de Ação de Graças, um Natal e uma Páscoa na mesma casa com toda a família. Assim como em todas as outras vezes, porém, uma hora tudo desmoronou.

O trabalho apenas o ajudava a manter seu alcoolismo. Ele arrumava problemas no emprego, mas nunca o perdia, o que ajudava a manter a rotina. Seu chefe na Fontana Kaiser Steel e um outro sujeito da fábrica eram alcoólatras como meu pai. Todos iam a reuniões do AA juntos, então ele sempre conseguia manter o emprego. Aqueles caras o deixavam voltar. Ele ficava embriagado durante um mês e podia voltar direto para o trabalho. Era assim que meu pai sempre ficava sóbrio; por fim, um de seus amigos ia buscá-lo e o levava para uma reunião do AA. Minha mãe o aceitava de volta, encontrávamos uma casa nova e o ciclo recomeçava. Morámos em todas as casas na porcaria da cidade.

Conforme eu crescia, as coisas foram piorando. As pessoas sabiam. Era só eu ir até a casa de alguém e — cidade pequena — logo meu pai já estava arrumado briga em um bar com o pai do garoto, o que basicamente significava que eu não era mais bem-vindo.

A mesma situação acontecia com minhas namoradas. Tive uma namorada, Pat, quando estava na oitava série. Ela foi meu primeiro amor — oitava série, bailes com músicas lentas. Eu não tinha carro, então eu a levava a pé para casa e depois caminhava até a minha, uns cinco quilômetros em cada direção. Os pais dela não me deixavam entrar na casa porque o pai dela tinha brigado com o meu em algum bar. Eu achava que eles eram ricos. Ele era empreiteiro ou algo assim e ganhava um bom dinheiro. A família morava em uma casa grande e bonita em um bairro planejado. Certo dia, a mãe dela ficou com pena de mim e me convidou para entrar. Ela sabia que eu era um bom garoto. Fiquei para o jantar e me senti tão desconfortável que foi ridículo. Fomos para o escritório e dançamos músicas lentas e demos uns amassos. Estava ficando tarde quando o pai dela entrou para me dizer que eu precisava ir embora. Eu estava para sair quando Pat repreendeu seu pai: "Ah, papai, dê uma carona para ele". Eles tinham um Thunderbird 1960 novinho. Que carro. Entrei no carro com aquele sujeito e ele não disse uma palavra sequer. Eu não queria que ele fosse até nossa casa, então pedi que me deixasse na esquina. "Aqui está bom, pode me deixar aqui mesmo." Ele saiu cantando pneus, mas não para se exibir. Ele só queria se livrar de mim. Isso fez eu me sentir muito mal. E eu não era um garoto ruim. Ainda não.

FONTANA ERA COMPLETAMENTE segregada. Se você olhasse a geografia da cidade, a Sierra Avenue corria de uma ponta a outra, cortando-a bem no meio. A Route 66 passava por Fontana — essa era a Foothill. A rua seguinte era a Baseline, e os negros tinham que ficar do outro lado dela. Na região ao sul de Fontana, ficava a Valley. Os mexicanos tinham que morar lá. Se você fosse até a pequena área comercial da cidade, os policiais te atormentavam. Os brancos batiam nos negros. Eu vi com meus próprios olhos. Se um negro estivesse andando pela rua, um carro cheio de caras brancos encostava e eles lhe davam uma surra.

Meu pai nunca teve um amigo negro, pode ter certeza. Nenhum negro jamais foi nos visitar em casa. Se meu pai alguma vez trabalhou ao lado de um negro, se algum negro alguma vez trabalhou junto com os brancos na Kaiser, ele nunca contou para ninguém. A palavra com "p" era predominante na minha casa. Meu pai nunca levantou a mão para seus filhos, nunca, exceto uma vez para meu irmão. Minha mãe estava passando roupa, e meu pai chegou do trabalho às 16 horas, coberto de fuligem. Nós geralmente estávamos na escola e não o víamos quando ele chegava em casa. Meu irmão falou sem pensar: "Olhe só o papai. Está parecendo um preto". Meu pai arrancou o fio do ferro de passar e deu uma surra no coitado do meu irmão de oito anos. Minha mãe precisou tirá-lo de cima do meu irmão.

Meu pai podia ser irascível. Na época em que lutava boxe, ele foi suspenso porque atacou o juiz que queria interromper a luta. Depois que deixou de ser lutador e havia perdido sua licença, passou a frequentar as lutas com meu tio Cleo, que era casado com a irmã da minha mãe. E — para você ver como minha família era toda ferrada — o tio Cleo também era sobrinho do meu pai, mesmo tendo a mesma idade que ele. Era tio-irmã-irmão-tia-e-sobrinho, tudo em um. O tio Cleo adorava meu pai. Eles se tornaram amigos do peito desde que se conheceram e frequentavam as lutas na fronteira entre Calexico e Mexicali.

— Seu pai, que merda, cara, ele não tinha medo de ninguém — contou o tio Cleo.

Em algumas ocasiões, quando eles estavam assistindo às lutas, passando o uísque de um para outro, havia alguns rápidos nocautes. Meu pai sabia que as lutas acabariam cedo, a não ser que eles pudessem arranjar mais algumas pelejas, então ele ia até os bastidores, bêbado feito um gambá, e demonstrava alguns movimentos de boxe. O promotor dizia "Tudo bem", e ele subia no ringue — simplesmente tirava a camisa e os sapatos, colocava as luvas de boxe e lutava. Meu pai pesava uns 60 quilos, alguns acima do seu peso de luta, e enfrentava caras que pesavam por volta de 80 quilos. Ele subia no ringue e tomava vários golpes na cabeça, mas seguia levantando. Sequer estava em forma. Ele simplesmente entrava lá e saía desferindo golpes. Ele ganhava cinco dólares.

Meu pai não teve uma carreira de verdade como lutador, mas acontece que ele foi registrado no livro dos recordes do boxe. Anos depois, eu estava assistindo à competição de Tommy Hearns pelo campeonato de peso meio-pesado, e ele ficava nocauteando o outro sujeito. Eu estava em Mill Valley, vendo TV. Um dos comentaristas disse: “Esse deve ser o recorde de maior número de nocautes”. Alguém com certeza foi pesquisar, e alguns minutos depois, o narrador disse: “Não, o detentor do recorde é Manuel Ortiz, que nocauteou Bobby Hagar vinte vezes”. Que coisa mais bizarra.

Ele batia nos vizinhos. Batia nos irmãos. Sempre que tínhamos uma reunião de família no Dia de Ação de Graças, tudo ia bem até terminarmos de comer. Ele e os sete irmãos, seus sobrinhos e sobrinhas começavam a jogar besigue. Dava para ouvir: “Ah, seu filho da puta! Bang!”. Coisas começavam a ser arremessadas. As mulheres saíam correndo da sala. “Tire as crianças daqui, Robert acabou de atacar o Leroy” ou “O Robert está brigando com o Carl”. Todos os seus irmãos precisavam segurá-lo e o acalmar. Ele era assim. Louco pra caralho. Eu curtia isso. E observava pela janela. Ele era um cara tão durão.

Pode parecer que meu pai era um babaca, mas não é tão simples assim. Ele era um sujeito muito estranho e, quando não estava arrumando briga, também tinha um coração grande e mole — pelo menos quando não estava bebendo. Ele ficava sentado olhando as montanhas ou o oceano e dizia: “Isso não é bonito?”. Quando estava sóbrio, aquele desgraçado durão e maluco falava esse tipo de coisa. Eu sempre achava isso esquisito e pensava: “Uau, meu pai é um molenga”. Eu ficava irritado quando o ouvia dizer que alguma coisa era bonita ou quando ele era muito amoroso comigo. Achava que ele era um cara grande e durão, e então ele passava a agir do jeito oposto. Eu não sabia como lidar com isso. Acontece que ele também era muito sensível, mas nunca teve oportunidade de demonstrar isso. De onde ele veio, o cara que era sensível tomava uma surra. Por isso, precisava ser durão, mas, acho, que ele não era assim de verdade. Penso que ele era como um artista. Herdei isso de algum lugar. Ele era um bom cantor, que costumava cantar junto com o rádio. E mandava muito bem quando cantava à tirolesa. Ele era uma figura.

Minha mãe só o deixou para sempre quando eu estava com uns dez anos. Não aconteceu de uma vez, e tudo começou com um carro. De alguma maneira, entre colher frutas e bagas conosco, os filhos, passar roupa e sabe-se lá mais o quê, minha mãe comprou um velho Ford 1936 por trinta dólares e o escondeu do outro lado da cidade. Meu pai não sabia. Então, quando o deixávamos, podíamos dormir no carro, em vez de nos laranjais. Minha mãe dirigia até os laranjais e estacionava em algum lugar onde os policiais não podiam nos ver. De vez em quando, a polícia aparecia, mas eles não ficavam irritados. Eles apenas diziam: "Senhora, isso é perigoso, você dormindo aqui com essas crianças. Por favor, vá estacionar em um bairro ou algo assim". Para você ver como a coisa toda era pessoal em Fontana naquela época.

A gota d'água foi meu pai incendiar a casa. Foi depois de um ano bastante sombrio que minha mãe decidiu bater o pé e alugar uma casa sozinha. Era uma casa toda dilapidada, basicamente um galinheiro que alguém tinha convertido em moradia, e ficava a apenas um quarteirão e meio de onde meu pai morava. Mas essa foi a primeira vez que ela disse: "Eu vou ficar aqui — não vamos mais ter que aguentar aquele homem". Muitas coisas aconteceram naquele ano sombrio. Ela conseguiu um emprego de verdade — fez um curso noturno para aprender a datilografar e conseguiu um emprego como despachante em uma fábrica de meias. Em vez de passar roupa ou colher frutas, ela trabalhava o dia todo, ia nos pegar na escola e nos levava para o campo, onde todos nós colhíamos frutas ou o que quer que fosse até o pôr do sol.

Durante algum tempo, foi um vaivém, vaivém, entre as duas casas, mas então meu pai teve uma recaída depois de ficar sóbrio durante um longo período. Foi no dia do pagamento. Minha mãe chegou do mercado com o dinheiro e ele tinha sumido. Uh-oh. Ele chegou em casa no meio da noite. Saímos, então, depressa pela janela. Às vezes ela esperava que ele pegasse no sono e voltava a entrar pela janela assim que ele tivesse apagado. Ela dava uma espiada nele e, quando tinha certeza de que tinha desmaiado, nos levava de volta para dentro de casa para que pudéssemos dormir em nossas camas em vez de ficar no frio, no lado de fora. Morávamos em um sobrado, e meu pai adormeceu no quarto do segundo andar com um cigarro aceso. Quando voltamos para casa para ver se ele já estava apagado, vimos a fumaça e voltamos para os laranjais. O corpo de bombeiros chegou, e eles correram com as mangueiras até o andar de cima. Meu pai acordou e começou a bater em todo mundo. Eles tiveram que o conter com as mangueiras antes que pudessem apagar o fogo. Os policiais chegaram e o levaram para a cadeia.

Ele ficou na casa incendiada. Essa foi a última vez que ele teve uma casa. Pouco a pouco, minha mãe foi tirando nossas coisas de lá, ou durante o dia, ou quando ele estava adormecido. Dessa vez, ela o deixou para sempre. Levou a mobília embora. Pegou tudo o que podíamos usar, tudo o que era nosso. Morávamos naquele galinheiro e meu irmão sempre passava pela casa incendiada no caminho para a escola. Por fim, meu pai foi morar nas ruas mais ou menos um mês depois. Ele foi expulso da casa. Mas a última vez que meu irmão o viu lá foi quando se esgueirou até a janela e espiou a sala de estar sem que meu pai percebesse. Ele disse que nosso pai estava empoleirado em uma caixa de madeira, sentado naquele cômodo vazio da casa incendiada com uma garrafa de uísque em uma mão e um cigarro na outra.

2

MOBILE HOME BLUES

ED MATTSON ME ENSINOU A TOCAR GUITARRA E A DIRIGIR.

Ed era três anos mais velho e havia estudado com meu irmão. No ensino médio, Ed era um garoto gordo e narigudo. Todo mundo o ridicularizava e batia nele. A mãe dele era senhoria de algumas pocilgas. Ela tinha por volta de dez casas em bairros pobres — três delas só na rua onde eles moravam em Fontana. Nunca conheci o pai dele, que era metalúrgico em Gary, Indiana. Eles não moravam juntos e, depois de conhecer a mãe dele, pude entender por quê. Ela era uma judia russa, louca de pedra.

Certo dia, Ed fez uma rinoplastia em Hollywood e, também, uma dieta, que o fez perder bastante peso. A mãe dele lhe comprou um Chevrolet Super Sport Impala 1962 novinho em folha. De repente ele virou o cara mais descolado da cidade e ninguém sabia quem ele era. Meu irmão não o reconheceu. Ele tinha um corte de cabelo *pompadour* fabuloso. Ia até Hollywood para ter o cabelo cortado com navalha por Jay Sebring, uma das pessoas que Charles Manson viria a assassinar algum tempo depois. A mãe dele lhe dava dinheiro e ele sempre usava roupas descoladas. Eu o via dirigindo por aí, geralmente sozinho. Uma vez ele me deu uma carona e nos tornamos bons amigos. Ele me ensinou a dirigir. Eu tinha uma carteira de motorista temporária e ele me deixava dirigir para tudo quanto era lugar. Ele me levou ao salão de Sebring e pagou pelo meu corte de cabelo. Ele achava que eu era um jovem com algum potencial e queria me ajudar a trazê-lo à tona.

Ele tocava guitarra e, desde cedo, ouvia Bob Dylan. Foi Ed quem despertou meu interesse pelos Beatles e Stones. Antes disso, Elvis tinha sido meu primeiro herói de verdade, porque minhas irmãs mais velhas o adoravam. Quando eu era um garotinho, minhas irmãs davam festas. Nessas ocasiões, elas me fantasiavam, faziam em mim o mesmo penteado dele, e todas aquelas garotas dançavam comigo. Eu curtia muito isso: ficava um pouco excitado, um garoto de nove anos com aquelas garotas cinco ou seis anos mais velhas, começando a ficar sexy e a desenvolver peitinhos. Tudo por causa do Elvis.

Embora curtisse Elvis, eu não ia atrás da música. Mas os Beatles chamaram a minha atenção. Eu estava no ensino médio, já tinha uma namorada, mas não conseguia evitar gostar de "I Want to Hold Your Hand". Quando ouvi os Stones, fiquei maluco. O DJ local do Top 40, George Babcock, levou os Rolling Stones para San Bernardino em junho de 1964 para o primeiro show da banda nos Estados Unidos, e eu estava lá. Ed Mattson e eu dirigimos em seu carro até o Swing Auditorium com o plano de entrarmos escondidos. Estávamos perto das portas dos fundos quando um ônibus escolar laranja barulhento e todo fodido apareceu, e George Babcock desceu do ônibus com os Stones. Eles entraram pelas portas dos fundos e entramos logo atrás deles.

Foi aí que tudo começou para mim. Naquela noite eu soube que queria ser um músico. Ed Mattson já sabia tocar guitarra. Comecei, então, a cantar com ele, e tocávamos algumas músicas dos Beatles e dos Stones. Sabíamos três ou quatro canções. Ed disse que precisávamos de duas guitarras, para que ele pudesse fazer os solos. Àquela altura, minha mãe tinha um emprego e estava se saindo bem, então tentei convencê-la a me comprar uma guitarra com seu cartão da Sears. Ela me respondeu que, se eu aprendesse a tocar "Never on Sunday", a faixa-título do popular filme estrangeiro *Nunca aos Domingos*, que é tocada em um bouzouki, na guitarra do Ed, ela compraria. Eu a aprendi em um ou dois dias. Ela comprou uma guitarra para mim na hora. Custou 39,95 dólares — uma guitarra Silvertone e um amplificador em um case.

Minha primeira banda nunca se apresentou ao vivo, mas tínhamos capas. Alguns amigos e eu ajudamos a pintar a casa do pai de um deles. Usamos o dinheiro para comprar o tecido e convencemos a mãe de um dos rapazes a fazê-las — veludo preto, forro vermelho, colarinho estilo Drácula. Nós as usamos pela cidade certo dia e as pessoas que passavam em seus carros buzinavam e nos mostravam o dedo do meio. Achamos que éramos muito descolados. Decidimos que as usaríamos no baile de Dick Dale em Riverside, mas éramos jovens demais para dirigir. Pegamos carona. Ninguém iria parar para nós com aquelas capas, então as enrolamos e as colocamos de novo quando chegamos ao baile. Só que não deixaram que as usássemos lá dentro, então as enrolamos de novo e a escondemos nos arbustos do lado de fora. Quando saímos, elas não estavam mais lá. Alguém as tinha roubado. Minha mãe achou a coisa toda hilária e nunca me deixou esquecer dessa história. Anos mais tarde, quando ela deu uma entrevista sobre mim para o jornal local, contou para eles: "Ah, sua primeira banda — eles tinham capas".

Dick Dale era o cara. O Rei da Guitarra do Surf Rock mudou seus bailes de fim de semana do Rendezvous e Aragon Ballrooms no litoral para Inland Empire, e seus shows semanais no Riverside National Guard Armory eram eventos grandiosos. Quando Ed Mattson quis montar uma banda, nós a batizamos de The Fabulous Castilles e tocávamos surf music. Aprendi a tocar "Miserlou", de Dick Dale, na guitarra. Nunca tivemos um baterista nessa banda, e todos nós plugávamos nossos instrumentos em um amplificador junto com os microfones. Ensaiávamos todos os dias.

Conhecemos Jerry Martin, um cara que curtia clássicos *doo-wop* da década de 1950, mas era um ótimo baixista. Ele estava muito acima do nível no qual Ed e eu tocávamos, mas achava que estávamos por dentro das novidades e nos deixava ir até sua casa. Eu tinha começado a deixar o cabelo crescer. Comecei a usar roupas no estilo rock-and-roll. Para nós, ele já era um sucesso. Ele tinha uma banda de música dos anos 1950 que tocava em casas noturnas por toda Inland Empire e Los Angeles. Tinha casa própria, dirigia um T-Bird novo e até já tinha lançado um single que foi tocado na rádio uma vez. Ele tocava conosco em sua garagem porque achava que éramos descolados e conhecíamos os últimos lançamentos. Logo começou a deixar o cabelo crescer e a ficar descolado, mas ainda fiquei espantado quando ele sacou um baseado e perguntou: “Ei, quer ficar chapado?”. Fumei um baseado fininho com ele, mas não senti nada. Eu estava nervoso demais. Precisei de umas duas tentativas.

Assim que descobri o rock e as garotas, quase não consegui terminar o ensino médio. Eu me perdi, principalmente depois que ganhei minha primeira guitarra. Comecei a repetir em tudo. Meus professores perguntavam: “Por que você não se esforça mais?”. Aquele era o ensino médio. Eu só ligava para música e garotas.

E quando afinal fiquei chapado, tudo de fato acabou. Um dos meus amigos e eu pegamos um baseado e dirigimos pela estrada de terra das montanhas Jurupa quase até Riverside. Eu não conseguia parar de rir. Não conseguia dirigir. Não conseguia fazer porra nenhuma. Curti aquilo. Depois de ter decidido que iria fumar maconha, para consegui-la, era necessário encontrar os marginais de todos os marginais: os vendedores de erva de Fontana — nada de hippies, mas sim traficantes de heroína. Essas eram as pessoas que você tinha que procurar se quisesse comprar um pouco de erva. A erva nem era tão boa. Então ali estava eu, virando um maconheiro, fumando erva todos os dias, tomando ácido, até mesmo usando um pouco de *speed*. Injetei heroína — mas não curti, não.

Depois do ensino médio, eu quis dar o fora de Fontana o mais rápido possível. Fontana era uma cidade de operários. Ninguém tinha ambições como ser médico, advogado ou algo do tipo. Ou você era do tipo motoqueiro durão estilo Hell's Angels, ou arrumava um emprego comum e se casava logo depois do ensino médio. Não havia planos para sair de lá. Meu pai era o bêbado da cidade. Ele estava morando nas ruas. Às vezes eu dirigia por aí e lá estava meu pai, cambaleando pela calçada, embriagado. De tempos em tempos o levávamos para a casa da minha irmã Bobbi e ela o deixava limpo, mas isso nunca durava muito tempo.

Minha mãe estava se saindo muito melhor. Ela não só havia arrumado um emprego de verdade, como também um namorado, Mike Majerovwych, um russo grande feito um urso, que fugiu da Ucrânia depois que o exército soviético assassinou sua família enquanto ele se escondia no porão com seu bebê. Ele fugiu a pé e entregou o bebê a um casal em um vilarejo no meio do caminho. Conseguiu chegar ao Canadá, onde trabalhou em uma mina de carvão, e algum tempo depois se mudou para a Califórnia. Ele morava em Cucamonga e trabalhava como cozinheiro na Chafee College quando conheceu minha mãe em um baile de polca. Ele era um bom sujeito, embora não gostasse do meu cabelo comprido e não se importasse que eu soubesse disso. Mesmo assim, ele comprou meu primeiro carro.

Eu estava me preparando para dar o grande salto. Estava ansioso para me tornar músico, mas trabalhava no departamento automotivo da ABC Stores. Meu cabelo tinha um estilo afro tipo Bob Dylan e eu tinha uma namorada, Christie Carson, que se parecia com a atriz e modelo Twiggy. Fui morar com ela na casa de sua avó em San Bernardino. Comprei um Volkswagen 1967, preto, novinho — mil e novecentos dólares menos trezentos dólares do veículo de troca — que minha mãe consignou e eu estava pagando. Convenci o gerente da ABC Stores a abrir um departamento de música na loja de Riverside e eu o gerenciava. Eu encomendava todos os discos. Passei a encomendar, também, toca-discos e a fazer um estoque de guitarras. Construí todo o departamento de música. Mas eu estava usando drogas. Estava sempre fumando maconha. Chapado o tempo todo. Acordava pela manhã e fumava as bitucas dos baseados antes de ir para o trabalho.

Meu amigo Bucky gostava muito de música e de tocar. Ele era um ano mais velho que eu, e durante o verão passávamos muito tempo juntos. Eu andava sempre com caras durões e Bucky era meio que desse tipo. Eu costumava ir até a casa do Bucky, que tinha uma piscina. Eu achava que eles eram ricos. Às vezes eu via sua irmã caçula, Betsy, sentada na beira da piscina de biquíni, quem eu conhecia da escola, embora ela nunca me cumprimentasse nos corredores. Eu ficava babando por ela, mas Bucky dizia: "Não mexe com minha irmã — senão te dou uma surra".

Bucky costumava ir até a ABC Stores e comprava aquelas caixas de papelão para organizar discos de vinil que custavam 1,39 dólar. Pastas pequenas e baratas com as letras do alfabeto para colocar discos dentro. Só que eu as enchia com discos novos do Cream, Jimmi Hendrix, todas as coisas que queríamos ouvir, cobrava-o pela pasta, colocava tudo em um saco de papel e grampeava a nota de 1,39 dólar no saco para que o segurança verificasse na saída da loja. Às vezes eu incluía um disco novo do Donovan ou Joan Baez para a irmã dele. Houve uma vez em que o Bucky pegou o saco com uns 10 quilos de discos e o segurança esticou a mão para pegá-lo. O saco se rasgou inteiro, a caixa caiu no chão e todos os discos se espalharam por toda parte.

Eles prenderam o Buck. Eu fui despedido. Eles queriam me mandar embora de qualquer maneira. Estavam de olho em mim e sabiam que eu estava fumando maconha na hora do almoço. Mas isso não foi tão ruim. Comecei a receber o seguro-desemprego. Eu ficava chapado o tempo todo e tocando guitarra.

Eu conhecia um traficante de maconha insignificante em Fontana chamado Jim, e certo dia ele me pediu para levá-lo de carro até San Francisco para comprar um pouco de LSD e ir a um grande festival de rock em junho de 1967. Eu tinha o carro. Viajamos até Haight-Ashbury, e chegamos lá por volta das 4 horas da manhã. Dormimos no carro estacionado na rua. Quando acordamos, Jim bateu na porta e entramos em um apartamento cheio de viciados em *speed*. Fiquei olhando enquanto um cara injetava *speed* na porra do pescoço. Eu não estava curtindo aquela cena, mas Jim comprou um saco de ácido em tabletes transparentes. Tomamos o ácido, bem cedo naquela manhã, e seguimos para o Monterey Pop Festival pra lá de chapados.

O show foi no interior de uma arena cercada, rodeada por um parque. Milhares de pessoas estavam de bobeira do lado de fora. Passei a maior parte do tempo no parque no lado de fora da arena. Todos estavam sentados sob as árvores, usando drogas, fumando maconha, queimando incenso, transando no gramado. Vimos Brian Jones perambulando por lá, tão chapado quanto nós. Assistimos a algumas das bandas. Conseguimos pegar Otis Redding. Vi Eric Burdon e o The New Animals, que me deixaram de queixo caído. Hugh Masekela foi legal. Vi coisas esquisitas como The Association, que tinha ótimas harmonias, mas perdi o Hendrix. Também não vi Janis Joplin. Fiquei chapado por causa do ácido durante três dias.

Tudo isso me deixou bastante impressionado, mas foi quando Bucky me apresentou ao *Fresh Cream* que decidi que era isso o que eu iria fazer. Eu estava desempregado havia algum tempo, e passava o dia inteiro chapado. Ficava ouvindo o *East-West* da Paul Butterfield Blues Band, e é claro que todo mundo curtia *Sergeant Pepper's*, mas eu não estava realmente tentando tocar alguma coisa, só ficava viajando. Então o Cream lançou seu primeiro álbum e, de repente, precisei voltar para a música, voltar com tudo. Eu não estava mais só viajando. Roubei uma guitarra — na verdade foi um amigo meu que a roubou. Ele sabia da guitarra e onde ela estava. Ficamos observando, esperando as pessoas saírem da casa, e entramos pela janela dos fundos. Meu amigo fez isso porque acreditava que eu seria uma estrela do rock. Eu já parecia com uma. Outro dos meus amigos maconheiros, Tim Tameko, que tinha um emprego de verdade na Kaiser Steel, me ajudou a comprar um amplificador, um Fender Bassman, porque era esse que Eric Clapton usava para conseguir um tom cheio e intenso. Eu foquei em me transformar no Eric Clapton. Fui ver o Cream tocar naquele mês de setembro no Whisky a Go-Go na Sunset Strip e acho que fiz contato visual com Eric Clapton. Acho que ele olhou diretamente para mim. Eu era muito parecido com ele. Usava meu cabelo em um afro volumoso natural como o dele. Isso foi antes de ele ter o cabelo comprido e ondulado. Eu tinha exatamente o mesmo visual.

NO MÊS SEGUINTE, fui ver uma banda sobre a qual eu tinha ouvido falar. Eles já tinham um vocalista que tocava guitarra e ele era muito bom, e só fui dar uma conferida neles. Cheguei trajando um paletó trespassado de risca de giz com um clipe de segurar bitucas de baseado na lapela, camisa branca, calças jeans, botas, óculos escuros estilo John Lennon e meu penteado afro crespo. O guitarrista da banda, que se chamava Jesse Llamas, deu uma olhada em mim e perguntou: "Você sabe cantar?". E, simples assim, virei o novo vocalista da Mobile Home Blues Band.

Jesse e eu éramos praticamente opostos. Ele era um mexicano desleixado, gordo e ensebado, que sequer conseguia amarrar os sapatos, mas sabia tocar muito bem, enquanto eu tinha o visual, mas pouca coisa além disso. Jesse conhecia as novidades e me indicou Jeff Beck. Ele trabalhava em uma lojinha de discos bem legal que ficava entre Colton e San Bernardino, onde comprou o *single* importado de "Rock My Plimsoul" que tinha no lado B "Hi-Ho Silver

Lining". Jesse tocou para mim "Red House" e "Manic Depression" da versão inglesa do primeiro álbum do Jimi Hendrix.

A Mobile Home Blues Band era uma banda esquisita. Fizemos dez shows ou algo em torno disso, mas ensaiamos pelo que pareceu uma eternidade. O destaque, se é que podemos chamar assim, aconteceu quando abrimos para o American Breed (lembra de "Bend Me Shape Me"?) em um clube maluco, que não servia bebidas alcóolicas, chamado Purple Haze em Riverside. Nosso baixista, Benny Mosteller, era um pequeno gênio em uma cadeira de rodas. Ele nasceu com uma doença rara, deficiente. Suas juntas eram fundidas. Quando ele tinha uns catorze anos, passou por uma cirurgia em que simplesmente cortaram suas juntas fora, para que ele pelo menos pudesse ficar ereto. Ele tocava um baixo Hofner, como Paul McCartney. Era destro, mas tinha que tocar com a mão esquerda por causa da cirurgia, e era bom pra caramba. Também era muito inteligente. Dizia para todos em qual afinação e quais notas deveriam tocar. O cabelo dele era comprido e ele era feio de doer. Ele passou a vida em uma cadeira de rodas. Mas era um gênio da matemática na escola. E tocava que era uma perfeição — tempo perfeito, escolhas de notas perfeitas.

A mãe dele era uma ótima mulher. Era mãe solteira, e Benny também tinha um irmão sem deficiência. Sua mãe nos alimentava e nos deixava ensaiar na garagem deles. Ela pegava o Benny, o tirava da cadeira de rodas quando ele precisava ir ao banheiro. E limpava a bunda dele e tudo o mais. Ela era muito gentil e nos adorava porque não nos importávamos que ele tivesse deficiência. Ela tolerava que levássemos garotas para lá o tempo todo. O baterista era um garoto de catorze anos que sequer tinha comprado seu primeiro kit de bateria. Seu nome era David Lauser, mas Jesse o chamava de Bro. Quarenta anos depois, ele ainda é meu baterista. Tínhamos um guitarrista base e, na primeira vez que fizemos um show, ele surtou. Ele estava tremendo tanto que não conseguia tocar. Teve que tocar atrás do seu amplificador. Sequer conseguiu subir no palco. E nós o mantivemos na banda. E eu era apenas o vocalista. Eu estava usando muitas drogas. Criei o costume de ir até a casa de Tim Tameko para fumar maconha. De vez em quando eu comprava um tijolo de maconha e vendia baseados. Eu ia até a casa do Tim e agia como se fosse descolado, porque eu estava tentando ser uma estrela do rock. Era uma cena e tanto. Sempre havia música na casa. Eu tocava guitarra e ele me deixava guardar meu amplificador lá. Ele sempre tinha baseados, ácido ou *speed*, e as pessoas iam e vinham o tempo todo. Os caras ficavam injetando *speed*. Em uma ocasião, cheguei lá tarde da noite. Todo mundo estava fumando maconha. Eu tinha uns dois baseados. Acendi um e o passei para os outros. Um sujeito perguntou: "Ei, cara, você se importa se eu levar isso comigo?". Uma bituca? Não dei nenhuma importância a isso. "Não, tranquilo."

Acabou que esse sujeito aleatório era um oficial da Divisão de Narcóticos. Eles estavam tentando pegar o "cabeça" do tráfico, quem quer que ele fosse. Não havia nenhum grande traficante em nosso mundinho. Todos vendíamos baseados, não maconha aos quilos. Se eu tivesse oitenta e cinco dólares, teria comprado um quilo em um piscar de olhos, mas eu nunca tinha oitenta e cinco pratas. Mesmo assim, só me dei conta do que tinha feito uns três meses depois, quando um policial me mandou encostar e me deu uma multa por uma mudança de faixa ilegal. Foi uma besteira tão grande que fui ao tribunal para recorrer. Quando o juiz me perguntou como eu me declarava, eu respondi:

— Inocente.

— E como você se declara a respeito das acusações de posse... não, distribuição de maconha? — questionou ele.

— Não sei do que o senhor está falando — respondi. Eu não fazia ideia mesmo, e então aquele oficial da Narcóticos entrou segurando

OUTROS DETENTOS MAIS VELHOS ENTRARAM NA CONVERSA. ELES PEGARAM PESADO COMIGO E TUDO ISSO ME AFETOU BASTANTE.

uma sacola plástica com meu baseado. Aconteceu que nosso camarada Jim tinha sido preso e denunciado todos os outros. Eles me jogaram na cadeia.

No meio da noite, um sujeito na mesma cela que a minha tirou um saquinho com dois baseados da bunda e acendeu um ali mesmo na cadeia. Aquilo me deixou apavorado.

— Estou preso aqui por causa disso, seu filho da puta — falei.

— Eles não ligam — disse ele, e descobri que ele estava certo. Nós demos uns tapas. Nada fazia sentido.

Não foi uma viagem boa. Parei de fumar maconha depois disso, porque ficar chapado na cadeia me deixou muito para baixo. Na cela ao lado, havia um desgraçado enorme, preso por passar cheques sem fundo.

— Você tem namorada? — perguntou ele. — Ela tá dando pro Jody agora mesmo, cara. Ele tá comendo o cu dela. Ela tá chupando ele.

Outros detentos mais velhos entraram na conversa. Eles pegaram pesado comigo e tudo isso me afetou bastante.

Aqueles foram os piores quatro dias da minha vida. Minha mãe ficou bastante deprimida. Meu irmão e minha irmã foram me visitar. Todo mundo ficou dizendo: "Ah, Sammy, como você pôde fazer isso? Quando sair daqui, você vai cortar o cabelo e entrar na linha", e toda essa merda. Quando finalmente fui a julgamento, eu não tinha advogado, então eles me deram um defensor público. Quando, algum tempo depois, nós de fato fomos ao tribunal, eu, por coincidência, percebi que já havia trabalhado com o funcionário da justiça na ABC Stores, onde ele trabalhava como segurança. Ele me reconheceu, puxou o juiz de lado e lhe disse que eu era um bom garoto, trabalhador, que devia ter havido algum engano. O juiz me liberou. Tive muita sorte. Eu poderia ter cumprido pena.

Então saí da prisão e decidi parar com a maconha. Eu iria tocar música, me livrar de todos aqueles amigos, deixar de lado toda aquela merda que acontecia na casa de Tim Tameko. Parei de pagar meu amplificador porque não tinha dinheiro nenhum, e eu ainda devia oitenta dólares. Tim, então, quitou a dívida. Mais ou menos um ano depois, fui até lá e eles me disseram que estava tudo resolvido. Não voltei a ver o Tim. Ele também foi preso, só que ele foi parar na prisão. E eu? Eu não trabalhei mais nenhum dia da minha vida.

RANS AM
SAMMY HAGAR
APR CALIFORNIA
1EATZ28
STREET MACHINE

3

INDO PARA SAN FRANCISCO

JOHNNY FORTUNE ME VIU com a Mobile Home Blues Band no Purple Haze. Ele era famoso na área por seu single de sucesso, "Soul Surfer", que o transformou em uma espécie de Dick Dale de segunda classe por algum tempo, mas seu período de validade tinha vencido anos antes. Ainda assim, ele era uma celebridade local e, em 1968, me abordou com uma oferta para entrar em sua banda, concordando em me pagar consideráveis cento e cinquenta dólares por semana para me deixar cantar tudo o que eu quisesse. Eu tinha bigode, costeletas e havia deixado meu cabelo crescer. Eram apresentações cômicas — ele tocava um rock instrumental vibrante e antiquado e eu cantava alguma coisa do Cream ou do Hendrix —, mas nos apresentávamos com regularidade no Club Tyro, no centro de San Bernardino.

Certa noite, a namorada do Bucky arrumou duas identidades falsas e foi ao clube com a irmã dele, Betsy. No intervalo, eu levei *sloe gin fizzes* para elas porque esse me pareceu ser o tipo certo de bebida para uma garota. Betsy deve ter tomado uns dois – e ficou tonta. Levei-a, então, para fora e a abracei. Ela nunca tinha tomado um coquetel antes. Nunca havia usado drogas. Parado ali, abraçando-a, eu meio que me apaixonei por ela. Eu ainda estava morando com Christie na casa da avó dela, mas comecei a passar mais tempo com Betsy e terminei com Christie pouco depois. Mais tarde, Betsy e eu fomos acampar em Big Sur e decidimos nos casar. Eu tinha vinte e um anos quando nos casamos, no dia 3 de novembro de 1968.

Não demorei muito para ficar cansado da cena Top 40 com Johnny Fortune. Eu só cantava as mesmas coisas, e isso logo ficou enjoativo. Comecei a frequentar uma pocilga de uma casa noturna perto da Riverside, chamada The Gasser, onde tocavam as poucas bandas de rock com músicas originais que existiam na área, e acabei conhecendo um sujeito chamado Dave Arney, que era um pouco mais velho. Ele era baixista e queria montar uma banda de verdade, que tivesse músicas próprias. Ele já tinha um baterista, Larry Taylor, que também queria trabalhar em material original.

Isso se encaixava com meus propósitos. Eu não queria tocar covers, e eles também não. Montamos uma banda chamada Cotton. Betsy às vezes fazia vocais de apoio e tocava flauta. Arney tinha uma van e contatos. Ele conhecia um agente que nos arrumou um trabalho em San Francisco, abrindo para bandas clássicas como The Coasters, The Drifters, The Shirelles e até mesmo para Bo Diddley, que era muito legal.

Quando Betsy e eu nos casamos, essa foi nossa lua de mel. Encontramos quartos em um hotel em cima da casa noturna Basin Street West na Broadway. Betsy e eu tínhamos nosso próprio quartinho e os outros caras dividiam um quarto. O banheiro ficava no fim do corredor. Embora não fosse um viciado, decidi que meus dias de usuário de drogas acabariam e tentei ficar limpo. Nem maconha queria fumar porque Betsy não gostava. Eu ficava chapado e para baixo, então me esforcei para parar de uma vez por todas.

Isso não foi fácil, levando em consideração que sempre havia muita erva por perto. Quilos dela. Larry Taylor, o baterista, nunca tinha tomado ácido antes de chegarmos a San Francisco, mas pode apostar que, pouco depois de chegarmos lá, ele tomou ácido e saiu perambulando pelas ruas. Ele encontrou dois policiais patrulhando a Broadway e perguntou:

— Vocês querem ficar chapados?

Eles responderam:

— Mas é claro que queremos.

Ele levou os dois tiras, às 4 horas da madrugada, para nossa casa — graças a Deus, Betsy e eu tínhamos nosso próprio quarto —, que prenderam Larry e Dave.

Então é evidente que essa banda chegou ao fim. Eu não tinha para onde ir. Não tinha dinheiro. Estava casado. Então, fiquei com minha mãe por uns cinco dias. Meu padrasto, Mike, me crucificou. Ele me arrancava da cama todas as manhãs e me mandava arrumar um emprego. A gota d'água foi Mike abater um porco no quintal da frente e levar a cabeça para dentro de casa para mostrar a todos. Betsy surtou. Ela fugiu e se recusou a voltar para casa durante horas. Eu não aguentava mais. O pai da Betsy tinha uma transportadora com três caminhões de lixo em Rochester, Nova York. Ele não era responsável por fazer a coleta do lixo, mas alugava seus caminhões para a prefeitura. O irmão da Betsy, meu amigo e recém-cunhado, Bucky, dirigia um deles.

— Betsy, liga para o seu pai — pedi. — Temos que sair daqui... Faço qualquer coisa.

Dirigir caminhões era um emprego novo para o Bucky. Pouco tempo antes, o pai da Betsy e do Bucky tinha se mudado para o leste, deixando que ela e o Bucky cuidassem da casa em Fontana. Infelizmente, Bucky virou um viciado em heroína e, depois que Betsy e eu nos casamos e nos mudamos para San Francisco, Bucky vendeu tudo. Eles tinham um Corvette 1959. Ele o vendeu. Ele ficou naquela casa sem água e sem eletricidade. Passou, então, a invadir residências, a roubar pessoas. Ele estava realmente desesperado. O pai dele ficou sabendo da situação, viajou de Nova York até lá, deu uma tremenda de uma surra em Bucky, jogou-o no banco de trás do carro e dirigiu de volta a Rochester. Bucky ficou reclamando no banco traseiro do carro durante toda a viagem até Nova York, mas isso não impediu o pai. Quando Betsy e eu estávamos nos preparando para deixar a Califórnia, Bucky já estava lá, dirigindo um dos caminhões do pai.

Eu não tinha dinheiro, e por volta dessa época meu Volkswagen teve o motor fundido. O pai da Betsy não gostava nem um pouco de mim, mas amava a filha, e nos deu duas passagens para um ônibus Greyhound que parou em todas as malditas cidades entre a Califórnia e Nova York. Demoramos três dias e meio para chegar em Rochester. Levamos meu amplificador e uma guitarra, e um baú cheio de nossos pertences. Trocamos de ônibus muitas vezes. Chegando em Chicago, precisamos pegar um ônibus diferente, e eu tive que carregar tudo. Betsy não conseguia levantar nada. Ela estava grávida e passou mal a viagem toda. Não tínhamos dinheiro nenhum. Não comemos no ônibus. O pai da Betsy foi nos buscar na estação. Ele nem olhou para mim.

Comecei a dirigir caminhões para ele. Todos os dias da semana, às 4 horas da madrugada, recolhíamos o lixo e o levávamos ao aterro. Para cada caminhão, eram necessárias três pessoas. Pegávamos os trabalhadores informais, negros que esperavam na esquina de alguma rua, para ficar pendurados no caminhão, saltar e recolher o lixo. Eu era um desses, só que eu vinha junto com o caminhão do Bucky. Eu recebia dez dólares por dia.

Eu estava tentando ganhar dinheiro de qualquer maneira. Estava em uma banda denominada Salt and Pepper com um sujeito chamado Herb Gross. Quando Herb me pediu para entrar em sua banda, eu lhe contei que precisava de dinheiro, então ele me arrumou um emprego, na H. H. Sullivan Printing Company. Assim que largava o trabalho com o caminhão de lixo às 8 da manhã, tomava café e ia trabalhar na H. H. Sullivan até as 17 horas. Se precisassem que alguém fizesse hora extra, eu também ficava. Ao mesmo tempo, ensaiava com o Salt and Pepper todas as noites. Nunca fizemos um show, mas ensaiamos o tempo todo em que fiquei por lá. No meio de tudo isso, fui convocado pelo exército e, como Betsy estava grávida, eu enviei seu relatório médico. Pessoas que tinham filhos não eram recrutadas. Esse foi o verão do Woodstock. O festival estava acontecendo do outro lado do estado e eu queria ir até lá, mas a gravidez de Betsy estava muito avançada.

Trabalhei durante todo o verão. Economizei cada centavo e não gastei nem um tostão. Comíamos de graça em casa. Não comprei nenhum disco. Não comprei nenhuma corda de guitarra. Não comprei nenhum doce. Eu sempre dizia à família da Betsy que queria voltar para a Califórnia, e eu não estava brincando. O pai da Betsy reformou uma van para viajarmos de volta à Califórnia. Ele instalou um motor e uma transmissão novinhos em folha em uma van velha e detonada, além de belos pneus novos. Trabalhamos juntos nela — ele, Bucky e eu. Eu tinha dois empregos, estava em uma banda e trabalhava no carro nos fins de semana. Eu estava pronto para ir embora na primeira vez que ligamos aquele carro. Bucky jogou nossas coisas na parte de trás e, de última hora, pulou dentro do carro com Betsy e eu. Ele sequer se despediu dos pais. O pai dele quis matá-lo. Eram 16 horas de uma tarde de outubro, o primeiro dia de neve daquele ano em Rochester. Eu tinha meu dinheiro. No minuto em que aquele motor ligou, demos no pé.

Como a van tinha só dois assentos na frente, colocamos uma caminha dobrável nos fundos para a Betsy, para que ela pudesse se deitar, nada mais do que uma espreguiçadeira que prendemos com arame nas laterais para que não deslizasse. Bucky e eu nos revezamos ao volante e fizemos a viagem em cinquenta e seis horas. Ficamos sem gasolina uma vez e pifamos em outra, mas Bucky era um bom mecânico e consertou um dos cabos do motor. Conseguimos fazê-lo funcionar de novo. Ficamos sem gasolina em algum lugar no meio do nada. Ele pediu carona, comprou gasolina, voltou e seguimos viagem. Não paramos.

Quando voltei para Fontana, eu tinha economizado por volta de mil e seiscentos dólares. O marido da minha irmã Bobbi, James, tinha reconstruído meu Volkswagen para mim, e Betsy e eu alugamos uma bela casinha na Anastasia Street. O dinheiro que tinha era suficiente para durar alguns meses, mas eu ainda estava desempregado, então passei a receber o auxílio do governo. As economias não eram suficientes para sustentar o bebê. O vale-refeição e o auxílio do governo, então, salvaram minha pele. Agora eu não precisava arrumar um segundo emprego. Eu poderia tocar e viver de música. Foi então que montei uma banda chamada Big Bang, com Bro, o baterista da Mobile Home Blues Band, David Lauser. No ano anterior, eu tinha visto o Jeff Beck Group com Rod Stewart no Fillmore West em San Francisco, e mais do que nunca soube o que queria fazer: tocar guitarra como Beck e cantar como Rod. Havia uma velha garagem nos fundos da casa na Anastasia Street onde ensaiávamos. Tivemos uma série de baixistas e outros músicos e usamos diversos nomes: Manhole, Skinny e até mesmo, por um breve momento, Chickenfoot.

Aaron nasceu no dia 24 de fevereiro de 1970. Quando Betsy, por fim, teve o bebê, enlouqueceu quase que na mesma hora. Teve um colapso nervoso e sofreu ataques de pânico que a deixavam incapaz de respirar. Ela estava de fato com problemas e foi parar na Ala B do San Bernardino County Hospital. Ela precisou se tratar com um psiquiatra.

Enquanto Betsy passava por essas dificuldades, minha irmã Bobbi cuidou do pequeno Aaron, e de alguma forma eu praticamente não me dei conta do que estava acontecendo ao meu redor. Minha esposa estava tendo um colapso nervoso. Ela estava com vinte e um anos, tinha acabado de ter um bebê, e de alguma maneira eu ainda só conseguia pensar em uma coisa. Nada mais — nem minha esposa, nem meu filho recém-nascido — importava para mim tanto quanto tocar música. Eu estava tocando com o Big Bang todos os dias e tentando fazer shows à noite. Fazíamos um show aqui, outro ali. Tocávamos em um clube só para negros em Riverside chamado Hat Factory, seis sets por noite, começando às 22 horas e terminando por volta das 6 horas da manhã. Vencemos a Batalha das Bandas tocando "Manic Depression". Ganhamos um troféu e uma guitarra Vox com o corpo em formato de gota, que trocamos por um sistema de alto-falantes. No fim, acabamos escolhendo um baixista, um universitário com cara de bebê, chamado Jeff Nicholson.

No fim das contas, o psiquiatra da Betsy pediu para me ver ou correríamos o risco de perder o auxílio do governo. Ele precisava descobrir o que estava acontecendo. Eu disse para o sujeito que eu seria uma grande estrela do rock. Ele me chamou de Peter Pan. "Você precisa acordar para a vida", disse ele. "Você tem esposa e filho." Ele me deu um belo de um sermão. Isso só me deixou puto da vida. Eu estava pronto para pedir para a gente levar aquela conversa lá para fora. Eu tinha uma crença muito forte em mim mesmo. Eu tinha certeza de que iria alcançar o sucesso. Mas devo ter parecido um completo idiota, com meu cabelo comprido, minha postura indiferente, desempregado, sobrevivendo com o auxílio do governo, um bebê, a esposa no hospital. Quando Betsy recebeu alta, minha irmã Bobbi cuidou dela até ela recuperar a saúde e a ajudou bastante. Eu não mudei nem um pouco.

Por sorte, contudo, um emprego estável não estava muito distante. Eu estava dirigindo minha van com o equipamento na traseira, indo ensaiar na garagem de alguém em San Bernardino, quando vi um cara pregando tábuas nas janelas de um clube perto de Highland Park chamado The King of Hearts. O lugar era uma verdadeira casa noturna, para as pessoas que gostavam de beber martíni. Perguntei:

— Ei, vocês estão abertos?

— Não, estamos fechando — respondeu ele.

— Tenho uma banda — eu disse. Ele estava prestando pouca atenção em mim. — Podemos tocar aqui? A gente toca de graça.

O casal que era dono do lugar não tinha dinheiro. Eles mal estavam conseguindo manter o lugar aberto. Começamos a tocar. Na primeira noite, havia duas pessoas lá. No fim de semana seguinte, tocamos para vinte pessoas. Em pouco tempo, começamos a atrair uma multidão, cem pessoas ali dentro, o lugar ficava apinhado. O nome do estabelecimento mudou para The Nightclub. Começamos a cobrar vinte e cinco centavos na entrada. A princípio, ficávamos com o dinheiro e depois começamos a ser pagos. Recrutamos um guitarrista incrível chamado Bob Anglin e um tecladista, Al Shane, e mudamos de nome, pela última vez, para The Justice Brothers. Trabalhávamos quatro ou cinco noites por semana, arrecadando incríveis vinte e cinco dólares por pessoa a cada noite. Tudo isso era pago em dinheiro, pois eu ainda estava recebendo o auxílio. Eu estava vivendo na rua da Mamata.

CERTA NOITE, EU estava deitado na cama na casa da Anastasia Street em Fontana, adormecido, sonhando. Vi um navio e duas criaturas a bordo dele. Não conseguia enxergar o rosto delas. Só sabia que havia dois seres inteligentes, sentados em uma embarcação na região florestal de Lytle Creek, a uns 20 quilômetros de distância, aos pés das colinas acima de Fontana. E eles estavam ligados a mim, acessando minha mente por algum tipo misterioso de conexão sem fio. Eu estava quase despertando. Eles disseram, na comunicação que usaram entre si, sem proferir nenhuma palavra: “Ah. Ele está acordando. Temos que ir”. Dispararam então um código composto por números, mas não era o nosso sistema numérico. Houve uma fração de segundo em que eu ainda enxergava tudo, e então acabou, como se alguém tivesse tirado o fio da tomada ou sei lá.

Abri os olhos bem depressa. Todo o meu quarto estava branco. Não conseguia enxergar nada. Nada de luminárias, nada de nada.

Era uma brancura atemporal. Infinita. Não conseguia me mexer. Meus olhos estavam abertos, mas eu estava paralisado na cama. Betsy estava deitada ao meu lado. De repente, *pow*, a conexão foi interrompida subitamente.

Eu sofri um tranco. O quarto voltou a ficar escuro. Tudo voltou ao normal. Eram 4 horas da madrugada. Meu coração estava acelerado. Eu estava tremendo, morrendo de medo, muito mais do que jamais tinha sentido antes. O que foi aquilo? Eu nem cheguei a contar para a Betsy. Foi uma jornada muito estranha. Eu sequer conhecia a palavra "óvni". Não sabia qual era meu signo do zodíaco. Não entendia nada sobre astronomia, numerologia ou algo do tipo. Mas mergulhei nisso de cabeça.

Comecei a olhar para o céu noturno, a examinar meus sonhos com mais frequência, a procurar padrões, a esmiuçar as coisas e a ler livros. Nos fundos do quintal havia um velho galinheiro abandonado. Ele nem ficava em nossa propriedade, mas ao lado da entrada para carros, um barracão dilapidado com um telhado prestes a desabar. Certo dia, decidi dar uma olhada nele e ver o que havia lá dentro. A porta se soltou nas minhas mãos. Não havia nada em seu interior, a não ser um baú sujo todo detonado. Eu o abri e a única coisa dentro dele era um livro sobre numerologia. Sempre tive um pouco de matemático dentro de mim. Comecei a ler e fiquei pasmo ao descobrir que, se você somar os algarismos, sempre vai obter um único número. Podemos pegar, digamos, o número 137. Então 7 + 3 é igual a 10, mais 1, dá 11 e isso dá 2. Ou podemos parar nos números mestres: 11, 22, 33, 44. A numerologia é como a astrologia. Trata-se apenas de equações matemáticas. Cheguei a essa conclusão folheando o livro.

Depois comecei a me aprofundar ainda mais nisso. Eu somava os números do meu endereço para ver qual seria o resultado como um dígito só. Descobri que se você somar 9 a qualquer número, ele desaparece. 9 + 1 é igual a 10. De volta ao 1. 9 + 7 é igual a 16 ou 7 de novo. Qualquer número divisível por 9 sempre volta para o 9. Três números 9 dão 27, e 7 + 2 é igual a 9. Você sempre acaba voltando para o 9. Quatro vezes 9? 36. 3 + 6 = 9. Sempre que você soma um 9 a qualquer outro número, ele desaparece. Isso me deixou intrigado pra caramba. Isso me enlouqueceu. Eu pensava: Ok, se você somar 999 a 9.999, dá 9 de novo. Você pode ter diversas experiências com os 9. Você sempre vai obter 9. Mas se você somar 9 a qualquer outro número, ele desaparece. Eu não só li o livro inteiro, como muitos outros sobre o assunto. Fiquei louco por numerologia.

Na minha família, não se conversava sobre o paranormal, astrologia ou coisas do tipo, mas havia a senhora Kellerman, que morava em um bairro planejado em Yucaipa. Ela não trabalhava com hora marcada. Você só precisava estacionar na frente da casa, das 8 da manhã até a hora que ela sentisse vontade de fechar a porta. Na casa dela, havia uma porta de tela na frente da porta normal e, se a porta normal estivesse fechada, isso queria dizer que ela não estava atendendo ninguém. Se estivesse aberta, queria dizer que ela estava atendendo. Você batia à porta e lhe dava cinquenta centavos. Ela, então, dava uma boa olhada em você e, se ela não quisesse te atender, simplesmente fechava a porta.

É provável que eu tenha tentado vê-la dez vezes na minha vida e sempre havia uma fila de carros se estendendo pelo quarteirão. Mas uma tarde, depois de ter encontrado o livro sobre numerologia, estacionei o carro com meus cinquenta centavos, que era todo o dinheiro que eu tinha. A porta estava fechada. Não havia nenhum carro. Tinha feito uma longa viagem até lá — eu ia bater à porta. Bati. Eu tinha uma barba curta, cabelo muito comprido, hippie maconheiro até o osso. Ela abriu só uma fresta, colocando a cabeça para fora. Era uma senhora italiana que falava um inglês capenga.

— Não estou atendendo ninguém — disse ela.

— Eu fiz uma longa viagem até aqui — insisti.

Ela me lançou um olhar muito intenso e pareceu enxergar através de mim. Então abriu a porta. Eu a segui até um quartinho nos fundos, e ela começou:

— Você precisa tirar a barba, mas não corte o cabelo — disse ela.

Uma italiana das antigas como ela dizer para eu não cortar o cabelo naquela época foi algo incrível. Tudo o que minha mãe queria que eu fizesse era cortar o cabelo.

— Não corte o cabelo — repetiu a senhora Kellerman. — Ele fica bem sob as luzes.

Entramos em seu quartinho nos fundos. Ela se sentou em uma cadeira de balanço e colocou a mão embaixo de uma toalha de veludo que havia em cima da mesa. Começou a se balançar para a frente e para trás em sua cadeira com os olhos fechados e a me dizer um monte de coisas.

— Não use drogas — disse ela. — Quem é Bill? — perguntou. — Quem é Bill? — Eu não sabia.

— Não seja mau com seu padrasto — disse ela. — Ele te ama muito e vai morrer em breve. — Ela acertou, só que ao contrário; meu pai é que viria a falecer em breve.

— Você tem uma bebezinha recém-nascida — disse ela. — Não, é um menino, mas todo mundo acha que é uma menina.

Esse era o Aaron. Ele nasceu com cabelo comprido, espesso e ondulado. As pessoas sempre achavam que ele era uma menina.

— Ele é um menininho lindo — continuou ela. — E sua esposa, ela tem um problema grave de respiração. Ela precisa beber clara de ovo cru com mel e limão. Isso vai ajudar com a respiração.

Embora Betsy tivesse deixado a ala psiquiátrica, ela continuava tendo ataques de pânico em que não conseguia respirar. Tínhamos que a levar correndo para o hospital no meio da noite, como se fosse um tipo de ataque de asma.

— Você fumava — disse ela. — Não volte a fumar. Isso faz mal para sua voz.

Não faça isso, não faça aquilo. Não use drogas. Não corte o cabelo. Isso foi o que mais me afetou, visto que meu cabelo me impedia de arrumar empregos e de entrar em alguns lugares.

— Você vai se mudar para o norte da Califórnia — contou ela. Eu o quê? Eu estava tocando com o The Justice Brothers no The Nightclub. Eu não tinha dinheiro. Estava vivendo com o auxílio do governo. Tinha acabado de me casar e tinha um filho recém-nascido.

— Você vai se mudar para San Francisco — contou ela —, mas precisa ir para Santa Barbara primeiro. Há algo lá para você. Mas depois você vai se mudar para San Francisco e vai ser bem-sucedido. Vejo seu nome iluminado em todo o mundo. Você vai viajar para sete países. Vai para a Itália, França, Alemanha... — Ela disse o nome de todos aqueles países, sendo que eu quase nem tinha saído de Fontana.

— Vá para San Francisco — afirmou ela. — Esse é o seu lugar.

E eu acreditei nela.

Estava querendo voltar para San Francisco desde que o Cotton tinha terminado. Eu tinha visto a cena de lá e ficado boquiaberto. Voltei a Fontana para montar uma banda nova para que pudesse me mudar para San Francisco. Era isso o que eu estava tentando fazer em Nova York. Eu fui até Nova York, onde eu sabia que teria um emprego, apenas para ganhar um pouco de dinheiro e voltar para San Francisco. Esse foi meu objetivo o tempo todo. "Monte uma banda", eu pensei, "e se tivermos sucesso em San Francisco, teremos em qualquer lugar". Como lá existia uma comunidade dedicada, eu sentia a pressão. Tudo era ligado à música e eles não ficavam só no papo-furado. Não era como em Los Angeles. Eu odiava a cena de Los Angeles. Eu não estava a fim de passar por todos aqueles perrengues. Eu iria para San Francisco, onde as pessoas podiam ser elas mesmas. Eu queria ter a minha própria banda, que seria exatamente quem nós éramos — como Moby Grape e todas aquelas bandas que adorávamos e que tinham surgido em San Francisco.

Voltei para Fontana e mandei minha banda fazer as malas. No caminho, passamos por Santa Barbara. Paramos em um barzinho universitário fora da cidade. Eles serviam comida, mas era um lugar meio hippie.

— Minha banda e eu estamos indo para San Francisco — disse ao sujeito que gerenciava o lugar. — Podemos tocar aqui?

— Não posso pagar vocês — disse ele. Nós lhe dissemos que iríamos passar o chapéu e ele disse que tudo bem. Montamos o equipamento e começamos a tocar por volta das 17 horas, quando o jantar começou a ser servido. Poucas pessoas entraram. Elas não nos deram muita coisa.

Depois dessa parada em Santa Barbara, seguimos viagem. Ainda não nos mudaríamos em definitivo para San Francisco naquela viagem, mas ela foi a primeira de muitas. Dirigíamos até lá em nossas noites de folga e fazíamos testes em clubes. Conseguimos trabalho tocando às segundas e terças-feiras no The Peppermint Tree na Broadway em San Francisco. Conseguimos a vaga tocando "Won't Get Fooled Again" e "Behind Blue Eyes" do The Who. O gerente nunca tinha ouvido uma banda de clubes fazer algo assim antes. Carregávamos todo o nosso equipamento nos domingos à noite depois de tocar o fim de semana todo em San Bernardino e depois viajávamos em direção ao norte. A viagem de oito horas nunca era divertida. O único jeito para que coubéssemos na van, com todo o equipamento, era se alguém deitasse em cima do órgão Hammond B-3 na traseira. O The Peppermint Tree era um lugar de primeira. As bandas que tocavam lá tinham que ser boas. Elas usavam uniformes. Eram bandas cover. Mas as noites de segunda e terça eram pouco movimentadas. Tocávamos para pouquíssimas pessoas. Tocávamos covers, mas do The Who e dos Stones, não os hits comerciais do rock. Também tocávamos nossas músicas originais.

Algum tempo depois, a cena de San Bernardino no The Nightclub começou a fugir do controle. Os Hell's Angels começaram a aparecer, e eles detonavam o lugar. Eles começavam a bater em todo mundo e a porra da Guarda Nacional tinha que ser chamada. Saíamos e nos sentávamos nos fundos. Por fim, a prefeitura simplesmente fechou tudo. Ficamos desolados. Mas, quando o The Nightclub foi derrubado, eu disse: "Que se foda. Vamos nos manter com aquelas duas noites em San Francisco".

Quando chegamos em San Francisco no outono de 1970, nós todos a princípio dormimos no chão do apartamento de Don Pruitt, que eu conhecia da minha estadia anterior em San Francisco, quando ele era o gerente da boate Basin Street West. Por fim, conseguimos trabalho em um clube chamado The Wharf Rat, que não era um lugar descolado, mas o The Justice Brothers era uma banda boa e o trabalho era regular. Esse trabalho, junto com o auxílio e o vale-refeição, me ajudou a ganhar dinheiro suficiente para tirar Betsy e Aaron do chão do Pruitt. A banda continuou a morar com o Pruitt na Oak Street, 1565, e Betsy e eu alugamos nosso próprio apartamento de um cômodo no mesmo prédio. Aaron dormia em um colchão embaixo da mesa da cozinha e Betsy e eu ficávamos em um colchão na sala de estar.

Certa noite, sonhei que alguém estava batendo na porta. Eu me levantei para atender, me perguntando quem poderia ser no meio da noite. Eu abri a porta e era meu pai. Só que ele estava com uns vinte e dois anos, jovem e vigoroso. "Ei, filho, que ótimo dia para os irlandeses!", disse ele. Ele estava agindo feito louco, bastante feliz, mas caindo de bêbado.

"Mas que porra você está fazendo aqui?", perguntei a ele. "Meu filho está dormindo bem aqui no chão, neste mesmo cômodo. Nunca mais volte aqui bêbado na frente da minha família. Você vai assustar o menino. Agora dá o fora daqui." Bati a porta com força, voltei para a cama e foi assim que o sonhou terminou.

Dois minutos depois, alguém estava batendo na porta de novo. Fui até lá, pensando: "Que merda! Vou dar um puta esporro nele dessa vez", e a abri. Era Don Pruitt, do apartamento ao lado.

MEU PAI MORREU NO BANCO DE TRÁS DE UMA VIATURA. ELES O PEGARAM EM UM PARQUE EM SAN BERNARDINO, DO OUTRO LADO DO THE NIGHTCLUB.

— Sua irmã está no telefone — informou ele.

Eu não tinha telefone. Fui até lá e atendi.

— O pai morreu — contou minha irmã.

Meu pai morreu no banco de trás de uma viatura. Eles o pegaram em um parque em San Bernardino, do outro lado do The Nightclub. Ele morava na rua desde que o deixamos naquela casa incendiada. Depois de pegarem meu pai, os policiais prenderam mais três bêbados no caminho para a delegacia e todos eles começaram a brigar no banco de trás. Um dos policiais usou spray de pimenta contra os idiotas e, quando chegaram na delegacia e saíram da traseira da viatura, meu pai caiu e, pela primeira vez, não voltou a levantar. Sempre fico imaginando o que teria acontecido se, no meu sonho, eu o tivesse convidado a entrar em vez de ter gritado com ele.

Assim que todos conseguimos dinheiro suficiente para arcar com os gastos de moradia, deixamos a Oak Street e nos mudamos para dois apartamentos no mesmo prédio em Noe Valley. A banda ficou com o de cima e Betsy e eu, com o de baixo. Aqueles caras ficavam no andar de cima com o aparelho de som de Nicholson, acordados a noite toda, enquanto eu ficava no andar de baixo com Betsy e Aaron. Betsy tinha um cabo de vassoura que ela usava para bater no teto. Bob Anglin, o gênio da guitarra, pegava no sono com cigarros acesos e deixava seu toca-discos no modo repetição.

Antes mesmo de ouvir sua música, vi uma foto de David Bowie e imediatamente entendi tudo. Era um sujeito com um visual legal. Aquele cara estava com tudo. Quando ouvi sua música, também me tornei um grande de fã de Mick Ronson logo de cara. Ele tinha aquele som de guitarra matador. Eu queria ser Bowie e Ronson assim como queria ser tanto Jeff Beck quanto Rod Stewart ou Mick e Keith. Eu ficava no palco cantando músicas de James Brown vestido como Bowie. Eu costumava espalhar purpurina no peito, usar maquiagem, batom, delineador — toda a parafernália. Betsy começou a criar minhas roupas, e eu usava calças de cetim com um par de botas extremamente chamativas. Ela era muito boa nisso. Eu gastava todo o dinheiro que sobrava em materiais. Íamos à loja de tecidos e encontrávamos os cetins e as sedas mais extravagantes. Ela fez calças de veludo para mim. Eu estava entrando nessa de corpo e alma, e tudo parecia muito extravagante. Sou o último cara no planeta que pareceria gay, mas por alguma razão eu curtia muito aquilo. Tocamos em algumas festas gays, mas eu me perguntava qual era o sentido daquilo. Eu estava me vestindo como uma mulher. Estava usando sapatos de salto alto e maquiagem e me questionando por que os gays estavam gostando de tudo aquilo.

Estávamos lotando o The Wharf Rat, todas as noites e ganhando uma boa grana, cento e setenta e cinco dólares por semana, em dinheiro, em especial para uma banda de rock que tocava covers. Eu estava escrevendo músicas originais. Comecei a ficar mais extrovertido no palco, me transformando no Bowie. Jeff Nicholson me odiava por ser o líder. Todos eles queriam ser músicos de funk, mas eu queria ser mais como os Stones. Eu sempre curti soul e blues, cresci ouvindo isso. O único meio-termo para o The Justice Brothers era tocar músicas do Tower of Power. Mas cansei de ficar aprendendo as músicas de outras pessoas. A última música que aprendemos foi “Can’t You Hear Me Knocking”, dos Stones. Nicholson a cantou porque eu me recusei a fazê-lo. Fui embora do ensaio e eles começaram a ensaiar sem mim.

4

MONTROSE

AO MEIO-DIA, EM UM TRAJE COMPLETO ESTILO DAVID BOWIE – sapatos de salto alto, maquiagem, a coisa toda –, dirigi até Sausalito em minha van Chevrolet detonada, com minha Les Paul dentro, para conhecer Ronnie Montrose.

Eu tinha encontrado aquele guitarrista espalhafatoso mais ou menos uma semana antes, quando fui ver a Edgar Winter Band no Winterland em San Francisco, na primavera de 1973, com os outros integrantes do The Justice Brothers, que estavam lá para ver o Tower of Power, que também estava na programação. Era uma das raras noites de folga do The Wharf Rat, e eu estava todo glamoroso. Queria ver Edgar Winter porque ele tocava glitter rock. Isso era tudo o que eu precisava saber. Eu não sabia quem era Ronnie Montrose, embora ele já estivesse gravando com Van Morrison, mas eu o tinha visto na TV e curtia seus movimentos. Ele se agachava com sua Les Paul e girava em um círculo, apoiado em um pé só. Ele virava e virava. Ele não ficava enrolado no cabo da guitarra. Era um movimento muito bom. Fiquei impressionado.

No dia seguinte, comecei a pentelhar os caras da banda, dizendo a eles que era daquele tipo de guitarrista que precisávamos. Já não estávamos nos dando muito bem, mas todos queriam garantir o trabalho regular. Eu tinha conversado com John Blakeley, uma das poucas pessoas na cidade que eu conhecia de Riverside, que estava em uma banda chamada Stoneground, mas eu sequer sabia o nome do guitarrista do Winter.

— Aquele é o Ronnie Montrose — contou Blakeley. — Ele mora em Sausalito. Aquele foi o último show que ele fez com o Edgar Winter. Ele está procurando um vocalista.

E então foi assim que acabei batendo na porta de Montrose usando um conjunto e botas prateados. Levei quatro músicas que eu tinha composto e que o The Justice Brothers não queria tocar. Ele me plugou em um pequeno amplificador que tinha e toquei "Bad Motor Scooter", "Make It Last", "I Don't Want It" e "One Thing on My Mind" para ele. Ele tocou para mim o riff de "Rock the Nation" — era só isso que ele tinha, na verdade. Eu lhe mostrei a letra de "Space Station Number 5" e ele começou a tocar aquele riff. Escrevemos a música juntos naquele dia.

Eu achava que ele era rico. Na situação na qual eu me encontrava, ele parecia estar na maior banda do mundo. Eles tinham tocado em arenas com ingressos esgotados e tiveram um álbum no primeiro lugar das paradas de sucesso. Do que eu sabia? Eu não sabia que a casa era alugada. Vi o carro dele no lado de fora, um Ford 1963 quatro portas. Achei que ele dirigia um carro bastante detonado, mas isso não me desanimou. Tudo o que eu sabia era que ele tinha acabado de depositar um cheque de direitos autorais no valor de oito mil dólares — uma fortuna, aos meus olhos.

Quando Ronnie foi me ver no The Whart Rat, os caras do The Justice Brothers ficaram putos da vida, mas puxaram o saco dele. Ele chegou com a pinta de uma estrela do rock, vestindo uma jaqueta de veludo amassado, com grandes anéis nos dedos. Depois do show, fomos lá para fora e ele disse: "Vamos montar uma banda". Saí do The Justice Brothers naquela noite. Uma semana depois, Nicholson começou a usar um conjunto igual ao meu. Ele pediu para Betsy fazer as roupas dele. Ele estava usando a purpurina, a maquiagem, a parafernália completa. Estava me imitando.

Ronnie me perguntou se eu conhecia algum baterista. Algum tempo atrás, eu havia cantado na fita demo de uma banda chamada Thunderstick. Eles eram muito parecidos com o Free, Paul Rodgers total, não tinham aquele som típico do norte da Califórnia. Eles tinham um estilo muito glitter rock britânico, mas não tinham o visual. Todos usavam jeans e camisetas. Eu tinha o visual. Eles queriam muito que eu entrasse na banda. Embora não tivessem um contrato de gravação, conheciam um sujeito de uma gravadora que estava interessado, mas que não gostava do vocalista deles. Gravei algumas demos com os caras e estava pensando que poderia me juntar a eles, mas ninguém no The Justice Brothers queria perder o trabalho no The Wharf Rat, nem mesmo eu. Então vi Edgar Winter no Winterland. Denny Carmassi era o baterista do Thunderstick. Denny ficou com a vaga, apesar de termos testado o excelente baterista britânico Aynsley Dunbar. Ronnie não desejava competir. Ele queria estar no controle, então buscava pessoas como eu, que não tinham muita experiência. Fomos para o Studio Instrument Rentals e testamos diversos baixistas, incluindo Andy Fraser, do Free, que se mostrou um puta de um drogado e nem chegou a dar as caras. Testamos Ross Valory, antes de ele entrar para o Journey, e Pete Sears, do Jefferson Starship. Ronnie conhecia Bill Church da banda de Van Morrison e, antes disso, de uma bandinha insignificante chamada Sawbuck, que fez alguns shows no Fillmore. O baterista do Edgar Winter, Chuck Ruff, também fazia parte do Sawbuck. Church ficou sentado lá o tempo todo, nos observando testar todos aqueles caras. Eu ficava dizendo para o Ronnie que gostava do Church.

— É, mas ele é meio que um otário — disse ele.

Eu o achava ótimo. Todas as vezes que fazíamos um intervalo, Church e eu íamos lá para fora.

— Ronnie é um puta de um idiota — dizia ele. — Ele sabe que eu sei tocar. Ele sabe que eu deveria estar nesta banda.

Ronnie não queria chamar o Church porque eles tinham transado com as namoradas um do outro ou algo assim. Claro, no fim acabamos ficando com ele. Mas Ronnie o torturou por uma semana, testando outros caras.

Ronnie conheceu Ted Templeman da Warner Bros. Records por intermédio de Van Morrison. Ted apareceu para nos ver. Talvez já tivéssemos ensaiado no Studio Instrument Rentals três ou quatro vezes e tínhamos todo o primeiro álbum composto. Queríamos ser o Deep Purple ou o Led Zeppelin.

"Rock Candy" foi a última música que escrevemos. Tínhamos nove músicas, uma chamada "Drugs" e outra chamada "We're Flying", que não eram muito boas, por isso as descartamos. Templeman nos disse que precisávamos de mais uma música boa. Denny simplesmente começou a tocar aquela batida na bateria quando Ted estava na sala. Ronnie criou aquele riff e eu apenas comecei a cantar "You're rock candy, baby". A música foi composta com bastante facilidade – e foi a única escrita por toda a banda. Todas as outras músicas foram compostas por mim ou por Ronnie.

Ted nos contratou. Fomos direto para o estúdio com ele e o engenheiro Donn Landee. Tudo aconteceu bastante rápido. Nós nos mudamos para o Sheraton Burbank, perto dos estúdios da Warner Bros., onde todos os artistas se hospedavam. Não tínhamos dinheiro. Eles nos deram um adiantamento de cinquenta mil dólares, mas gastamos vinte e cinco mil em equipamentos. Cada um de nós ficou com cinco mil. Depositamos cinco mil no banco. Não tínhamos empresário. Ronnie estava completamente no controle.

Eu peguei meus cinco mil. Aluguei uma casa na Montford Street, 37, em Mill Valley, por oitenta dólares mensais e comprei um carro. Não um carro qualquer, é claro, mas um Citroën Deux Chaveux, o mais careta do mundo — um carro francês que se parece com uma lata de sardinha. Eu achava que ele tinha classe. Vendi meu Volkswagen para um sujeito por cinquenta pratas. A van estava tão ruim que, quando a vendi, ela nem conseguiu sair da entrada para carros. Era íngreme demais. O cara teve que dar ré na terra e fazer o veículo pegar no tranco porque a van não conseguia subir. Ela não tinha potência nenhuma. O Citroën me custou quase três mil. Aluguei a casa e tinha uns mil e duzentos dólares no banco. Eu estava rico. Ganhamos um pouco nas sessões de gravação do disco. Eu agora tinha um telefone. Consegui meu primeiro cartão de crédito. Eu sabia que o álbum seria lançado e eu tinha escrito aquelas músicas. Uma coisa legal que Ronnie fez por mim foi pedir que seu advogado criasse minha própria editora musical, a Big Bang Music, para que eu pudesse ter controle sobre meus direitos autorais.

Iríamos entrar em turnê, então começamos a entrevistar empresários. Nós nos encontramos com o pessoal que cuidava de Loggins & Messina. Quando nos encontramos com Shep Gordon, que era o empresário de Alice Cooper, ele usava um sarongue, sandálias e uma camiseta velha e puída. Naquela época, Alice Cooper era uma estrela muito famosa, mas, como viemos a descobrir, não tinha ganhado muito dinheiro. Shep nos explicou tudo. Eles usavam o dinheiro para transformar Alice em uma grande estrela. Toda a promoção, toda a publicidade, todo o marketing.

— Vocês querem ser ricos ou famosos? — perguntou ele. — Vocês meio que precisam fazer sacrifícios. Se quiserem ser famosos como Alice Cooper, precisam gastar grande parte do seu dinheiro com grandes produções, bons assessores de imprensa, tudo para ter uma grande imagem. No entanto, peguem uma banda grande como os Dobbie Brothers, eles são muito mais ricos que o Alice Cooper que chega a ser ridículo.

Eu tinha ido até o escritório do Ted e visto um cheque de direitos autorais no valor de oitocentos mil dólares para os Doobie Brothers, que emplacaram "Listen to the Music" na época, o que me fez ir às alturas. Ronnie não gostou do Shep. Ele era muito despreocupado e esquisito para o gosto de Ronnie, além de ter muitas ideias próprias.

Ronnie queria Dee Anthony porque ele trabalhava com a J. Geils Band, e Ronnie tinha feito turnês com eles em sua passagem pela banda de Edgar Winter. Portanto Dee Anthony se tornou nosso empresário. Isso foi muito importante, porque ele trabalhava com J. Geils; Humble Pie; Spooky Tooth; Emerson, Lake and Palmer; Joe Cocker. Ele tinha um belo currículo. Então saímos em turnê e raramente voltávamos para casa.

Todas as noites abríamos para o Humble Pie, J. Geils ou Peter Frampton — todos artistas empresariados por Dee Anthony — e depois para o Black Oak Arkansas e Foghat. Subíamos em uma perua e dirigíamos nós mesmos. Não tínhamos um gerente de turnê, então Ronnie passou a nos pagar um salário semanal de cento e cinquenta dólares quando começamos a turnê, uma mesada de dez dólares por dia na estrada. Era ele quem nos registrava nos hotéis, e foi um ótimo líder da banda, no começo.

Abríamos para o Humble Pie na maioria das vezes. Não éramos lá muito bem recebidos, mas estávamos trabalhando ou viajando sete noites por semana. Às vezes até tocávamos em algum clube na mesma noite. Abríamos para o Humble Pie em uma arena, em seguida saíamos correndo e fazíamos um show às 23 horas no clube para ganharmos um dinheiro extra. Tínhamos dois roadies. Eles dirigiam o caminhão com o equipamento e, quando chegavam à casa de shows, montavam tudo. Então, durante o show, um cara ficava responsável pela iluminação e o outro era nosso gerente de palco.

Tocávamos em Detroit quase todos os meses. Abrimos para todo mundo e mais um pouco. Por volta da décima segunda vez em que tocamos em Detroit, abrimos para o Aerosmith no Cobo Hall. Eles eram gigantes por lá, mas não em outros lugares. Isso foi logo depois do lançamento do primeiro álbum deles. Recebemos diversos pedidos de bis. O Montrose estava começando a ficar realmente grande em Detroit, e voltamos para tocar "Helter Skelter", a música dos Beatles. Ela era uma das que tocávamos em dois ou três bis que costumávamos fazer em nossa primeira turnê. Subíamos no palco e tocávamos o primeiro álbum do Montrose, voltávamos e tocávamos um cover. "Helter Skelter" era um deles. Nós deixamos o palco, voltamos para o camarim, ansiosos para ver o show daqueles caras sobre quem nunca tínhamos ouvido falar. Denny e eu corremos para a lateral do palco. Eles apareceram e abriram com "Helter Skelter". Eles não sabiam que a tínhamos tocado.

Abrir para todas essas bandas diferentes foi um curso relâmpago sobre como fazer turnês. O Humble Pie gastava cada centavo que ganhava na turnê. Eles voavam em jatinhos particulares. Steve Marriott, o vocalista, acabava a turnê sem nada. Eles estavam tocando em arenas com ingressos esgotados por toda parte, mas viviam com tanto luxo que estavam sempre quebrados. Steve era um tremendo maluco. Eu adorava o cara. Ele e Peter Wolf do J. Geils eram caras a que eu assistia todas as noites quando abríamos para eles. Eles me ensinaram a ser um frontman. Lembro-me de uma ocasião em Chattanooga, no Tennessee. Estávamos sentados no quarto de hotel do contador da turnê, Jerry Berg, recebendo nossa mesada diária de dez dólares em uma manhã de segunda-feira, os primeiros na fila do pagamento semanal. Jerry estava preenchendo a papelada, toda aquela coisa de assinar aqui e ali, quando Steve irrompeu quarto adentro, chapado no meio do dia. Ele tinha ficado acordado a noite toda cheirando coca e bebendo.

— Quanto dinheiro nós temos, parceiro? — perguntou ele.

Jerry começou a fechar a maleta e Steve lhe deu um soco na boca, agarrou a maleta e saiu correndo. Carmassi e eu ficamos ali, atordoados por não termos recebido nossas mesadas. Jerry estava sangrando. Steve tinha sumido. Ele tinha uma limusine estacionada na rua.

Berg telefonou para Dee Anthony, que quis saber quanto dinheiro tinha sido levado. Quando Berg lhe contou que foram quarenta mil dólares e alguns trocados, Anthony perdeu a cabeça e comeu seu fígado. Na opinião dele, a culpa era do Berg. Marriott não apareceu para o show naquela noite. Tivemos que cancelar o show e então ficamos presos no Tennessee. No dia seguinte, ao estacionarmos no Holiday Inn, lá veio o bosta do Dee Anthony, chegando como se fosse o presidente, só faltavam as bandeirinhas no carro. Ele saiu do carro, agarrou Jerry pelo pescoço, o empurrou contra a parede e lhe deu outra surra.

Steve foi encontrado na cadeia. Foi preso com um monte de drogas, na companhia de alguns negros. Ele era um rapazinho britânico branquelo emotivo que queria ser negro e cantava como se fosse um. Ele foi solto da prisão e a turnê seguiu em frente.

Mais ou menos um mês depois, Steve me abordou no saguão do hotel e disse:

— Ei, parceiro, me empresta o seu toca-fitas.

Eu tinha uma porcaria de toca-fitas e fones de ouvido e costumava andar com eles. Todo mundo fazia isso.

— Hum, não, acho que não, cara — respòndi. Mesmo assim, ele me convidou para ir até seu quarto.

Subi até lá. Ele estava hospedado em uma suíte. Tinha um quadro em cima da cama, coberto por fileiras entrecruzadas de cocaína. Pelo menos trinta gramas. Metade já tinha desaparecido, com grandes porções faltando. Havia duas garotas e mais outros caras de bobeira lá dentro.

— Coloque seu toca-fitas ali — disse ele. — Vamos tocar um pouco de música, porra. — Ele pegou uma fita de blues, John Lee Hooker ou algo do tipo. E eu cheirei algumas fileiras. Eu tinha cheirado coca duas vezes na vida. Na primeira vez, eu nem tinha percebido que havia usado. Não senti nada. Não percebi que estava dormente, que todo o meu rosto estava dormente. Aquela porcaria era das boas.

— Ei, cara, você tem, tipo, uma nota de cem dólares ou algo assim? — perguntou ele.

Eu tirei uma nota de cinco dólares do bolso. Ele a enrolou, cheirou sua fileira. Eu cheirei a minha. Vi minhas cinco pratas largadas ali e pensei: "Preciso pegar isso antes de ir embora". Essa foi a primeira vez que passei algum tempo com Steve. Ele era gente boa. Não estava nem aí para nada. Estava sempre viajando. Ficava acordado até desmaiar. Cheirava coca até acabar. Gastava todo o seu dinheiro e, quando estava quebrado, saía para tentar ganhar mais um pouco. Ele simplesmente vivia desse jeito, um sujeito bastante imprudente, mas gente fina. Pouco tempo depois, precisei ir embora. Eu não conseguia suportar aquela coisa louca da cocaína. Eu tinha que pegar meu toca-fitas, minhas cinco pratas e dar o fora dali.

Peguei a nota de cinco dólares, a desenrolei e a enfiei no bolso. Fui pegar o toca-fitas quando Steve anunciou.

— Ah, não, cara, você tem que deixar o toca-fitas.

Eu sabia que, se deixasse meu toca-fitas para trás, nunca mais iria vê-lo. Mas é claro que o deixei lá. Na verdade, eu o recebi de volta uma semana ou duas depois, de algum roadie que tinha limpado o quarto dele, mas aquela foi a última vez que festejei com Steve. Não me senti bem lá dentro.

Certa noite, estávamos em Atlanta. O Montrose costumava tocar em um clube, Poor Richard's, mas daquela vez havia uma banda de blues com Willie Dixon, o sujeito que escreveu todas aquelas músicas de Muddy Waters e Howlin' Wolf. Steve tinha uma limusine. Eu esperei que ele acabasse seu show. Entramos nela e ele me serviu Courvoisier e me entregou um comprimido de metaqualona. Eu não bebia nem usava drogas, mas lá fomos nós para o clube. Steve queria fazer uma jam. Entramos e nos sentamos em uma mesa. Comecei a ficar tonto. Eu estava travado. Steve subiu no palco e conversou com a banda. Eles concordaram e ele olhou para mim.

— Vamos lá, cara — chamou ele.

Ele pulou no palco, que lá no Richard's, tinha por volta de 60 centímetros de altura, mais ou menos na altura do joelho. Subi em direção a ele e dei um encontrão na porra do palco, despencando de cara no chão. Desmaiei em seguida. Quando dei por mim, estava acordado no meu quarto de hotel, me perguntando: "Mas que porra aconteceu?".

ESSA FOI UMA época de crescimento e aprendizado para mim. Eu estava buscando algo na vida. Estava lendo o livro *This Is It*, de Alan Watts, também sobre o matemático místico Ouspensky — *Um Novo Modelo do Universo, O Quarto Caminho* e *Tertium Organum*. Estava lendo sobre a Teoria da Relatividade de Einstein. Eu era um completo ignorante. Participava de uma banda de rock, uma das coisas de nível mais baixo no mundo, mas tinha algumas ideias grandiosas. Eu queria algo e não conseguia evitar pensar nisso.

Dei um tremendo susto em Ronnie certa noite. Era muito raro Ronnie e eu compartilharmos um quarto. Nessa noite, estávamos no mesmo quarto de hotel em Atlanta, Georgia, e Ronnie estava nervoso por causa da banda.

— Isso não está dando muito certo pra gente — ele disse. — Não estamos conquistando nada. Estamos no buraco, perdendo dinheiro. Não sei o que vamos fazer. O que você acha? O que quer fazer?

Eu disse tudo o que tinha dito para Nicholson e os outros rapazes. Eu estava me pavoneando todo no Montrose. Eu estava cintilante. Era cetim, veludo, strass e botas plataforma. Betsy ainda estava aprimorando as minhas roupas, criando coisas muito legais.

— Acho que precisamos subir o nível — afirmei. Eu lhe disse que precisávamos brilhar de verdade, montar um grande espetáculo. — Vamos pedir ajuda ao Dee Anthony ou à Warner Bros. e montar uma bela de uma produção. Como Alice Cooper; vamos fazer um espetáculo. Então, quando cairmos na estrada e abrirmos para essas bandas, vamos expulsar todas elas do palco e seremos um sucesso.

Falei por mais ou menos uma hora e então ouvi um *clique*: a luz se apagou. Ele sequer respondeu. Eu revelei tudo para ele, coisas sobre as quais eu estava pensando havia meses. E ele apagou a luz. No dia seguinte, tudo tinha mudado. Tudo estava acabado. Ele sequer me incluía nas conversas com os outros integrantes da banda.

Ronnie queria ser um cara casca-grossa de jeans e camiseta, que não conversava com o público, nunca sorria. Ele tinha muita raiva dentro de si. Ele poderia ser integrante do Metallica ou de alguma banda do tipo hoje em dia. Ele me isolou. Comecei a me sentir inseguro. Durante a passagem de som, ele tocava com Denny e não se preocupava com o que eu queria fazer. Ele estava me magoando.

O primeiro disco do Montrose nunca entrou para as paradas. Em determinada semana, ele entrou na lista *Bubbling Under* dos discos abaixo do número cem, mas nunca chegou a entrar na verdadeira lista de álbuns da *Billboard*. Quando a turnê chegou ao fim, tínhamos vendido oitenta mil cópias. Fui até o escritório de Dee Anthony em Nova York e disse:

— Ei, Dee, Ted Templeman me disse que vendemos oitenta mil discos.

Ele pegou o telefone e ligou para a agência de agendamentos — fiquei lá sentado, observando-o enquanto ele fazia isso — e disse:

— Frank, esses caras venderam oitenta mil discos. Vamos começar a cobrar setecentos e cinquenta, talvez mil dólares.

O disco vendeu devagar, mas vendeu. Não tivemos um grande sucesso no Top 40 quando começamos, mas a FM estava começando a tocar "Space Station" e "Rock Candy". Ainda assim, ele nunca esteve nas paradas, mas o primeiro álbum do Montrose vendeu mais de quatro milhões de cópias ao longo dos anos. "Rock Candy" é uma espécie de padrão para bandas como Def Leppard ou The Cult. Ao longo dos anos, todos que querem fazer uma jam comigo querem tocar "Rock Candy" — Chad Smith, Joe Satriani, Matt Sorum, Slash. Lemmy do Motörhead me abordou em um show na Inglaterra, e o que o Lemmy disse? "'Rock Candy' é do caralho, parceiro."

Ela está na bíblia — faz parte das escrituras.

Quando chegamos ao fim da turnê, estávamos com uma montanha de problemas financeiros. Mais ou menos um mês depois do início da turnê, toda aquela história de mesada diária tinha se tornado esporádica e, quando acabamos nossa primeira turnê, nos eram devidas dez semanas de salário. Dee Anthony tinha nos ajudado um pouco, mas não muito. Ficamos sem dinheiro na estrada, presos em um Holiday Inn em Little Rock, Arkansas, e não podíamos sair porque o cartão de Ronnie tinha estourado. Eles chamaram a polícia e nos fizeram esperar na porra do hotel. Ligamos para Dee Anthony e ele por fim passou um número de cartão de crédito pelo telefone.

Ganhávamos quinhentos dólares por noite e estava nos custando por volta de seiscentos dólares por noite para fazer a turnê. Estávamos afundando. Sem receber pagamento, meu telefone residencial foi cortado. Betsy estava na Montfort Hill em Mill Valley com Aaron, perdendo a cabeça, sem conseguir falar comigo. Isso fez com que a última parte da turnê fosse uma tristeza.

Quando a turnê acabou e gravamos um segundo disco, Denny e eu fomos até o pequeno estúdio que eu tinha no porão e escrevemos algumas músicas. Escrevi “Call My Name”, “Someone Out There” e um punhado de outras músicas que acabaram no meu primeiro disco solo, *Nine on a Ten Scale*. Eu as escrevi para o Montrose, mas Ronnie nem quis ouvi-las. Ele queria que o produtor Templeman encontrasse material externo. Compusemos três músicas juntos. “Paper Money” era minha melhor letra até então, um pequeno comentário político sobre a sociedade consumista. Até mesmo Templeman estava se perguntando o que Ronnie estava fazendo. Ele insistiu em ser chamado de coprodutor junto com Templeman e ficou na cabine, dizendo que queria que as coisas soassem desse ou daquele jeito.

Depois daquela conversa em Atlanta, ele me deixou completamente de lado, me restringiu e me puxou para baixo. Ele não queria que eu assumisse o controle daquela banda. Eu não queria mandar na banda dele, mas estava tentando ser bem-sucedido. Eu achava que tinha uma ótima ideia para aquela banda. Pode ser que não fosse a ideia certa. Não posso dizer que Ronnie estava totalmente errado. Mas ele ficou tão inseguro a esse respeito que rompeu uma ótima parceria de composição. Ele poderia ter me estimulado. Aquelas eram minhas primeiras composições.

Olhando para o meu passado, não posso dizer que só houve erros. Sempre tive grande sucesso e em um bom ritmo cronológico, que me trouxe até onde estou hoje, na verdade. Se eu tivesse experimentado um sucesso enorme com o Montrose, não estaria aqui hoje, fazendo isso. Foram sempre os pequenos passos que continuaram abrindo minha mente. Eu teria parado de crescer muito tempo atrás se não tivesse sido por Ronnie e caras como ele. Saber disso faz com que seja difícil ficar com raiva dele agora. Mas, na época, pensava que ele era um filho da puta.

Enquanto tudo isso acontecia com o Montrose, meu casamento estava passando por dificuldades. Minha esposa, Betsy, estava perdendo a cabeça. Apesar de seu colapso nervoso após o nascimento de Aaron, não percebi a gravidade de seus problemas psicológicos. Ela era extremamente carente e eu gostava de como isso fazia com que eu me sentisse. A primeira vez que fumei maconha perto dela, ela não conseguiu segurar as pontas, mas eu a abracei e me senti bastante solidário, como se eu pudesse ajudar aquela pessoa de alguma maneira. Isso fez com que eu me sentisse muito másculo. No entanto, quando eu estava na estrada, Betsy não me deixava desligar o telefone até que ela adormecesse. Eu tinha que ficar sentado ali durante horas depois de um show. Ela dizia coisas como: “Eu levei Aaron até a casa da Lori. Tive que levar o Aaron para lá porque estou deprimida, estou surtando e estou com medo”. Eu achava que ela poderia se matar.

Lori era a esposa de Denny Carmassi. Eles não tinham filhos, mas Lori era uma moça muito confiável, muito forte. Eu lidava com aquilo todas as noites. Eu ficava pendurado no telefone. Gastava cada tostão que tinha com a conta telefônica do hotel. Eu me importava com ela. Estava preocupado com meu filho. Mas meu foco estava em outro lugar. Eu estava determinado a ficar naquela banda. Eu queria fazer aquilo acontecer. Isso foi muito difícil para mim. E ela dificultou a minha vida.

Mandei Betsy morar com minha irmã Bobbi, que a tinha ajudado depois que Aaron nasceu. Minha irmã praticamente criou Aaron, porque Betsy estava sempre deprimida e chorando. Ela chegou ao ponto de não conseguir sair da cama. Quando eu voltava para casa, ela ficava feliz, mas em pouco tempo passava a me acusar de sair transando por aí e começava seu interrogatório com perguntas do tipo: "Quando você vai largar esse negócio?". Eu respondia que, quando tivesse cem mil dólares no banco, eu desistiria, mas com dinheiro suficiente para começar outro negócio.

Quando as coisas começaram a ficar um pouco melhores para a banda, eu lhe disse que poderia sair em turnê comigo. Ronnie tinha uma regra severa contra a presença das esposas nas turnês, mas eu disse a ele que não tinha escolha. Na primeira vez que fomos para a Inglaterra, ela pegou dinheiro emprestado com os pais e viajou para lá sozinha. Aaron ficou com minha irmã Bobbi. Betsy viajava de trem e se encontrava comigo nos hotéis e sequer ia aos shows. Ela se esforçava muito para ficar comigo. Era ciumenta ao extremo. Só de uma garota olhar para mim ela ficava vermelha feito um pimentão e a atacava. Para uma ratinha tão humilde e tímida, ela podia ser bastante agressiva. Se uma mulher atraente estivesse andando na minha frente e eu estivesse com a Betsy, eu tinha que olhar para baixo. Ela ficava observando para onde eu olhava, tudo o que eu fazia. Meu amor de infância, minha noiva virgem, a quem eu não dava motivos para se preocupar. Não a princípio, pelo menos.

Era difícil, porque o Montrose praticamente ficou em turnê durante dois anos e meio e nunca voltava para casa. Voltávamos para casa por alguns dias ou por uma semana, em seguida viajávamos para Los Angeles e entrávamos em estúdio, e então voltávamos para a estrada.

Foi então que toda aquela coisa da promiscuidade começou para mim, e tudo foi ficando cada vez pior ao longo da minha passagem pelo Montrose. Eu tentava ser bom para a Betsy. Eu me sentia culpado quando estava com outra garota. Não passava a noite com elas. Na maioria das vezes, eu só deixava que elas me fizessem um boquete. Eu não achava que isso era traição. Eu achava que, desde que não trepasse com elas, eu não estaria tendo um caso. Então decidi que, desde que não trepasse duas vezes com elas, eu não estaria tendo um caso.

Eu tinha um monte de regrinhas e estava tentando ser um bom rapaz. Provavelmente fui o melhor rapaz do mundo durante uns dois anos. Naquela época, em todos os shows, do lado de fora do hotel, havia tietes perambulando pelos bastidores, no camarim, na lateral do palco, em todos os lugares aonde íamos em nosso mundinho. Elas se emperiquitavam e estavam lá para a banda. O que você quisesse. Você quer que chupem seu pinto? Você quer assistir enquanto elas se chupam? Você quer trepar com elas? Você quer levá-las na turnê? Era para isso que estavam ali. Algumas delas eram atraentes, outras não, mas estavam sempre vestidas nos trinques e com muita maquiagem. Elas se pavoneavam muito bem.

Tudo estava ao alcance da mão. Sou uma pessoa sexual, então quando eu saía do palco, depois de ter ficado lá em cima, brincando de estrela do rock durante trinta e cinco minutos, e via uma mulher que mexesse comigo, não conseguia resistir. Lidar com isso não foi fácil para mim. Acho que tudo isso, mais do que qualquer outra coisa, acabou com meu casamento. Tive que mentir muito e não sou um mentiroso. Prefiro contar a verdade e arcar com as consequências. Do contrário, é preciso lidar com tantas coisas que, quando você vê aquela pessoa se aproximando, seu estômago fica embrulhado.

A Warner Bros. Music Tour foi o começo do fim. Montrose, Bonnaroo, Little Feat, Graham Central Station, The Doobie Brothers e Tower of Power — três bandas em cada noite, duas noites em todas as cidades por toda a Europa, em fevereiro de 1975. Viajávamos de trem e tocávamos em todos os lugares. Denny Carmassi e eu nunca tínhamos viajado para fora do país.

Um dos amigos de Don Pruitt costumava me dizer: "Os filhos da mãe europeus não usam roupas na praia", e eu sempre contava essa história para o Denny. Então, quando afinal chegamos, depois de descermos do avião e nos registrarmos em nosso Holiday Inn em Munique, decidimos: "Vamos descer para a piscina". Queríamos ver as garotas peladas. O hotel tinha um spa, com uma piscina interna/externa e um restaurante na parte de cima. Fomos até o vestiário masculino, tiramos nossas cuecas, apanhamos nossas toalhas, as enrolamos em volta da cintura e seguimos para a piscina. Passamos pela catraca, desenrolamos as toalhas e seguimos até a água. Estávamos pelados. Nós dois. Um alemão começou a gritar: *"Nein! Nein! Nein!"*. Estávamos andando, nus em pelo, então nos viramos e olhamos para cima. As pessoas que que almoçavam no restaurante olhavam para nós lá embaixo. Fomos arrancados de lá às pressas. O sujeito comeu nosso fígado em alemão. Não sabíamos que diabos ele estava dizendo, mas com certeza estava dando uma tremenda bronca em nós. Eu me senti o imbecil mais burro que já existiu. Voltei para meu quarto e não quis mais sair.

Ronnie não queria falar comigo na Europa. O Montrose foi a atração principal em alguns shows. Em outras noites, abrimos para as outras bandas, como o The Doobie Brothers. Abrimos para o Little Feat em Amsterdã e fomos expulsos do palco sob vaias na terceira música. As pessoas começaram a assobiar no meio das nossas músicas. Isso acabou com o Ronnie. Ele decidiu que estava tudo terminado. Eu podia ver isso estampado em seu rosto. Ele queria acabar com a banda. Eu sabia disso. Eu o ouvi conversando com o Denny.

NAQUELA ÉPOCA, EM TODOS OS SHOWS, DO LADO DE FORA DO HOTEL, HAVIA TIETES PERAMBULANDO PELOS BASTIDORES, NO CAMARIM, NA LATERAL DO PALCO, EM TODOS OS LUGARES AONDE ÍAMOS EM NOSSO MUNDINHO. ELAS SE EMPERIQUITAVAM E ESTAVAM LÁ PARA A BANDA.

— O heavy metal já era — disse ele. — Estamos no tipo errado de banda. Precisamos sair dessa.

A Warner Bros. estava nos pagando uns duzentos e cinquenta dólares por semana mais despesas. Essa era a maior quantia que eu já havia ganhado no Montrose até então. Fizeram uma ótima resenha sobre mim na Bélgica, que foi publicada junto com uma foto minha no jornal na manhã seguinte. Estava em holandês, mas era uma resenha positiva sobre mim, sobre como eu era um ótimo frontman, uma nova estrela, e todo esse tipo de besteira. Isso foi demais para Ronnie.

Viajamos para Paris no dia seguinte. Durante a viagem, tive intoxicação alimentar por causa de alguns mexilhões que eu tinha comido na Bélgica e fiquei extremamente doente, vomitando e cagando. Tínhamos dois shows com ingressos esgotados no Olympia Theater — o Montrose era bem conhecido na França —, e aquele era nosso último tango em Paris, o show de encerramento da Warner Bros. Music Tour. Estacionamos no lado de fora do teatro. Um velho amigo da equipe do Humble Pie, Mick Brigden, era nosso motorista. Ronnie estava no banco da frente. Eu estava sentado nos fundos com Denny e Alan Fitzgerald, nosso segundo baixista, porque Ronnie tinha mandado Church embora antes do segundo álbum. Ronnie se virou para falar comigo.

— Depois desta noite, vou largar a banda. O que você vai fazer? — anunciou ele.

Eu estava doente, irritadiço e pronto para dar um soco na cara daquele sujeito.

— Vou montar a porra de outra banda. Que merda você acha que eu vou fazer?

Ele esticou o braço e apertou minha mão.

— Ok, boa sorte — disse ele. Ele sequer olhou para mim no palco. Eu estava doente. Não conseguia cantar. Estava fraco. Foi um péssimo encerramento.

No dia seguinte, na viagem de avião de volta para casa, conversei com Denny a respeito de montarmos outra banda. Uma semana depois, Ronnie telefonou para ele e para os outros rapazes e contou que ia manter o Montrose e arrumar um vocalista novo. Foi tudo premeditado. Ele tinha pensado em tudo. Nosso contrato com a gravadora tinha expirado, e ele já tinha contado a Ted Templeman que queria renovar o contrato e que arrumaria um novo vocalista. Eles assinariam a renovação por uma boa quantia.

Cheguei em casa depois daquela turnê sem nada no bolso, sem nenhum dinheiro no banco. Minha esposa estava surtando e eu não estava trabalhando em nada, não tinha nenhum plano para o futuro. Eu achava que não conseguiria pagar o aluguel do mês seguinte. Mas, quase de imediato, um cheque de direitos autorais do primeiro álbum do Montrose, no valor de cinco mil e cem dólares, chegou pelo correio. Eu não tinha nenhum contrato de gravação. Não tinha como ganhar a vida, a não ser tocando. Sabia que uma hora tudo ficaria bem, mas não tinha isso gravado na pedra. Então saí e comprei um Porsche de cinco mil dólares.

5

O RED ROCKER

ASSIM QUE CHEGUEI EM CASA depois da minha demissão, fui até a casa da minha irmã e segui direto para o telefone. Betsy tinha ido comigo para a Europa de novo e Bobbi ficou cuidando do Aaron. Fui direto do aeroporto para a casa dela. Peguei o telefone e liguei para Dee Anthony e lhe contei que Ronnie tinha me mandado embora. “Espere um pouco”, disse ele. “Não me venha com uma bomba dessas. Preciso investigar isso. Vocês me devem muito dinheiro.” Nunca mais tive notícias do Dee.

Jerry Berg, que era o gerente de turnê do Dee Anthony, sempre gostou de mim. Quando contei que precisava de um empresário, ele largou seu emprego para me empresariar. Era um sujeito de primeira classe, inteligente, sempre bem-vestido. Ele cuidava do dinheiro e eu achava que ele entendia do negócio. Parecia ser um bom homem de negócios, mas na verdade não sabia muito bem como empresariar uma banda. Dee Anthony estava fazendo tudo e mantendo Jerry no escuro.

Eu estava ficando sem dinheiro. Entrei na fila para começar a receber seguro-desemprego de novo. Estava pensando em voltar a pedir o auxílio do governo também, porque eu tinha um bebê. O aluguel da minha casa em Mill Valley custava mais de duzentos dólares por mês, o que, naquela época, era muito dinheiro — muito mais do que eu conseguia ganhar em um mês. Eu estava completamente ferrado, meu irmão. As pessoas em San Francisco achavam que eu era uma grande estrela. Elas deduziam isso porque tínhamos sido atração principal no Winterland. Eu também teria pensado que éramos um sucesso. Mas eu não tinha um tostão furado.

Peguei um colchão velho que encontrei jogado na rua e o coloquei encostado na parede do porão para isolar o som. Comecei a escrever. Ia lá para baixo com uma guitarra, um amplificador e um pequeno gravador, e simplesmente gravava. Eu escrevi e escrevi e escrevi. Bill Church embarcou na minha na hora, porque odiava Ronnie por tê-lo demitido do Montrose. Quando Denny não pôde mais vir, recrutei seu irmão caçula, Billy Carmassi. Chamei um cara que tocava guitarra slide, Glenn Campbell, de uma banda chamada Juicy Lucy. Ele tinha tocado na região de Riverside antes de se mudar para a Inglaterra, e tinha acabado de concluir a turnê Mad Dogs and Englishmen com Joe Cocker e Leon Russell.

Tudo o que eu sabia fazer naquela época era o que eu tinha feito com o Montrose. Esse foi o início da minha carreira solo. Eu só sabia ser o Montrose sem Ronnie. Eu estava tocando guitarra e cantando, bastante motivado a escrever minhas próprias músicas e fazer turnês até alcançar o sucesso. Eu não pensava em hits.

A primeira pessoa para quem liguei foi Ted Templeman. O produtor da Warner Bros., que tinha trabalhado nos dois álbuns do Montrose, era a única pessoa que eu conhecia na indústria musical. Ele não quis que eu assinasse um contrato como artista solo, mas me deu dois mil dólares para gravar uma demo com minhas músicas. Fui ao Wally Heider's Studio e gravei "Silver Lights", umas duas outras músicas que eu tinha escrito para o Montrose e mais duas músicas novas. Jerry e eu fomos até a KSAN, estação de rádio FM de San Francisco, e demos graças a Deus por haver estações de rádio como essa naquela época. Eles tocaram as cinco músicas da minha demo — as colocaram direto no ar. Eu sequer tinha registrado os direitos autorais dessas canções, mas no final das contas isso não foi importante. John Carter estava em algum lugar e as ouviu.

Carter, conhecido em todo o mundo apenas pelo seu sobrenome, era um representante de Artista & Repertório (A&R) da Capitol Records em San Francisco, que tinha composto "Incense and Peppermints", "That Acapulco Gold" e algumas outras músicas bobinhas, mas acho que ele não tinha produzido nada àquela altura. Ele me telefonou e disse que queria que eu assinasse um contrato com a Capitol Records. Por volta da mesma época, ele conseguiu um contrato para Bob Seger. Foi então que a carreira de Carter decolou na Capitol. Em seguida, ele produziu o disco de retorno de Tina Turner, *Private Dancer*, e então contratou o The Motels. Carter tinha algumas ideias interessantes. O fato de ter me contratado, e de eu ter tido uma carreira tão longa, é uma prova de seu discernimento, porque eu nunca tive nenhum sucesso de verdade com a Capitol.

Gravamos o primeiro álbum no Record Plant em Sausalito. Certo dia, vi Bill Wyman dos Rolling Stones gravando algumas coisas para seu álbum solo, *Monkey Grip*. Fiquei completamente embasbacado. Fui até ele e me apresentei.

— Eu sou do Montrose — contei a ele. — Tocamos uma de suas músicas, "Connection".

— Incrível, parceiro — disse ele e saiu andando.

O Plant era uma doideira. Eu chegava às 22 horas e trabalhava até as 6 ou 7 da manhã — o horário mais barato que consegui. Havia tantas drogas circulando por lá que era inacreditável. Certa noite, cheguei lá e o sujeito da recepção estava usando óxido nitroso. O engenheiro que Carter contratou também estava usando óxido nitroso enquanto mixava o álbum. Ele pegou uma música chamada "All American" e, enquanto eu estava fora, fez overdubs de todo mundo.

Ele duplicou tudo. Duplicou o baixo, a bateria. Juntou dois conjuntos de vinte e quatro canais. Ele a tocou para mim no dia seguinte. Tudo estava fora de sincronia e oscilante. Como se óxido nitroso não bastasse, aqueles caras tinham passado dois dias mergulhados em coca e maconha. Eu a descartei.

Certo dia, eu estava indo embora do estúdio quando ouvi alguém tocando a campainha. Não encontrei o recepcionista que tomava óxido nitroso em lugar nenhum, então abri a porta para o sujeito. Era Van Morrison.

— Malditos viciados — resmungou ele quando passou pela recepção. Fui atrás dele.

— Van, sou Sammy Hagar — eu disse. — Estou gravando um disco com John Carter — ele conhecia o Carter —, você tem alguma música?

— Como o quê? — perguntou ele.

— Como "Into the Mystic" — respondi. Essa era minha música favorita do Van.

— Venha comigo — ele pediu.

Ele pegou um violão e entramos em uma salinha. Ele tocou "Flamingoes Fly" para mim, entregando-se de corpo e alma — sem apenas fazer por fazer. Olhos fechados, cantando pra valer. Tive calafrios. Aquele sujeito era meu herói, meu compositor favorito na época — ele e John Lennon, eu queria escrever como aqueles caras.

Ele me disse que voltaria no dia seguinte para gravar a música para mim. Eu fiquei fora de mim. Quando contei para o Carter, ele pirou.

Quando Van Morrison voltou no dia seguinte, estava com um humor diferente. Ele chegou, sem um metrônomo, se sentou diante de um microfone, tocou violão e cantou a música para uma demo. Dessa vez, ele não estava nem aí. Fez a gravação e deu no pé. Mas Carter teve uma ideia brilhante. Pedimos para Jimmy Hodder, do Steely Dan, gravar a bateria, Bill Church para gravar o baixo (ele tinha tocado com o Van antes) e eu gravei os vocais, e montamos essa faixa como se ela fosse um dueto entre Van Morrison e eu.

Estávamos nos preparando para lançar o álbum quando Van ficou sabendo da música. Seus advogados não perderam tempo em tirá-lo do disco. Tivemos que voltar para o estúdio de última hora e começar aquela música do zero.

Mais ou menos dois anos depois — Van ainda é meu herói, mas nunca mais falei com ele —, fui ao cinema de Mill Valley. Betsy e eu compramos nossos ingressos e fomos para a fila. Advinha quem estava na minha frente? Van Morrison e a namorada. Eu não quis falar nada porque ele estava fingindo não me ver. Ele deu as costas para mim. Depois de trinta segundos, ele segurou o braço da mulher e disse: "Vamos dar o fora daqui", e os dois foram embora.

O Plant sempre tinha pessoas assim indo e vindo. Sly Stone tinha uma sala no Plant que eles chamavam de Pit — o Buraco. Trabalhamos nessa sala por algum tempo — foi lá que o engenheiro fez aquela mixagem de "All American" regada a coca e óxido nitroso —, e fomos informados de que tínhamos que ir para outra sala porque Sly estava chegando. Certa noite, estava chovendo muito, e eu precisava pegar duas guitarras no meu carro. Sly Stone chegou em um Rolls-Royce enquanto eu tirava meu equipamento do carro. Ele estava usando um grande casaco de pele, chapéu de aba larga e tinha uma comitiva ao seu redor. Um desses sujeitos foi até a porta e tocou a campainha. Assim que a porta abriu, eles a mantiveram aberta. Sly entrou por último. Corri até a porta. Estava caindo um pé d'água e eu estava carregando duas guitarras.

— Ei, segura a porta — pedi.

Sly olhou diretamente para mim e deixou a porta se fechar com um estrondo. Fiquei puto da vida. Já estava de mau humor por causa de alguma outra coisa. Perdi a cabeça. Comecei a chutar a porta, berrando e gritando, apertando a campainha. O sr. Óxido Nitroso da recepção abriu a porta e passei a toda por ele. Sly estava parado no saguão com aquele pessoal.

— Seu filho da puta! — falei. — Você poderia ter deixado a porta aberta. Está chovendo lá fora.

— As pessoas seguram a porta aberta pra mim, seu filho da puta — rebateu Sly.

Seus enormes guarda-costas se voltaram contra mim e me empurraram contra a parede, e Sly saiu andando. Eu estava sozinho. Que otário.

Também havia uma garota que às vezes trabalhava na recepção e estava sempre cheirando coca. "Quer um pouco?", perguntava. Ela estava lá uma noite quando saí cambaleando do estúdio depois de cantar sete horas seguidas. Minha cabeça estava me matando. "Estou com dor de cabeça de tanto cantar", contei a ela.

Ela saiu de trás da mesa da recepção, abriu minhas calças e começou a me fazer um boquete, ali mesmo no saguão, por volta das 2 da manhã. Ela queria me levar para a hidromassagem, mas não topei. Eu não era tão promíscuo naquela época, mas, quando uma garota abre suas calças e começa a te chupar, é muito difícil dizer não. Era esse tipo de lugar.

Quando consegui meu contrato com a Capitol, eles me deram cinquenta mil dólares. Antes disso, eu estava quebrado — reduzido a nada e recebendo seguro-desemprego. Na semana seguinte, recebi um cheque de cinquenta mil. Quando contei isso para o pessoal do seguro-desemprego, eles me perguntaram: "E na semana que vem? Vão te pagar?". Eles continuaram a me dar os cheques. E eu tinha um Porsche estacionado lá fora.

Visto que eu estava usando o produtor interno da Capitol Records, todas as despesas de gravação foram descontadas do orçamento deles e pude ficar com a totalidade dos cinquenta mil dólares. Eu estava vivendo bem. Aquela era a maior quantia que já havia tido até então. Obviamente, eu tinha que pagar os integrantes da banda.

Tinha que pagar roadies se quisesse tê-los. Tinha que alugar caminhões. Mas o pagamento pelas horas no estúdio e pelos músicos do estúdio ficou a cargo da Capitol. Eles estavam colocando tudo na conta, embora eu não tivesse me dado conta disso.

Enfim, meu primeiro álbum, *Nine on a Scale of Ten*, ficou pronto e foi lançado em maio de 1976. Entrei em turnê quase que de imediato com Joe Cocker, Ted Nugent e muitos outros. Eu abri para todos eles. A produção do disco foi interrompida quando alcançou vinte e sete mil cópias. Ele parou de ser prensado. Não porque estava indo mal das pernas. Ele não se saiu tão bem, mas houve algum tipo de politicagem nos bastidores com Dee Anthony, que ainda achava que eu lhe devia dinheiro do Montrose e conseguia exercer uma força considerável na indústria, o que acabou com o disco junto à gravadora.

Como resultado, rompi com Jerry Berg e contratei Ed Leffler como meu empresário, o homem que cuidaria da minha carreira pelo resto da sua vida.

Conheci Leffler quando fiz uma audição para a Capitol com minha nova banda, que eu chamava de Sammy Wild and the Dust Cloud, no Starwood em Hollywood. As estrelas começam com poeira interestelar — *dust cloud*. Eu ainda estava numa pegada meio Bowie e queria ser de outro planeta. Eu queria ser de Marte. Eu estava participando de um show especial que Jerry tinha ajudado a organizar com a Back Street Crawler, uma banda de roqueiros britânicos do Free, liderada por Paul Kossoff, cuja "All Right Now" era uma das minhas músicas favoritas. Leffler acabou aparecendo nesse show especial porque ele empresariava uma nova banda britânica pop para adolescentes chamada Sweet, e estava lá à procura de uma boa banda de abertura para o seu grupo quando o Sweet tocasse no Santa Monica Civic Center na semana seguinte. Ele viu meu show.

— De jeito nenhum eu vou deixar aquele filho da mãe loiro cheio de energia abrir para os meus rapazes — disse ele. Ele contratou o

Back Street Crawler em vez de mim, só que Kossoff morreu no dia seguinte após sofrer um infarto induzido por drogas no avião a caminho de Nova York e fiquei com a vaga de qualquer maneira.

No show, fiz tudo o que podia. Corri para perto da plateia. Usei todos os truques que conhecia. Dei muito duro naquele show e recebemos muitos pedidos de bis — uma banda que sequer tinha um contrato com uma gravadora. Nos bastidores, entreouvi Leffler repreendendo o vocalista do Sweet. Ele estava travado, provavelmente drogado, e Leffler lhe deu um sermão. Ele estava preocupado que a banda, que era enorme na Inglaterra e tinha "Fox on the Run" nas paradas daquele país, fosse muito pop para os Estados Unidos. Quando conversamos depois, eu lhe disse que já tinha um empresário, mas queria trabalhar com Leffler. Eu ainda devia ao Jerry Berg os dez mil dólares que ele havia pago para o show especial em Hollywood. Ele usou todo o limite do seu cartão de crédito para pagar por ele. Leffler cobriu os dez mil e assumiu o trabalho como meu empresário dali em diante.

Em vez de ficar de bobeira, fomos direto para a Inglaterra, para o Abbey Road, para gravar meu disco seguinte, *Red*. Quando estávamos nos preparando para viajar, Carter encontrou um guitarrista chamado Scotty Quick, que era muito viciado em cocaína, embora eu não soubesse. Eu não sabia nada sobre cocaína naquela época, a não ser que eu tinha cheirado umas duas vezes sem sentir nenhum efeito. Naquela altura da minha vida, não estava nem um pouco interessado em drogas. Eu não bebia. Não usava drogas. Eu sequer bebia vinho. Nada. Scotty Quick era um bom guitarrista, mas não conseguia lembrar as músicas. Nós as ensaiávamos em um dia, tudo corria bem. No dia seguinte, era como se fossem músicas novas. Estávamos nos preparando para ir à Inglaterra para gravar e ele continuava estragando tudo.

Certa noite, ele apareceu em um dos meus sonhos e eu o repreendi, mas ele estava indistinto, difícil de alcançar, e eu não conseguia me comunicar. No dia seguinte, descobri que ele tinha sofrido uma overdose de cocaína no banheiro de um posto de gasolina Union 76. Sem perder tempo, recrutamos um novo guitarrista. Meu baterista, Scott Mathews, recomendou um sujeito que ele conhecia chamado John Lewark. Eu peguei Lewark, Mathews, o baixista Bill Church e Alan Fitzgerald do Montrose nos teclados e fomos passar seis semanas na Inglaterra para gravar um disco.

Estávamos todos vivendo com um orçamento bastante limitado. Não era como se eu fosse uma grande estrela. Eu tinha contrato com a gravadora, mas havia muitas pessoas que me olhavam e pensavam: "Sou melhor que ele, por que ele tem um contrato?". Estava dando tudo de mim. Eu tinha um contrato porque eu ia dormir escrevendo músicas. Acordava escrevendo músicas. Passava cada segundo tentando escrever músicas. Eu realmente queria ser um compositor. Mathews e Lewark me desprezavam: "Eu sei tocar guitarra melhor do que ele" ou "Consigo escrever músicas melhores do que essas". Havia pessoas ao meu redor que de vez em quando entravam em meu mundo, tentando ganhar um pouco de dinheiro, arrumar um emprego, mas que ao mesmo tempo não me respeitavam. Esses caras nunca mais tocaram comigo.

Carter tinha acabado de conseguir um contrato para Bob Seger. Ele me mandou a demo de uma música que Seger escreveu, mas não gostou, chamada "Night Moves". Eu a ouvi, trabalhei nela por um ou dois dias, mas não fiquei empolgado. Eu queria detonar. Carter achava que a música de Seger era um hit, mas eu a devolvi a Carter, e ele fez com que Seger a gravasse. Carter estava sempre tentando me convencer a gravar hits, e todas as vezes que qualquer coisa me soava como um hit, eu odiava. Ele queria que eu gravasse "Catch the Wind", e eu adorava Donovan, então gravei essa, mas sempre quis tocar heavy metal. Eu queria detonar pra valer. Carter estava tentando me arrumar um sucesso pop.

Antes de ir para a Inglaterra, vendi meu Porsche por cinco mil dólares. Eu o tinha comprado por cinco mil e o vendi por cinco mil.

Fiquei sabendo que era possível comprar uma Ferrari na Inglaterra pela metade do preço cobrado nos Estados Unidos. Naquela época, você podia viajar para a Europa e comprar carros europeus — Aston Martin, Ferrari, Lamborghini, Maserati, Jaguar —, pagar para que fossem enviados para seu país e ainda assim duplicar seu dinheiro. Eu sequer tinha visto uma Ferrari de perto. Certa vez, J. Geils levou Ronnie e eu para um passeio por Boston na sua Ferrari, uma 250 Lusso. Fiquei de queixo caído — o som que ela fazia, o cheiro que tinha, tudo nela era maravilhoso. Me apaixonei. Sempre gostei de carros.

Com meus cinco mil dólares, comprei uma Ferrari 330GT 2+2 que pertenceu a Donald Campbell, o detentor do recorde de velocidade em terra, minha primeira Ferrari. Direção no lado direito, quatro lugares, quatro faróis dianteiros, azul. Eu a comprei na primeira semana que passamos lá, e isso deixou Scott e os outros caras putos da vida. Ela tinha quatro lugares. Todos os dias íamos para o estúdio na minha Ferrari com a direção do lado direito. Eu a dirigi por toda a Inglaterra nos meus dias de folga. Betsy e Aaron tinham viajado comigo para lá, e eu os levei para Stonehenge um dia. Dirigi para a Escócia em outro. Betsy e eu ficamos perto de Wembley, em uma espécie de apartamento, então eu sempre ia e vinha do estúdio de carro. Durante seis semanas, fomos para diversos lugares naquela Ferrari. Então, pouco antes de ir embora, eu a despachei para casa.

Ela quebrou umas duas vezes. Certa vez, a mangueira do radiador se soltou por causa da vibração, acertou a correia da ventoinha e abriu um buraco naquela filha da mãe no meio de Londres. Eu me enfiei embaixo daquela coisa no meio do trânsito intenso enquanto Betsy e Aaron ficaram sentados na calçada. O carro ficou tão quente que a válvula de bloqueio de vapor foi acionada. Consertei o carro com uma mangueira improvisada e uma chave de fenda emprestada.

A Capitol pagou por tudo, mas eu estava cavando um buraco para mim mesmo. Eles pagaram pelas gravações dos discos. Em seguida, me mandavam para a estrada abrindo para tudo quanto era banda, e eles tinham que pagar por isso também, visto que eu estava ganhando cerca de quinhentos a mil dólares por noite como banda de abertura, e custava por volta de mil e duzentos dólares por dia para me manter na estrada. Portanto a Capitol tinha que pagar a diferença, razão pela qual, mesmo que eu estivesse fazendo tudo a baixos custos, ainda não estava ganhando nada.

ENQUANTO TRABALHÁVAMOS NO segundo álbum, eu escrevi a música "Red". Carter deu uma arrumada em alguns trechos da letra. Ele era bom com isso, era mais lírico do que eu, portanto eu sempre ouvia o que ele tinha a dizer. *Crimson sin intensity*[1] é um dos versos de Carter. Eu achei essa parte inteligente, meio que profunda. Comecei a usar roupas vermelhas, a pintar minhas guitarras de vermelho. Eu simplesmente comecei a usar tudo em vermelho, vermelho, vermelho.

Em determinado momento, me dei conta de que gostava muito da cor vermelha. Continuava muito interessado em numerologia depois de ter lido o livro que eu encontrei naquele baú atrás da minha casa; entre isso e o sonho que tive com meu pai pouco antes de ser informado sobre sua morte, eu tinha começado a correr atrás de coisas místicas. Em algum momento, me ocorreu que a cor vermelha era a minha cor. Essa era a cor mágica. Vermelho era tudo.

O vermelho é turvo, se você olhar com atenção. Se você iluminar o vermelho com uma luz vermelha, você vai ver que ele não tem bordas definidas, como a maioria das cores. Ele se torna turvo. Não é como um círculo definido. Ele fica intenso. Ele parece suave. Ainda assim, ele é agressivo pra caralho. É sangue. E é energia. Ele significa tantas coisas. Vermelho é a minha cor. Ele é tudo para mim. Eu sonho em vermelho.

---

1 Pecado de uma intensidade carmim. [N.T.]

E analisei a cor vermelha [*red*, em inglês], em numerologia. R é um 9, E é um 5, D é um 4. *Red* é um 9. Eu virei o cara do *red*/9. Foi isso. Essas duas coisas têm o mesmo significado. Elas têm poder. *Red* tem um ritmo. Eu instituí o vermelho como minha cor, e o nove como meu objetivo. Quero expandir minha consciência ao número nove. Mudei o nome da minha editora musical de Big Bang para The Nine Music, escrevi a música "Red" e comecei a usar roupas vermelhas. Achei que isso representaria o que estava acontecendo dentro de mim. Se eu usasse calças vermelhas, sapatos vermelhos, camiseta vermelha, guitarra vermelha — isso seria o Sammy Hagar. Eu simplesmente sentia isso. Acreditava nisso. Ninguém me mandou fazer isso. Era só o que eu queria fazer.

Alguns anos mais tarde, David Geffen me disse que achava que eu deveria largar essa coisa do vermelho.

Eu me dava muito bem com o Geffen. Ele era uma criatura estranha, sem dúvida, mas também era bastante inteligente. Porém, quando comecei a trabalhar com o pessoal da sua gravadora, eles não compreendiam minhas motivações. Àquela altura, eu estava me dedicando a isso de corpo e alma.

Pouco antes do lançamento do disco *Red* em janeiro de 1977 (título oficial: *Sammy Hagar*), recebi uma oferta para fazer parte de uma turnê com o Kiss, algo muito importante, de última hora. Fui incluído na programação com tanto atraso em fevereiro daquele ano que eu sequer fui divulgado para o show no Madison Square Garden em Nova York. As pessoas começaram a vaiar antes mesmo de eu subir no palco. Eu nunca tinha tocado em Nova York, a não ser com o Montrose. Eles nem sabiam quem eu era. Olhei para a plateia e todo mundo estava vestido como o Kiss. Todos estavam de maquiagem. Eles estavam vaiando e mostrando o dedo do meio.

— Ei, que porra vocês acham que estão fazendo, me vaiando desse jeito? — perguntei. — Vocês nem ouviram a música ainda. Vocês nem sabem de que porra estão falando.

MANDEI QUE ENFIASSEM A TURNÊ DO KISS NA BUNDA E NUNCA MAIS FIZ OUTRO SHOW COM A BANDA.

Vestido todo de vermelho, toquei a primeira música, "Red", completamente desconhecida da plateia. Toquei "Bad Motor Scooter" — tirei algumas coisas do Montrose do chapéu. Eu podia ouvir a plateia entre cada música: "Vai se foder, vai se foder, vai se foder". Em seguida toquei "Catch the Wind", a música do Donovan que foi o single de *Red*, e, no meio dela, eles me abafaram com vaias e começaram a jogar coisas no palco. Eu parei.

— Estou tão feliz que eles tenham mandado trazer essa plateia especial de Los Angeles para mim — disse eu, e todos ficaram enfurecidos. Eles dispararam de seus assentos. Eles queriam me matar.

— Vão se foder — xinguei, abaixei as calças, pus meu pinto para fora e despedacei a porcaria da minha Stratocaster 1961 no palco. Que idiota. Destruí aquela guitarra clássica e saí do palco.

Parado na coxia, de todas as pessoas imagináveis, estava Bill Graham, com as mãos no rosto, exclamando:

— Ah, meu Deus. Sammy. — Ele me seguiu até o camarim. — Qual é o seu problema? Nunca mais faça isso! Você poderia ter ganhado todas aquelas pessoas.

Bill estava viajando em sua limusine a caminho do aeroporto quando ouviu no rádio que Sammy Hagar abriria para o Kiss no Madison Square Garden naquela noite. Com frequência me perguntava se Graham era o Bill sobre quem a vidente, a senhora Kellerman, tinha me perguntado. Graham, o promotor por trás de todos aqueles shows históricos dos anos 1960 no Fillmore Auditorium e chefe da cena musical de San Francisco, tinha demonstrado um interesse pessoal pelo meu caso. Ele estava me acrescentando à programação no Winterland, sua base de operações ao longo dos anos 1970, e foi um dos primeiros promotores de shows a agir como se eu tivesse uma chance.

Quando Graham ouviu no rádio sobre meu show com o Kiss, ele deu meia-volta e foi direto para o show — a tempo de entrar e me ver abaixando as calças.

Enquanto eu estava ali com Bill, Paul Stanley do Kiss entrou.

— O que aconteceu? — indagou ele. — Aquilo foi terrível. Não posso acreditar.

Mandei que enfiassem a turnê do Kiss na bunda e nunca mais fiz outro show com a banda. Aquela foi a pior experiência que já tive no palco e ela arruinou as coisas para mim em Nova York. Eles sequer sabiam quem eu era e me odiaram antes mesmo de me ouvir.

Eu estava começando a descobrir quem eu era. Pouco depois do lançamento do álbum *Red*, fiz um show com ingressos a um dólar chamado The Rising Star — A Estrela em Ascensão — em Seattle, uma promoção de uma estação de rádio gerenciada por alguns DJs do noroeste. Aquilo deu certo para mim. O show teve os ingressos esgotados e o noroeste se tornou um dos meus principais mercados.

O resenhista que cobriu o show Rising Star para o jornal me chamou de "The Red Rocker, Sammy Hagar" — O Roqueiro Vermelho. Um garoto me abordou com o jornal e me pediu que o autografasse. "Você pode assinar 'The Red Rocker'?", pediu ele. Fiquei feliz em dar um autógrafo. Alguns dias depois, eu estava andando por uma rua no Texas e alguém gritou: "Ei, é o Red Rocker". Foi quando minha ficha caiu — ei, esse sou eu.

6

NÃO POSSO DIRIGIR A 90 KM/H

ENCONTREI UM LAR EM MILL VALLEY. Eu havia alugado uma casa, mas, quando a senhora que era a proprietária decidiu vendê-la, soube na mesma hora que tinha que a comprar. Meu coração e minha alma já estavam naquele lugar. Leffler providenciou para que a Capitol me pagasse um adiantamento pelo sucessor do álbum *Red* para que eu pudesse dar entrada na maravilha arquitetônica que era aquela casa. Ela ficava no cume do Monte Tamalpais, é chamada de Tamalpais Pavilion, e eu mal tinha dinheiro para comprar a casa, mas sabia que tinha que morar ali. Um protegido de Frank Lloyd Wright chamado Paffard Keatinge-Clay, um arquiteto britânico, construiu a casa para si mesmo, se divorciou e a perdeu. Ele construiu a casa usando cimento e vidro, além de concreto reforçado com aço — a primeira casa de concreto protendido da história da arquitetura. Ele construiu outra igualzinha na Suíça e também um banco em Pasadena que é exatamente o dobro dela. E foi isso.

Vidro em toda sua extensão, oito colunas de concreto sustentando tudo. O teto repousa em cima disso. Ela não tem um parafuso sequer. Consegui juntar os sessenta mil dólares para a entrada com o adiantamento da Capitol e a dona me financiou os cem mil restantes. Eu não sabia como pagaria as parcelas, mas dei um jeito. Moro lá até hoje.

Quando ela foi construída, um cineasta chamado John Korty morava na mesma rua e ficou observando o interminável desfile de caminhões betoneira que passava diante de sua porta. Ele, então, escreveu um roteiro sobre um sujeito cuja casa é incendiada. Um terremoto destruiu sua próxima casa, e depois uma outra foi comida por cupins, e ele era um inspetor de cupins. Ele surtou e construiu uma casa de cimento que era à prova de balas. Essa é a história de *The Crazy Quilt*, uma espécie de clássico *cult* entre os primeiros filmes independentes norte-americanos. Aquela é a minha casa no filme.

O álbum *Red* obteve pouco sucesso. Ele vendeu por volta de cem mil cópias. Depois da turnê, Carter e eu viajamos de volta à Inglaterra para gravar *Musical Chairs*. Esse álbum teve uma música que era meio que um hit do Top 40, "You Make Me Crazy", que foi uma tentativa minha de escrever com Van Morrison.

Quando chegou a hora de cair na estrada para promover *Musical Chairs*, consegui uma turnê com o Boston. O grupo era a nova grande banda de rock de 1977. Primeiro, eles fizeram uma turnê abrindo para o Black Sabbath, mas logo passaram a ser a atração principal. O Boston me contratou como banda de abertura para a turnê inteira. O primeiro trecho durou nove meses, com um intervalo para que o Boston pudesse gravar seu segundo álbum. Enquanto Tom Scholz e os outros integrantes do Boston gravavam, fiz uma pequena turnê como atração principal e me saí bastante bem. Pequenas arenas com capacidade para três ou quatro mil pessoas no Texas e no sul da Califórnia. Em seguida, voltei e fiz a segunda parte da turnê com o Boston, que durou onze meses, a partir do outono de 1978, abrindo para eles todas as noites, fazendo dois ou três shows em todas as casas de show dos Estados Unidos.

Havia apenas alguns poucos lugares onde eu podia fazer isso: San Francisco, San Jose, Santa Cruz, Santa Monica, San Bernardino e San Antonio, Texas. Esses eram os seis mercados onde eu podia ganhar cinco mil dólares. Leffler me colocava neles enquanto eu estava em turnê, abrindo para outras pessoas, e eu fazia pequenos shows como atração principal para me manter vivo.

Nessa primeira pequena turnê como atração principal, fiz algo muito doido. Gravei um disco ao vivo, *All Night Long*, que se tornou meu lançamento seguinte em 1978. Para minha grande surpresa, o álbum ao vivo vendeu por volta de duzentas e cinquenta mil cópias.

Eu estava começando a ter algum sucesso. Era visível. Meu disco estava vendendo bem sem nenhum single, sem ser tocado na rádio, sem nada. Apenas vinte e um meses de turnês ininterruptas.

Para o meu próximo álbum, *Street Machine*, rompi com Carter e decidi produzi-lo por conta própria. Durante anos, Carter me deu algumas músicas bobas, sempre tentando me arranjar um hit para o Top 40, tentando me fazer gravar covers como "Dock of the Bay". Quando por fim cedi e gravei "Dock of the Bay", um cover de Otis Redding, pelo amor de Deus, com o guitarrista Steve Cropper, que tinha escrito a porcaria da música, a coisa não deu certo. Eu tinha levado os caras do Boston até o Wally Heider's Studio em San Francisco, depois de um show em maio de 1979 no festival Day on the Green realizado do outro lado da ponte, em Oakland, diante de cinquenta e cinco mil fãs, para gravar vocais de apoio. Essa deveria ter sido uma tentativa de entrar para o Top 40, mas nem mesmo a KFRC na minha cidade natal quis tocá-la. Eu já estava fazendo shows como atração principal na região da Baía de San Francisco para o promotor Bill Graham, mas meus discos não eram tocados na rádio. Eu tinha dado "I've Done Everything for You" do meu disco ao vivo para a Capitol, uma música que dois anos depois foi um hit no Top 40 na voz de Rick Springfield, mas eles não conseguiram que nenhuma estação de rádio sequer a tocasse. Para as rádios do Top 40, eu era um sujeito do heavy metal.

Quando entrei em estúdio para gravar *Street Machine*, eu já tinha desistido de tentar conseguir um hit para o Top 40. Esse disco vendeu por volta de trezentas e cinquenta mil cópias quando foi lançado em setembro de 1979. Após anos abrindo shows de todas as bandas imagináveis, as pessoas começaram a achar que eu poderia ser a atração principal. Louis Messina, da Pace Concerts, no Texas, me colocou em um pacote com Pat Travers, que estava nas paradas com o sucesso "Boom Boom (Out Go the Lights)", e Scorpions, a banda alemã de hard rock que estava começando a tocar nos Estados Unidos. Os shows tiveram os ingressos esgotados em todos os lugares. Foi inacreditável. Estávamos tocando em lugares com capacidade para dez, doze mil pessoas. O preço dos ingressos era baixo e era para um pacote, mas essa foi a primeira vez que fiz uma turnê como atração principal.

Mas a Capitol Records ainda não me compreendia. Eu tinha acabado de fazer uma turnê como atração principal, em arenas que tiveram os ingressos esgotados, e eles não conseguiam fazer com que meus discos vendessem mais de trezentas e cinquenta mil cópias. Meus rendimentos tinham quadruplicado, não apenas com bilheteria, mas também com camisetas, tudo. Eu estava me transformando em uma verdadeira estrela do rock no palco. Na Inglaterra, apareci na capa da *Melody Maker* e da *New Musical Express*. Eles tiraram uma foto minha de short, meias cano longo, tênis e uma camiseta regata com meu Trans Am e meu Explorer. Eu estava com um visual durão pra caralho. Uma manchete dizia: "Van Halen, fique de olho no retrovisor". Vendemos todos os ingressos dos catorze shows em teatros na Inglaterra antes mesmo de deixarmos os Estados Unidos.

Meu último álbum com a Capitol, *Danger Zone*, lançado em junho de 1980, apenas reforçou o fato de que eles não sabiam o que fazer comigo. Ele vendeu outras trezentas e cinquenta mil cópias, apesar de eu estar lotando casas de shows por todos os Estados Unidos. Vendi todos os ingressos do Oakland Coliseum Stadium naquele Quatro de Julho. Inicialmente, Tom Scholz, o gênio da guitarra por trás do Boston, iria produzi-lo. Ele foi até lá e fez a pré-produção, mas sua gravadora decidiu que ele deveria estar trabalhando em outro álbum do Boston, e não no disco de outra pessoa. Se ele ficasse, iriam processá-lo, portanto ele foi embora. No dia seguinte, contratei um sujeito que eu conhecia, chamado Geoff Workman, de última hora, porque já estávamos no estúdio, prontos para gravar. Workman, engenheiro de som que trabalhou com o produtor do Queen, tinha acabado de gravar um disco com o Journey e seu novo vocalista, Steve Perry, e gostei do que ouvi. Scholz ficou chateado por eu tê-lo substituído tão depressa, mas eu lhe disse que não tinha dinheiro para queimar. Eu precisava seguir em frente e voltar para a estrada. Foi então que meu sucesso de fato começou a aumentar. Em turnê promovendo *Danger Zone*, vi que as coisas estavam realmente começando a melhorar para mim. Vi com meus próprios olhos. Em todos os shows, as pessoas cantavam minhas músicas. Elas sabiam quem eu era. Eu podia ver o sucesso se aproximando todas as noites. Desde meu começo na música, tinha dado tudo de mim, abaixado a cabeça para o ataque, enrolado as mangas e partido para cima. Eu nunca havia tido sucesso ou dinheiro. Quando voltei, minha contadora me contou que eu tinha trezentos mil dólares no banco e perguntou: "O que você quer fazer?".

Eu tinha gravado um álbum por ano durante meus cinco anos na Capitol enquanto fazia turnês ininterruptas. Acabava uma turnê, eu entrava em estúdio. Se não estivesse em turnê, estava gravando um disco. A gravadora pagava uma ajuda para fazer a turnê, mas, visto que meus discos não estavam vendendo lá muito bem e que passava a maior parte do tempo na estrada, eu não estava recebendo muita coisa além dos adiantamentos. Eu tinha me saído bem na Inglaterra e em outros países europeus, mas a Capitol nunca me pagou nem um centavo de direitos autorais. Na verdade, eles me disseram que eu lhes devia cento e setenta e cinco mil dólares. Eu tinha um contrato muito ruim. Estava ganhando por volta de vinte centavos por disco e gastando mais dinheiro com as turnês do que estava ganhando. Decidi processar a Capitol.

John Kalodner, o figurão de A&R da Geffen Records, queria que eu assinasse um contrato com a gravadora que David Geffen havia acabado de fundar. Àquela altura, ele só tinha assinado com John Lennon e Donna Summer. Eles me ofereceram um contrato de um milhão de dólares. Eu estava recebendo cinquenta mil por disco na Capitol e lhes devia dinheiro, mas o dinheiro que a Geffen me deu pagou pelo processo. Certo dia, entramos no tribunal do Marin Civic Center e o juiz disse ao pessoal da Capitol: "Acredito que vocês já ganharam muito dinheiro às custas desse jovem rapaz". Ele me liberou do contrato. Fui embora como um homem livre.

A Geffen me colocou nas paradas. Finalmente tive discos de sucesso condizentes com minha bilheteria na estrada. A Capitol nunca conseguiu isso. A Capitol não me promovia. Eles estavam cagando e andando. Foi maravilhoso assinar com a Geffen e mandar um que se dane para a Capitol com meus primeiros discos de ouro e de platina. Esse foi o começo de um período de dezesseis anos com álbuns que venderam milhões de cópias.

Kalodner era um excelente representante de A&R. Ele conseguiu que Jimmy Peterik, do Survivor, compusesse uma música comigo, "Heavy Metal", e a vendeu para o cinema antes mesmo que meu álbum fosse lançado. Jonathan Cain, do Journey, e eu também compusemos uma música. Kalodner tentou me juntar com diferentes compositores, mas eu não gostava de escrever com outras pessoas. Não me sentia muito seguro perto de um sujeito que eu não conhecia muito bem a ponto de lhe mostrar minhas ideias. Eu começava a travar. Não achava que conseguia me expressar bem o suficiente. Além disso, levo tudo para o lado pessoal. Mas escrevi vinte e oito músicas para o álbum. Kalodner sugeriu Keith Olsen como produtor e gostei da ideia. Olsen produziu Fleetwood Mac e

EM TODOS OS SHOWS, AS PESSOAS CANTAVAM MINHAS MÚSICAS. ELAS SABIAM QUEM EU ERA. EU PODIA VER O SUCESSO SE APROXIMANDO TODAS AS NOITES.

Pat Benatar. Gravamos um ótimo disco, *Standing Hampton*, sem dúvida quanto a isso, com um hit instantâneo no Top 40, "I'll Fall in Love Again", quando ele foi lançado em janeiro de 1982. Caí na estrada, tocando em grandes arenas como atração principal, fazendo dois shows em muitos lugares, e de imediato me tornei rico e famoso.

Depois que a Geffen me contratou, tudo mudou. Foi inacreditável a grande reviravolta na minha vida. Eu tinha bastante dinheiro do meu contrato com a Geffen, e Kalodner não queria que eu sequer pensasse em sair em turnê. Pela primeira vez em minha vida adulta, fiquei quase um ano em casa. Desde que tinha entrado para a indústria da música, nunca tinha ficado em casa. Betsy ficou feliz da vida. Construí uma piscina em casa. Peguei meu velho amigo David Lauser, que tocou comigo no The Justice Brothers, e montei uma banda. Eu tinha dinheiro. Tinha uma banda. Tinha uma equipe.

Durante anos, ralei pra valer. A vida familiar foi algo que meio que aconteceu comigo. Praticamente nem percebi. Eu me casei e tive um filho enquanto estava dando duro com a banda. Quando meu filho era pequeno, eu estava na estrada. Nem sempre podia arcar com os custos, mas, mesmo depois que passei a ter dinheiro, levar Betsy e uma criança em turnê não era fácil. Quando Aaron ficou mais velho, nós o matriculamos em um internato, o North Country School, em Lake Placid, Nova York, e Betsy começou a viajar comigo. Mas ela não suportava ficar na estrada. Ela odiava viajar de avião. Não gostava de quartos de hotéis e de viver fazendo as malas. Meu casamento sempre foi uma luta. Se ela não estava na estrada, eu tinha que telefonar para casa todas as noites e as ligações sempre terminavam em discussões. Eu não estava tendo muitos casos, por mais que pudesse. Continuava sem usar drogas e não bebia até cair, mas comecei a viver a vida um pouquinho. Eu tentava não me envolver em nada sério. Dessa maneira, podia pelo menos me convencer de que não estava causando nenhum dano.

Quase na frente da escola do Aaron, do outro lado da rodovia, havia um chalé de madeira à venda e que não estava caro. Era um chalé de madeira pré-fabricado com uma galeria grande, com cinco acres nos fundos. Eu o comprei e tentávamos passar o máximo de tempo possível ali, embora eu estivesse sempre em turnê. Voltávamos para lá para passar o Dia de Ação de Graças. Essa era a lei. Eles não permitiam que os alunos voltassem para casa para o feriado, porque tinham um importante banquete de Ação de Graças preparado pela garotada. Voltávamos para lá para o Dia de Ação de Graças. Era praticamente só isso.

O SUCESSO REALMENTE me motivou. Ed Leffler ficou impressionado. "Você é diferente de qualquer outra pessoa que já conheci na indústria musical", ele me confidenciou. "A fama e a riqueza inspiram você. Você fica melhor. Nunca conheci ninguém assim em toda minha vida nesse meio. Quanto mais sucesso tem, melhor você fica. Agora pula naquele palco. Você está muito melhor do que era quando estava passando fome."

Quando eu estava passando fome, me faltava confiança. Tinha medo de desnudar meu coração e minha alma. Eu me escondia. Estava fingindo. E isso transparecia. Era possível ouvir na minha voz. Minhas ações não eram verdadeiras e honestas, portanto, elas não se conectavam. Eu estava blefando, estava atuando. Precisei de fama e riqueza para que eu me tornasse eu mesmo. Isso me deu a confiança de que eu precisava para realçar o que tenho a oferecer, seja lá o que for. Comecei a ser mais autêntico.

Peguei o que tinha sobrado daquele grande adiantamento da Geffen e comecei a comprar propriedades em Fontana. Eu não achava que teria muita longevidade como estrela do rock, mas também não queria ser pobre de novo. Minha mãe instilou isto em mim: é preciso ter algo a que recorrer. Comecei a construir prédios em Fontana. Procurei meu cunhado, James, que era empreiteiro elétrico e tinha conseguido uma licença para fazer seu trabalho. Meu sobrinho também se tornou eletricista, e um de seus amigos se tornou encanador. Fiz com que todos virassem meus sócios. Construímos nove prédios. Comprei as casas antigas que tínhamos alugado quando eu era criança. Esse foi meu primeiro esforço como empreendedor, e nos saímos muito bem.

Pouco depois de termos começado a construir os apartamentos, o corpo de bombeiros abordou meu cunhado e disse que ele precisava instalar um hidrante na frente de cada um dos edifícios. Ele disse ao corpo de bombeiros que seu encanador poderia instalar sprinklers no interior dos prédios que seriam mais eficazes por aproximadamente o mesmo preço. As seguradoras aprovaram a sugestão, porque sprinklers apagam incêndios antes que os bombeiros possam chegar ao local, mas o corpo de bombeiros precisou ser convencido disso. Organizamos uma demonstração para eles. Compramos uma das minhas antigas casas, instalamos os sprinklers e então tacamos fogo em uma lata de lixo. Esperamos que os vizinhos chamassem os bombeiros, que estavam estacionados, aguardando, no fim da rua, e, quando chegaram lá, os sprinklers já tinham apagado tudo. A casa ainda estava totalmente fria. O sistema de sprinklers é maravilhoso. Ele de fato salva vidas. A prefeitura criou uma regulamentação e ainda nos deu uma pequena verba. Pouco tempo depois, tínhamos cento e oito funcionários e gerenciávamos a segunda maior empresa de sprinklers contra incêndios dos Estados Unidos, a Fire Chief Inc.

O que criei em seguida foi a agência de viagens, que comecei porque viajava tanto em turnês que pagava uma pequena fortuna para meu agente de viagens. Decidi começar a minha própria agência, a Steady State Travel, em Mill Valley, contratei as duas moças que trabalhavam para a antiga agência e lhes dei uma porcentagem dos lucros. Ela não me rendia muito dinheiro, mas também, quando eu saía em turnê, não tinha mais custo.

“VOCÊ É
DIFERENTE
DE QUALQUER
OUTRA PESSOA
QUE JÁ CONHECI
NA INDÚSTRIA
MUSICAL”,
ELE ME
CONFIDENCIOU.
“A FAMA E
A RIQUEZA
INSPIRAM
VOCÊ.”

Fundei a Red Rocker Clothing, que foi um desastre, porque o comércio de roupas é o negócio mais louco do mundo. Tive a ótima ideia de fazer um short de flanela de luxo. Comprei a flanela da Ralph Lauren, que era incrível. Eles tinham uma linha de camisas e outros itens de flanela. Provavelmente perdi uns trezentos mil dólares, porque aceitei um pedido da JC Penney que não consegui atender. A produção ficou atrasada. Acabei com sessenta mil dólares em shorts de flanela no meu depósito, porque a empresa não quis ficar com eles. Alguns dos shorts nem tinham botões por causa da rapidez com que eu estava tentando despachá-los. No ano seguinte, todo mundo tinha shorts de flanela. Uma indústria muito difícil. Você aparece com uma ideia e no ano seguinte todo mundo copia e é preciso criar algo novo. Caí fora.

Embora eu tenha perdido dinheiro com as roupas, acabei começando outro negócio que me rendeu dinheiro: lojas de bicicletas. Foi Bucky que chamou minha atenção para as bicicletas. Bucky, meu velho amigo para quem eu roubava discos da ABC Stores e que me fez gostar de *Fresh Cream*, estava morando com a esposa, Joelle, e o filho, Benny, em um apartamento na B Street em San Rafael. Ele tinha se casado com ela em Rochester, mas ela fugiu com outro cara e eles ficaram separados durante algum tempo. Bucky a aceitou de volta depois de se mudar para a Califórnia, e foi então que eles tiveram um filho. Bucky sempre esteve por perto. Eu o levei comigo para a Inglaterra como meu roadie e motorista de caminhão quando gravamos *Red*. Ed Leffler o adorava, mas ele era duro com os outros rapazes. Ele era bastante dedicado e estava sempre cuidando de mim. Além disso, curtia drogas e álcool e, às vezes, agia como um idiota. Tínhamos que o acalmar de vez em quando.

Algum tempo depois, Bucky acabou arrumando um emprego em uma oficina de bicicletas, a Corte Madera Cyclery, uma antiga concessionária da Schwinn. Isso aconteceu por volta da mesma época em que dois sujeitos chamados Steve Potts e Gary Fisher inventavam a mountain bike no condado de Marin. Eles pegaram um pneu grosso, uma bicicleta praiana e colocaram nela dez marchas de uma outra bicicleta. Eles pedalavam essas bicicletas para cima e para baixo no Monte Tamalpais. Certo dia, Bucky me levou até os fundos da Corte Madera Cyclery e montou uma mountain bike para mim. Em pouco tempo, Bucky e eu estávamos pedalando nossas bicicletas em todos os lugares. Ele ia de bicicleta para o trabalho todos os dias, fizesse chuva ou sol. Entre os passeios de bicicleta que fazíamos, eu vi o negócio da mountain bike crescendo e fiquei bastante interessado. Ele me disse que eu poderia comprar a loja – que era bem pequena – por uns setenta e cinco mil dólares, muito barato. Tudo o que eu tinha que fazer era comprar o inventário. Comprei a loja e comecei a montar mountain bikes. Éramos os reis das mountain bikes. Muitas pessoas levavam suas bicicletas praianas para o Bucky e ele as convertia em mountain bikes. Na loja, Bucky não era capaz de montar as mountain bikes com a velocidade necessária. Tivemos, então, que contratar mecânicos.

Ao ver o sucesso dessa loja, tive a ideia de abrir uma loja de bicicletas ainda maior, uma megaloja que iria vender roupas e acessórios de ciclismo. Eu construí a Sausalito Cyclery. Éramos a loja de bicicletas independente número um da Califórnia, uma das dez maiores do país. Estávamos lucrando quatro milhões em vendas por ano, com um milhão de dólares em inventário na loja. Eu comprava os melhores produtos. Na metade das vezes nem era possível entrar na loja. Estávamos vendendo de vinte a trinta bicicletas de ponta por dia. Quando os primeiros modelos comerciais da Specialized foram lançados, as mountain bikes começaram a decolar. Nós as compramos. Começamos a ver a tendência. As pessoas estavam comprando aquelas coisas. Elas estavam levando suas bicicletas de velocidade para troca. Em pouco tempo, não pudemos mais aceitar trocas porque ninguém mais queria bicicletas de velocidade.

Colocamos manequins com roupas de ciclismo na loja e obtivemos uma resenha em uma revista de ciclismo dizendo que éramos a única loja de bicicletas nos Estados Unidos que expunha roupas em manequins. Criei minha própria mountain bike — a Red Rocker. Apareci na capa da *Mountain Bike Magazine* com essa coisa. Instalei dois faróis nela e fui o primeiro construtor de bicicletas a usar componentes pretos. Antes da Red Rocker, tudo era cromado. Você tinha a bicicleta, qualquer que fosse a cor. Você tinha pneus pretos, às vezes com banda branca. Todo o resto era cromado. Eu queria tudo em preto e vermelho, não cromado. Demorei um ano e meio para criá-la. Gary Fisher construiu meus quadros. Havia fornecedores diferentes no Japão. Eles produziram peças suficientes para cem Red Rockers, duas garrafas de água, duas lanternas e componentes em preto — aros, raios, parafusos. Era uma máquina fodona. Vendemos todo o estoque logo de cara, *boom*, já era. Tivemos dez mil pedidos em espera de todas as partes do país.

Voltamos para o Japão, onde nossos fornecedores nos disseram que o máximo que conseguiriam fazer seriam trezentos componentes naquele ano. Enquanto isso, lá veio a Specialized com sua bicicleta em vermelho e preto chamada Rockhopper — Rockhopper? Red Rocker? Pura coincidência, tenho certeza — e eles passaram por cima de mim. Eles tinham componentes para cinquenta mil bicicletas. Saí do negócio, mas fiquei puto da vida. Eu estava totalmente pronto para dominar o mundo da mountain bike.

A loja de Sausalito era uma mina de ouro, mas Bucky não estava gerenciando o negócio. Ele não conseguia. Chegava atrasado e berrava “vai se foder” para os outros e saía andando. Todo mundo o adorava, mas não era possível colocá-lo no comando. Em vez disso, ele trabalhava no atendimento. Depois de meses assim, por fim tive que vender Corte Madera, porque a Sausalito acabou com ela. Todo mundo ia para a Sausalito, porque ela ficava bem na ciclovia.

Com todos esses diferentes negócios em desenvolvimento além da música, eu estava ganhando algum dinheiro. Comprei, então, mais duas casas além daquela no condado de Marin. Passei a me interessar por Ferraris e a desenvolver um gosto por vinhos finos. Certa noite, quando eu estava no Montrose, experimentei um Latour 1945 e um porto Martinez 1927 na mesma noite e comecei uma coleção de vinhos finos. Eu fazia com que os promotores dos shows me fornecessem garrafas de boas safras nos bastidores como parte das minhas exigências contratuais e as levava para casa intocadas. Bill Graham estava ligado no meu esquema. Ele abria todas as cinco garrafas no meu camarim, para que eu não pudesse levá-las para casa e, mais tarde, me deu um arrolhador de presente. Simplesmente comecei a aproveitar a vida. Betsy também gastava bastante dinheiro. Fazia isso para se manter feliz. Ela ia fazer compras e remobiliava a casa. Eu chegava em casa e questionava, mas, visto que estava me saindo bem financeiramente, não ligava muito.

As coisas, no entanto, ainda não estavam ótimas entre nós. Por volta dessa época, afinal, tive um caso. Eu tinha transado com outras mulheres aqui e ali ao longo dos anos durante as turnês, mas dessa vez foi diferente. Aquele foi um caso de verdade, em que me apaixonei pela outra pessoa. Ela trabalhava na indústria musical. Eu a tinha conhecido quando estava gravando meu primeiro álbum pela Geffen em 1981. Ela representava um editor musical e talvez tivesse uma música para mim. Ela era tão independente. Morava sozinha, tinha a própria casa, dirigia um carro novo, dava duro em um bom emprego — o oposto da Betsy. Eu me apaixonei por ela e comecei um caso de longa duração. Eu a levava de avião para me encontrar durante as turnês. Betsy ia embora e ela chegava. Eu costumava inventar viagens para Los Angeles só para vê-la. Viajava para passar o dia com ela. Ela ia me buscar no aeroporto. Íamos até a casa dela e fazíamos sexo insano. Ela era tão liberal — eu adorava isso nela. Era algo como: "Meu Deus, essa mulher sabe cuidar de mim".

Depois de dois anos tendo esse caso, eu estava pronto para deixar a Betsy, mas decidi que, primeiro, precisávamos tirar férias em família, uma grande viagem para a África. Betsy, Aaron e eu fomos para a Itália, Sardenha, Egito e Quênia, onde fizemos um safári de seis semanas. Viajamos durante todo o verão de 1983. Eu tentava descobrir o que fazer com minha namorada. Precisava me encontrar. Eu estava planejando abandonar a Betsy, pois estava apaixonado.

Estávamos em Sardenha. Aaron brincava na piscina e Betsy e eu fizemos um rala e rola diurno. Fazia um dia lindo e tudo estava bem. De imediato soube que ela estava grávida. Isso também tinha acontecido naquela primeira vez com o Aaron. Daquela vez, transamos enquanto ouvíamos o álbum *Salty Dog* do Procol Harum em um toca-discos minúsculo em um quarto de hotel, e depois eu simplesmente sabia. Em Sardenha, não foi nenhum sexo maravilhoso nem nada — na verdade, foi só uma rapidinha —, mas pude perceber que alguma coisa tinha acontecido.

Dito e feito, chegamos na África e Betsy passou toda a manhã um pouco enjoada. Chegamos no Mount Kenya Safari Club bem na hora em que Robert De Niro estava indo embora. Ele estava com um garotinho e um guia grisalho em um Land Rover, saindo enquanto nós chegávamos. Era um lugar estilo colonial britânico. Odiei o local. Depois das 17 horas, os homens precisavam usar terno e gravata; as mulheres, vestidos de noite; e as crianças sequer tinham permissão para sair dos quartos. Betsy estava passando mal. Ela não conseguia sair do quarto mesmo. Eles nos trataram muito bem e o lugar era lindo, mas era ridículo de tão requintado. Era um santuário de pássaros. Eles tinham alguns negros trajando smokings com luvas brancas andando com vassourinhas e baldes, varrendo cocô de pássaro. Mas o melhor café que eu já tomei na vida? Mount Kenya Safari Club, sem dúvida.

Enfim, fizemos diversos safáris por todo o Quênia e a Tanzânia, como o Governor's Camp, que é um acampamento, mas muito elegante. De Niro estava lá, no mesmo safári que eu, indo ou vindo. Nós nos encontramos no bar algumas vezes, trocamos algumas palavras. "Oi, sou um grande fã seu, sabia?" Ele não sabia quem eu era, mas, sim, que eu era alguém. A porra de um cara cabeludo parecido com um hippie *naquele* lugar.

Na viagem de volta para casa, pegamos um avião do Quênia para Londres, viajamos por catorze horas e mudamos para o Concorde. Esbanjei bastante. Primeira classe em todos os aviões. Voamos de Concorde até Nova York, pegamos um outro avião para Albany, onde aluguei um carro, e começamos nossa viagem de carro até o chalé de madeira em Lake Placid, onde Aaron estudava. Estávamos levando-o de volta para o reinício das aulas na North Country School, em setembro.

Eram 2 horas quando um policial me mandou encostar. Estávamos viajando havia vinte e quatro horas. Eu estava acabado. Enquanto estive fora do país, os limites de velocidade tinham sido alterados. O policial começou a preencher a multa.

— Policial — disse eu —, eu estava só a 100 km/h.

— Por aqui — rebateu ele — nós multamos quem dirige a 100 km/h.

Ele estava estacionado atrás de algumas árvores em uma rodovia de quatro faixas, não havia ninguém na estrada, estávamos no meio da noite. Olhei para Betsy.

— Não posso dirigir a 90 km/h[2] — comentei eu.

Assim que me ouvi dizendo isso, eu exclamei: "Uau!". Peguei papel e caneta. Comecei a escrever a letra. Enquanto ele preenchia a multa, eu escrevia a letra. O policial voltou. Ele me entregou a multa, e eu disse:

— Obrigado, senhor.

2 *I can't drive fifty-five* no original, título de uma de suas músicas. [N.T.]

Fui direto para minha casa em Lake Placid, uma viagem de carro de três horas a partir de Albany. Quando cheguei lá, eram umas 5 horas. No porão, havia uma guitarra e um amplificador. Fui até lá embaixo, peguei minha guitarra, liguei o pequeno gravador e escrevi a música, de uma vez só.

Escrevi músicas todo o tempo em que ficamos na África, porque sabia que já tinha um lance marcado com Neal Schon do Journey quando voltasse, minha primeira ideia para um supergrupo, HSAS — Hagar, Schon, Aaronson, Shrieve. Neal e eu tínhamos planejado tudo. Quando voltei e descobri que Betsy estava grávida, eu meio que decidi terminar meu caso ou, pelo menos, começar a pegar leve. Eu tinha uma esposa grávida em casa e achei que não era hora de abandonar ninguém. Isso acabou comigo, porque eu realmente estava apaixonado por aquela mulher. No dia em que Betsy foi para o hospital para dar à luz Andrew, no dia 4 de junho de 1984, telefonei do hospital para a garota da editora musical e acabei com tudo.

— Tenho um menino recém-nascido — contei a ela. — Não posso mais te ver. — E nunca mais a vi.

O nascimento de um bebê é um milagre. Você lê sobre milagres na Bíblia ou em outros livros. Você quer alguma coisa que te afete e transforme sua vida dessa maneira. Você quer ver Jesus andar sobre a água. Quer ver alguém se curar, pegar um aleijado e fazê-lo andar. Quer ver essas coisas. Todos queremos. Quando você testemunha o nascimento de um bebê, é isso o que você vê.

Isso me fez entrar nos eixos. Eu tinha o mundo todo nas mãos e assisti ao nascimento daquele bebê. Estava pronto para abrir mão de qualquer coisa por isso, por meus filhos e minha esposa, para que pudéssemos continuar sendo uma família juntos. Alguma coisa acontece quando você vê o nascimento de uma criança. Criação. Será que isso não é o mais próximo de Deus que você vai chegar?

Quando voltei a focar minha atenção no HSAS, eu já tinha diversas músicas, como "Giza" e "Valley of the Kings", que tinha escrito na África e no Egito, umas letras com uma aura meio atmosférica, e tinha "I Can't Drive 55", porque eu a tinha escrito no caminho para casa. Mas eu não a mostrei para a banda. Não disse nada sobre ela para o Neal. Só a guardei no bolso. Escrevi a música toda, e Neal e eu deveríamos ser coautores de tudo no novo projeto. Não acho que estivesse sendo cauteloso ou pretencioso, o fato era apenas que aquela era uma música minha e eu a reservei para mim.

O que foi uma coisa boa, como acabei descobrindo. O lance do HSAS não deu certo. Neal e eu queríamos fazer algo juntos, mas não sei por que chamamos o baixista Kenny Aaronson e o baterista Michael Shrieve. Eles eram bons e tudo o mais, mas foi mais uma questão de quem estava disponível no momento. Aaronson tinha tocado com Billy Squier e Neal conhecia Shrieve de quando eles tocaram juntos com o Santana. Shrieve, que é um ótimo ritmista, não era um baterista de rock, e nós éramos uma banda de rock. Mas ele deu um toque meio descolado e *fusion* para a banda.

Fizemos doze shows na região da Baía de San Francisco em novembro de 1983, todos com ingressos esgotados para uma banda da qual ninguém sequer tinha ouvido falar, e doamos toda a renda para programas de arte e música das escolas públicas. Gravamos o disco ao vivo, o que achei um pouco arriscado, mas ele não chegou a vender mais do que cento e cinquenta mil cópias, embora eu estivesse vendendo mais de um milhão como artista solo e o Journey estivesse vendendo mais de um milhão com o Neal. Ele nunca pegou. "A Whiter Shade of Pale", que foi o single, não deu muito certo, nunca virou um hit. Tocamos em um programa da MTV chamado *The Concert*. Neal e eu fomos para Nova York e conversamos com a imprensa durante dias. Mas a banda nunca decolou. Ela poderia ter se saído melhor se tivéssemos entrado em estúdio, gravado o disco e então feito os shows, mas a maneira como fizemos tudo foi único. Não voltamos a fazer nenhuma turnê.

Tratei de voltar logo para gravar "I Can't Drive 55", que acabou entrando no meu álbum *VOA*. Esse álbum foi produzido por Ted Templeman, o antigo produtor do disco do Montrose que tinha me adiantado o orçamento para minhas primeiras demos solo, e eu o gravei no Fantasy Studios em Berkeley, em uma enorme sala usada para gravações de orquestras onde o Journey tinha acabado de gravar seu álbum *Escape*. Gravei todas as demos no pequeno estúdio da minha casa em Mill Valley. David Lauser foi até lá e gravou a bateria, e nós dois passamos dez ou doze horas no meu porão todos os dias, trabalhando em algumas ideias.

O álbum *VOA* com "I Can't Drive 55" foi muito bem-sucedido quando lançado em agosto de 1984 e fez da minha carreira ridícula de tão grande. "I Can't Drive 55" não foi meu maior sucesso, de forma alguma, mas ela tem um significado maior do que qualquer outra música que já escrevi. Na época, "55" chegou apenas ao número vinte e seis das paradas. Ela sequer foi um hit do Top 10, mas foi a única que de fato fez os discos venderem e impulsionou meu mercado de shows para a estratosfera.

A turnê de promoção de *VOA* foi a minha mais bem-sucedida. Meus shows tiveram ingressos esgotados em arenas por toda parte, dois, três ou quatro shows em alguns lugares, uma das turnês mais rentáveis de 1984 — bem ali com o Van Halen, que tinha estourado na mesma época com "Jump" e tudo o mais. Lembro-me de receber um prêmio em Portland, Oregon. Dois shows tiveram ingressos esgotados e ganhei o prêmio de Show do Ano. O Van Halen ficou em segundo lugar. Estávamos pau a pau na estrada. Eles tinham um disco muito maior. Meu álbum vendeu um milhão e seiscentas mil cópias, mas eles acabaram vendendo dez milhões de discos.

Meus discos nunca refletiam minha bilheteria. Houve sujeitos, como Greg Kihn ou Tommy Tutone, que tiveram seu momento quando venderam tantos discos quanto eu, talvez até mais. Mas nunca conseguiram lotar arenas, e eu podia cair na estrada e tocar em diversas arenas. Eu era um artista de palco que começou como banda de abertura. Meus álbuns eram apenas uma maneira que eu tinha de voltar para a estrada, até eu conhecer John Kalodner e Geffen, que fizeram meus discos venderem.

Kalodner e Geffen também me fizeram gravar videoclipes, o que impulsionou ainda mais a turnê do *VOA*. O vídeo de "I Can't Drive 55" foi muito tocado na MTV, duplicou ou triplicou minha bilheteria, e fez por mim de modo instantâneo o que a rádio nunca fez. Ele me transformou em uma estrela. O canal só de música da TV a cabo começou em 1981, mas demorou alguns anos para a ideia pegar junto às empresas locais de TV a cabo e ao público. Assim que a MTV pegou, ela teve uma força incrível, e gravar vídeos era quase tão importante quanto gravar discos. "Three Lock Box" tinha sido meu primeiro vídeo, em 1982, e eu tinha percebido que ele tinha feito com que eu passasse de um sujeito relativamente anônimo para qualquer pessoa, exceto meus fãs, para alguém que era reconhecido por senhorinhas passando pelos aeroportos. Mas o vídeo de "I Can't Drive 55" levou tudo para um outro nível.

Kalodner me colocou em contato com o diretor Gil Bettman, que tinha feito ótimas cenas automobilísticas como diretor do seriado de televisão *A Super Máquina*. Foi como fazer um filme — um orçamento de um quarto de milhão de dólares, quatro dias de gravação, dias que duravam doze horas, em locações diferentes por todo o sul da Califórnia. Alugamos uma ala de um antigo hospital em Los Angeles e construímos uma cadeia, colocamos barras e um tribunal, onde um juiz presidia uma sessão e uma senhora me batia com o guarda-chuva. Usamos policiais rodoviários da Califórnia de verdade em uma das cenas, onde eles me dominam e me empurram contra o capô do carro. Eu pude dirigir minha Boxer 512 a toda velocidade. Fomos para o deserto perto de Palmdale, onde eu dirigi a 270 km/h. Gil cavou buracos e colocou câmeras dentro deles para filmarem do nível do chão quando eu passasse por eles.

Essa música mudou meu relacionamento com a polícia rodoviária da Califórnia. Àquela altura da minha vida, já tinha recebido trinta e seis multas. Minha habilitação havia sido suspensa três vezes. Eu estava gastando cento e vinte e cinco mil dólares por ano com seguro, porque eu tinha um monte de carros caros. Precisei frequentar aulas de reciclagem de condutores. Contratei advogados. Consegui liquidar o máximo possível, legal e financeiramente, e ainda assim estava em maus lençóis. “I Can’t Drive 55” mudou tudo. Desde que compus essa música, talvez eu tenha sido multado duas vezes. A polícia mandou que eu encostasse pelo menos quarenta vezes, fui parado e então liberado.

Algumas histórias são clássicas. Certa noite, eu estava dirigindo minha Ferrari com Betsy de San Francisco para Malibu — isso foi mais tarde, durante meu primeiro ano com o Van Halen — e estava rodando entre 240 e 255 km/h ao longo do caminho até a Highway 101. Conforme me aproximava de Santa Barbara, na região de Ojai, onde existe um monte de radares, decidi diminuir a velocidade. Eu estava de olho no retrovisor o caminho todo e não conseguia ver nada atrás de mim.

Mais à frente havia um bloqueio na estrada, com duas viaturas da polícia rodoviária da Califórnia. Não pensei que tudo aquilo era por minha causa quando encostei o carro. Quase na mesma hora, um helicóptero aterrissou e outras três viaturas da polícia rodoviária encostaram atrás de mim. Eles estavam me perseguindo havia algum tempo. Eu só não sabia disso. Aqueles Mustangs 5.0 são bons até 225 km/h, no máximo. Eu estava fazendo eles comerem tanta poeira que não consegui vê-los no retrovisor.

Um policial saiu da sua viatura, tremendo, com a arma na mão.

— Saia do carro — mandou ele.

Eu saí.

— É melhor você ter uma boa desculpa — ele disse.

— Senhor, não tenho nenhuma desculpa — falei. — Eu só estava me divertindo. Tenho um carro rápido. Já fiz autoescola e fiz aulas de corrida. Não achava que estivesse em perigo. Não estava dirigindo de maneira imprudente.

Ele recuou e devolveu a arma para o coldre. Ele se afastou, tirou o chapéu e secou a testa, recolocou o chapéu e voltou.

— Ok, em que velocidade você estava indo? — perguntou.

— Eu estava bem rápido — respondi. — Provavelmente uns 240 km/h.

Ele ergueu as mãos e voltou para a viatura para debater com os outros policiais. Todos estavam tensos. "Minha vida estava em perigo", um dos outros policiais ficava gritando para Betsy. Por fim, o policial com a arma mandou todos os outros embora. Eles deram o fora.

O sujeito voltou a tirar o chapéu e me puxou até o capô do meu carro e se encostou nele. Ele começou a me contar sobre seus problemas. Ele tinha visto minha habilitação e sabia quem eu era.

— Sabe, eu tenho filhos e esse é um trabalho muito estressante — disse ele. — E aqui está você, uma estrela do rock, sua vida está nas minhas mãos. Você consegue o que quiser. Eu estava te perseguindo pela estrada pensando "Eu quero matar esse cara quando eu o fizer parar". E então você ficou parado ali com tanta calma. Você me disse a velocidade em que estava indo. Não mentiu para mim.

Ele ficou ali pelo que pareceu uma eternidade, chorando as pitangas na minha frente. No fim, ele se endireitou, estendeu a mão e disse:

— Prazer em te conhecer.

Essa foi uma enquadrada muito esquisita.

Recentemente, eu estava acelerando pela 101 no condado de Marin, indo ensaiar com minha nova banda, Chickenfoot, dirigindo minha Boxer 512 do vídeo de "I Can't Drive 55", fazendo por volta de 145 km/h, quando passei voando por um policial embaixo da autoestrada. Como esperado, ele me fez encostar. Parei no acostamento e abri o vidro. Ele se aproximou e se agachou, com a viseira escura de seu capacete abaixada. Ele levantou seu radar de velocidade, o apontou para meu rosto, e vi que estava piscando, em milhas, "55-55-55-55". Ele tirou o capacete e estava com um sorriso enorme estampado no rosto.

— Eu estava esperando você, cara — disse ele. — Todos os meus colegas me disseram que você anda por aqui e que veem você o tempo todo. Sou o maior fã que você já teve. Acabei de chegar aqui vindo do sul. Estou na força há dois anos, e estou te dizendo, cara, estava te procurando. E te peguei! — Você escreve uma música e não tem ideia do que vai acontecer depois. Eu gostaria de ser esperto o bastante para dizer que a escrevi de propósito.

Embora eu tivesse ganhado muito dinheiro naquela turnê, voltei para casa pronto para tirar um ano de folga e pensar nas coisas. Betsy estava pegando no meu pé o tempo todo; ela não queria que eu fizesse mais turnês e havíamos acabado de ter o Andrew. Eu lhe disse que compraríamos uma casa no interior. Fui ver uma casa em Nicasio, assim como uma propriedade em Big Sur. De fato, iríamos para um lugar remoto, tentar nos desconectar. Eu havia lido um livro chamado *The Coming Hard Times*, escrito por um sujeito que dizia que os bancos iriam quebrar, tudo desmoronaria, a sociedade alcançaria seu ponto mais baixo e o ouro era a única coisa que teria valor. Dinheiro em notas não valeria nada. Acreditei mesmo nessa merda.

Eu estava procurando um chalé na floresta com cem acres. Estocava comida. Comprei armas. Eu tinha uma grande quantidade de munição, não para matar pessoas, mas para caçar e poder comer. Aprendi a caçar animais. Eu saía para caçar o tempo todo. Aprendi a matar um cervo e a esfolá-lo, como curá-lo e comê-lo. Eu daria uma de Ted Nugent para cima de todo mundo. Eu iria caçar e pescar. Eu iria construir uma pista de corrida no terreno e colocar todos os meus carros nela.

Quanto mais eu pensava nas coisas, mais considerava colocar um fim na ralação — álbum/turnê, álbum/turnê, álbum/turnê —

pela minha esposa e pela minha família. Eu estava esgotado. Fiquei na estrada durante mais de dez anos e, antes disso, eu tinha uma vida difícil — trabalho, trabalho, trabalho. Agora eu tinha tudo a meu favor. Minhas lojas de bicicletas, minha agência de viagens, minha empresa de sprinklers contra incêndio. Tinha meus prédios. Meu administrador havia feito um trabalho excelente por mim. Eu estava garantido. Nem precisava mais dos cheques de direitos autorais. Estava no auge e me sentia como a porra de um rei. Poderia fazer o que quisesse. Tinha três milhões no banco e podia ver uma luz no fim do túnel. Eu iria gravar mais um disco e fazer mais uma turnê, economizar outros dois milhões e me aposentar por completo. Entre todos os outros negócios e o dinheiro que eu já tinha, a renda não era necessariamente muito grande, mas com certeza era mais do que o suficiente para viver.

Com Betsy me pressionando, eu via as coisas sob o ponto de vista dela. Estava, então, preparado para abrir mão de tudo. Até que Eddie Van Halen me telefonou.

Meu pai, Bobby Hagar.

Os Hagar antes de eu nascer, em 1945.

Bob Hope e Bobby Hagar (me segurando quando eu era um bebê) em Palm Springs, em 1948.

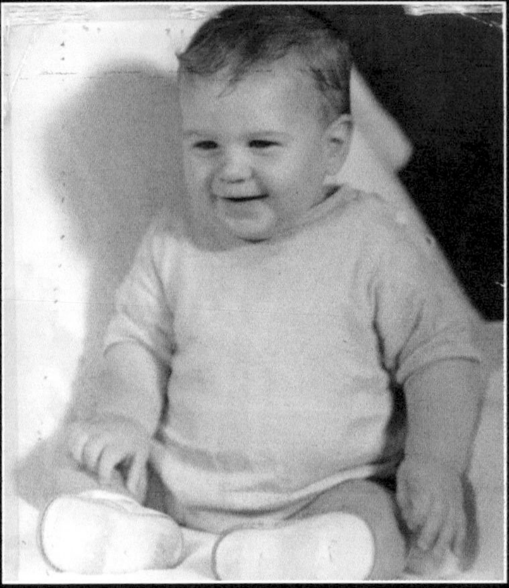

Bebê Sam.

A prole dos Hagar (*da esquerda para a direita*): Bobby Jr., minha irmã Bobbi comigo bebê e Velma (com o gato), em 1947.

Foto de quando eu estava na quarta série.

Com meu padrasto, Mike, na casa da minha mãe em Cucamonga.

Foto da minha formatura
do ensino médio.

The Fabulous Castilles no quintal da minha
casa na Anastasia Street, em Fontana.

Na recepção do meu casamento com a Betsy, com minhas duas sobrinhas observando. A recepção foi realizada na casa da minha mãe.

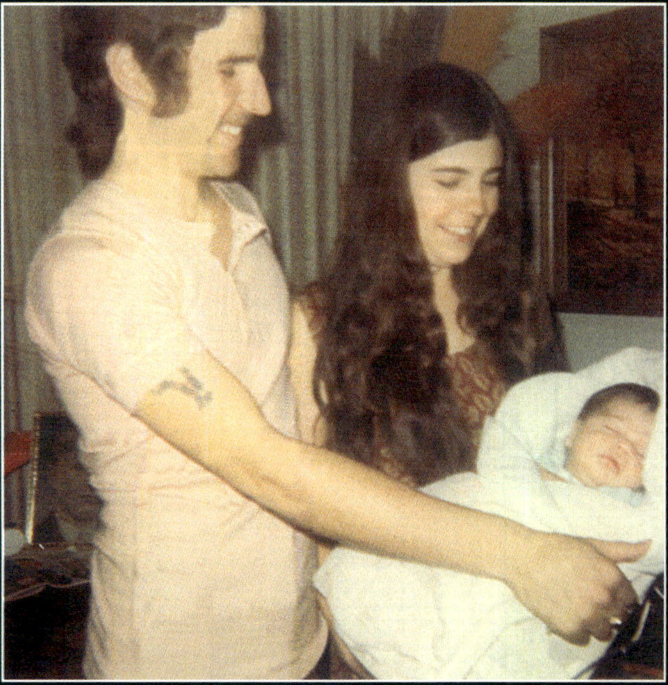

The Justice Brothers, em 1970.

A família Hagar (*da esquerda para direita*): eu, meu irmão, Bobby Jr., minha mãe, minha irmã, Velma, e minha outra irmã, Bobbi.

Montrose no Wembley Stadium, em Londres,

No Record Plant em Sausalito, onde gravei meu primeiro álbum.

Ao volante da minha primeira Ferrari 330GT 2+2 do lado de fora do Abbey Road Studios, em Londres. Aaron está com seu ursinho de pelúcia, Theodore.

O Red Rocker abrindo
para o Boston, em 1977.

Com meu Trans Am em Mill Valley, 1979.

Dando duro no palco.

Nenhum single, nenhuma música nas rádios. Tudo o que foi preciso foram vinte e um meses ininterruptos em turnê.

No cume da Marin Headlands com minha mountain bike.

Texas Jam II, 9 de junho de 1979. Cotton Bowl, Dallas, Texas.

Governor's Camp, Quênia, em 1983.

No Egito com Betsy
e Aaron, em 1983.

Hagar, Schon, Aaronson e Shrieve (HSAS) no Warfield Theater, em 1983.

Anos 1980 total — época do VOA, em 1984.

Com Andrew no palco para o bis no Cow Palace, San Francisco, mais para o final da turnê do *5150* do Van Halen.

Aaron e Andrew na traseira da limusine a caminho de um show do Van Halen em Los Angeles, durante um trecho da turnê do *5150*.

Retrato feito por Annie Leibovitz, 1986.

Com o diretor Gil Bettman (*à esquerda*), durante as filmagens de "Give to Live" no Monte Baldy, em 1987.

Com Eddie na turnê do *OU812*, em 1988.

Minha primeira apresentação acústica no show beneficente da Bridge School, Mountain View, em 1989.

No canteiro de obras do Cabo Wabo Cantina, em 1989.

O avião Merlin 3 que comprei pouco antes da inauguração do Cabo Wabo.

O fim de semana da grande inauguração do Cabo Wabo.

Para a grande inauguração do bar, o Van Halen viajou até lá para passar o fim de semana e se apresentar.

Época da "Poundcake" do Van Halen, em 1991.

Com Eddie na turnê do *Right Here, Right Now*, em 1991.

Com meu irmão, Bobby Jr., em Malibu na noite da entrega do Grammy, em 1992.

Ed Leffler e sua segunda esposa.

Kari e eu em nosso jantar de casamento com os integrantes do Van Halen e as esposas.

Com Kari e Kama no primeiro dia de Kama em casa depois de seu nascimento, em 1996.

Com John Entwistle, do The Who, na minha festança de aniversário no Cabo Wabo, em 2000.

Na fábrica da Cabo Wabo em Jalisco, México.

…inha filha Samantha, em 2001.

Nas plantações de agave do Cabo Wabo, em Jalisco.

Com o The Wabos em Sacramento, em 2009.

A festa no palco.

Lars Ulrich, do Metallica, na minha festança de aniversário no Cabo Wabo.

Cantando com meu filho Aaron no Cabo Wabo, em Lake Tahoe.

Da esquerda para a direita: Mickey Hart, eu, Bob Weir e Mike Anthony.

Fazendo uma jam com Mikey e o baterista Matt Sorum na minha festança de aniversário no Cabo Wabo, em 2008.

As ruas secundárias de Cabo.

Com Kari em nosso quintal em Cabo.

Na festa de aniversário de setenta e cinco anos da minha mãe em Cabo. *Da esquerda para a direita*: eu, meu irmão, Bobby Jr., minha mãe e minhas irmãs, Velma e Bobbi.

A família do Aaron (incluindo meus dois netos) e minha família juntas em 2009.

A tatuagem do Cabo Wabo.

Com Joe Satriani no Chickenfoot.

Com Chad Smith no Cabo Wabo.

Chickenfoot no Cabo Wabo Cantina em Lake Tahoe, em 2009.

Diversão com facões em Maui, em 2010. (*Crédito da imagem: ShootingStarsPhotography.com*)

Na nossa casa em Maui, em 2010. (*Crédito da imagem: ShootingStarsPhotography.com*)

Do lado de fora dos estúdios Skywalker Sound com minha Ferrari Fiorano customizada.

7

5150

QUANDO ACABEI A TURNÊ, EU ESTAVA EXAUSTO. Cortei todo meu cabelo. Cancelei os últimos quatro shows da turnê depois que machuquei meu pé — torci o tornozelo em Connecticut e não conseguia apoiar o peso nele. Tentei fazer um show desse jeito, desisti e fui para casa. Fizemos noventa shows naquele ano.

Minha Ferrari 512 — o carro do vídeo de "I Can't Drive 55" — estava parada na oficina de Claudio Zampolli em Van Nuys, onde eu a tinha comprado. Ele era um mecânico italiano, que também fazia as vezes de vendedor (na verdade, ele é o sujeito com quem estou conversando no começo do vídeo de "I Can't Drive 55"). Ele não era um dono de concessionária nem nada do tipo, mas podia comprar um carro para você. Ele costumava trabalhar para a Ferrari como piloto de testes. Demorei nove meses para receber a 512 depois de ter feito o pedido. Eles produziram umas doze naquele ano. Enfim, depois de usar o carro por algum tempo, ele precisou de alguns ajustes, o que, nesses carros especiais, é uma operação muito cara e trabalhosa. Ele é de fato um carro de corrida, e realizar ajustes nele pode custar tanto quanto um carro comum novo. Fui para casa sem pegar o carro.

Eddie Van Halen dirigia uma Lamborghini, uma Countach, e Claudio também trabalhava nos carros dele. Eddie viu meu carro na oficina do Claudio e perguntou sobre ele.

— Ei, cara, que carro legal — comentou ele. — De quem é?

— Sammy Hagar — respondeu Claudio. — Você deveria ligar para ele e colocá-lo na banda.

Todos sabiam que o vocalista David Lee Roth tinha deixado o Van Halen alguns meses antes. Ele saiu da banda assim que seu single solo, "Just a Gigolo", começou a obter algum sucesso. Era muito cedo para dizer que eles estavam tendo dificuldades, mas seu dilema era de conhecimento público.

— Você tem o telefone dele? — pediu Eddie.

Na minha casa, o telefone tocou. Era Eddie Van Halen.

— Ei, cara, o que você está fazendo? — perguntou ele.

— Acabei de chegar de uma turnê e estou meio que cuidando do meu pé — respondi.

— Você gostaria de se reunir com a gente, vir até aqui e tocar — indagou ele —, e talvez entrar para o Van Halen?

— Na verdade, não — respondi. — Estou acabado. Eu adoraria me encontrar com você, mas...

Eu tinha topado com Eddie umas duas vezes. Tocamos juntos em dois festivais grandes, e ele tinha ido até o meu camarim. "Sou um grande fã do Montrose", ele disse. "Que cara legal", pensei, "tão humilde e simpático". Quando ele apertava sua mão, sempre a segurava com ambas as dele e fazia uma pequena reverência.

— Que tal amanhã? — perguntou ele.

— Não, cara, não posso — respondi. — Estou acabado. Me dá uns dois dias, pelo menos. Deixa que eu te ligo.

Trocamos números de telefone e desliguei. Comecei a pensar. Se eles estiverem se separando, talvez eu pudesse chamar o Eddie para a minha banda. Eu poderia usar um cara rápido no gatilho como ele.

Ou talvez eu pudesse apenas escrever algumas músicas com ele e pedir que tocasse no meu próximo disco. Eu era um grande fã.

Mas eu odiava o Dave. O cara me dava nos nervos. Tenho certeza de que eu dou nos nervos de muita gente, e não é como se eu estivesse falando mal dele. O cara era um ótimo frontman, tinha uma ótima postura no rock e tinha uma imagem do caralho, mas eu simplesmente não suportava o cara. Ele era o oposto do que eu acreditava e do que eu sou. Antes de mais nada, o sujeito não é um ótimo cantor e se comporta como se fosse o cara mais descolado e mais atraente do mundo, enquanto para mim ele parece estranho. O cara nunca me convenceu.

A ligação não foi uma completa surpresa. Ted Templeman tinha me contado que Roth havia saído da banda alguns meses antes e, na época, eu disse a Betsy: "Eles vão me ligar, espere e verá". Quem mais eles iriam chamar? Havia Ozzy Osbourne, Ronnie James Dio e eu. Quando Eddie de fato me telefonou, fiquei sentado com o braço todo arrepiado. Fui vê-lo alguns dias depois.

Entrei na casa deles em Studio City. Alex Van Halen deu uma olhada no meu cabelo curto e começou a rir. "Parece que alguém colocou uma rosquinha na sua cabeça e cortou o cabelo em volta", disse ele. Eu tinha raspado as laterais e deixado apenas um pouquinho de cabelo em cima. Eu estava tirando um ano de folga. Alex estava bêbado feito um gambá. Ele bebia um engradado de latas grandes de cerveja com alto teor alcóolico por dia. E as bebia de um gole só. Ele podia fazer um *shotgun* — beber uma lata de cerveja furada — como ninguém e queria sempre competir. Ele desmaiava algumas vezes por dia, acordava e fazia dois ou três *shotguns*, abria mais uma lata e saía da sala. Eddie também bebia o dia todo. Os dois acordavam, pegavam uma cerveja, acendiam um cigarro, e era assim que começavam o dia. Ao meio-dia e por volta das 16 horas, eles tiravam uma soneca. Eles eram os reis das sonecas.

Eddie morava em uma casa bastante humilde com sua esposa, a atriz Valerie Bertinelli. Na verdade, a casa pertencia a Valerie — Eddie simplesmente foi morar com ela. Ela também tinha outra residência, uma espécie de casa de praia em Malibu, e eles dividiam o tempo entre as duas. A principal, porém, ficava nas colinas perto de Coldwater Canyon. Era apenas uma habitação comum de dois quartos com uma garagem que ele tinha transformado em estúdio. Eles chamavam o estúdio de "5150", por causa do código policial para a detenção de uma pessoa louca. Não era uma casa de estrela do rock e o estúdio era uma pocilga. Eles estavam gravando com uma mesa de som caseira, que poderia ter saído de uma caixa de pipoca doce Cracker Jack, construída pelo engenheiro Donn Landee. Landee podia fazer a mesa ter um som incrível, mas era um gênio e sabia usá-la. Para qualquer outra pessoa, ela se parecia com as peças de um avião de brinquedo.

O estúdio era imundo. Latas de cerveja por toda parte, cinzeiros cheios de cigarros. Donn Landee tinha que soprar as cinzas de cigarro para conseguir plugar alguma coisa na mesa. O lugar tinha o cheiro do pior bar do planeta. Não acho que tivesse sido limpo alguma vez. As guitarras do Eddie ficavam jogadas no chão. Nada nos suportes e nos cases, apenas no chão, em cima de cadeiras, encostadas nos amplificadores, nas paredes, uma pilha delas em um canto. Era uma beleza, mas eu nunca tinha visto nada parecido.

Eddie entrou, usando um par daqueles óculos com lentes em estilo persianas. Ele tinha ficado acordado a noite toda, bebendo, tentando escrever algumas músicas. Eu não conhecia aqueles caras. Não sabia da rotina deles. Mas eles estavam detonados. Eddie usava uma calça toda amassada. Quando entrei na casa mais tarde naquele dia, eu vi por quê. Ele e Valerie estavam vivendo com as roupas que tinham guardadas em malas. Fazia poucos meses que tinham chegado de uma turnê, mas não tinham organizado seus pertences no closet. Tudo estava em malas espalhadas pelo chão. Havia pilhas de coisas por toda parte. Era estranho. Eles tinham dinheiro para pagar empregadas, mas não tinham uma. Eles eram como crianças. Se você pensar bem, eles tinham permanecido na estrada durante cinco anos e só recentemente tinham voltado para casa.

Eddie nunca se dava ao trabalho de desfazer as malas. Ele sempre pegava as roupas de dentro delas, encontrando alguma coisa mais ou menos limpa, mas amassada. Achei isso meio hilário, tipo: "Legal, esses caras realmente não dão a mínima". Achei isso bem bacana. Eu vinha de um mundo diferente, o mundo da Betsy. Minhas roupas eram prensadas. Minhas meias eram passadas a ferro, dobradas e colocadas no closet. Na verdade, eu estava usando um terno — paletó e calças de linho Armani, camiseta e tênis, um estilo meio *Miami Vice*. Eu comia em bons restaurantes e bebia vinho fino. Eddie tirava uma salsicha e um pão de cachorro-quente do freezer, jogava tudo no micro-ondas, esquentava, enfiava na boca e ajudava a descer tudo com uma cerveja. Havia caixas de pizza velha jogadas pelos cantos. A geladeira estava cheia de burritos congelados.

Al era o louco. Era ofensivo, um beberrão, estava sempre fazendo algum comentário, rindo de coisas bobas, fumando cigarros. "Aqui", dizia ele, "faça um *shotgun* com essa lata de cerveja". Eu não bebo cerveja.

Cheguei depois de eles terem ficado a noite toda acordados escrevendo. Eles tinham o que se tornou "Summer Nights" e o que se tornou "Good Enough". Eddie, Al e o baixista, Mike Anthony, tinham ficado tocando até tarde. Cheguei por volta do meio-dia, e eles ainda não tinham ido dormir. E estavam bêbados. Beberam o tempo todo. Fui até lá para dar uma conferida no Eddie. Na minha cabeça, não tinha como eu me juntar ao Van Halen.

Começamos a tocar, e o engenheiro Donn Landee gravou tudo o que fizemos. Criei o primeiro verso na hora: *Summer nights and my radio*. Ele surgiu na minha cabeça na primeira vez que ouvi aquele riff. Fui improvisando ao longo do restante da música. Fiz a mesma coisa com "Good Enough" — eu estava mandando muito bem no improviso. Eddie não conseguia acreditar. Dave, ao que parecia, não tinha um bom ritmo e não era um ótimo vocalista, não tinha um grande alcance. Eu estava cantando os *licks* de guitarra junto com o Eddie. Depois de cinco horas, eles estavam pirando.

— Temos uma banda — diziam o tempo todo.

— Não sei — respondia a eles. — Tudo está soando muito bom, mas vamos conversar sobre isso. Talvez eu volte semana que vem ou sei lá.

Eles queriam que eu ficasse, mas voltei para casa e levei uma fita cassete. Tocamos um blues e tínhamos as outras coisas nas quais havíamos trabalhado. Depois do jantar, coloquei a fita no meu aparelho de som. Fiquei com o corpo todo arrepiado. Eu pude ouvir. Percebi que era o lance do Cream de novo — minha banda de rock favorita de todos os tempos. Havia alguma coisa ali que era lenta, confiante, quase majestosa. Meu rock sempre tinha sido mais intenso. Eles tinham relaxado em um lance mais ritmado, mesmo quando era um pouco mais acelerado. Alex ficava na boa, como Ginger Baker sempre fazia. Eddie tocava do jeito que Clapton tocava, sempre no ritmo. Ele não acelerava nada. Eu nunca tinha tocado com pessoas assim antes.

Telefonei para Ed Leffler e lhe disse: "Estou dentro". Ele disse que eu estava louco. Ele achava que os irmãos Van Halen eram malucos e que eu era louco só de pensar em fazer aquilo. Então ele logo tratou de pôr a mão na massa. "Vou ver o que consigo fazer", disse ele.

Leffler analisou a situação deles. Aqueles caras estavam em maus lençóis financeiramente — eles tinham ganhado muito dinheiro, mas gastaram tudo. Eles tinham uma quantidade de despesas que era uma loucura. Quando Leffler descobriu quanto os rapazes tinham ganhado no ano anterior, ele me contou que eu teria que reduzir meu salário para me juntar à banda. Mas, assim que começássemos a tocar, eu sabia que tudo daria certo.

EDDIE ERA UM homem de poucas palavras. Sua fala favorita era: "Tá, tá, tá". Ele só se importava em descansar, tomar algumas cervejas, fumar uns cigarros e tocar. Eddie não era um músico muito determinado. Em dado momento, enquanto gravávamos o álbum, fiquei nervoso com sua indiferença, sua falta de preocupação com a coisa toda. Não era como se ele fosse o gênio musical dizendo para todo mundo como tocar. Al tocava do jeito que queria, Mike estava tocando o que queria. Eddie nem sabia as letras. Ele só estava preocupado com suas partes de guitarra. Era só nisso que ele prestava atenção.

Quando escrevi a música "Love Walks In", sua esposa, Valerie, ficou tão apaixonada pela primeira balada que eles tinham feito que o obrigou a prestar atenção na letra. Ele ficou todo emotivo. "Uau, nunca tinha prestado atenção nas letras antes", contou ele. Ele não sabia cantar nenhuma música. Ele nem sabia sobre o que Dave estava cantando. Ele ouvia sua guitarra e o ritmo e se certificava de que sua parte estivesse boa.

Mike era meu Ed McMahon, sempre pronto para apoiar a jogada, fosse qual fosse.

Eddie e Al eram como unha e carne. Eles não se afastavam muito um do outro. Ficavam passando cigarros entre si. Um deles nunca acendia um cigarro sem acender um para o outro. Eles só precisavam de um fósforo. Eles nunca entravam em uma sala com apenas a própria cerveja. Eles sempre tinham uma cerveja reservada para o outro. Era uma coisa linda, a não ser quando começavam a brigar, porque aí a coisa ficava feia. Quando os dois estavam bebendo, brigavam pelo menos uma vez por semana. Quer dizer, saíam no braço. Trocavam socos. Mike e eu tentávamos separá-los. Apartávamos a briga e íamos embora, Al voltava depois de termos ido embora e eles saíam na porrada de novo. No dia seguinte, chegávamos no estúdio e encontrávamos o para-brisa do carro arrebentado, a lata de lixo virada de cabeça para baixo.

Eu não via a esposa do Eddie com muita frequência, mas Valerie, uau, que garota legal. Estacionei na entrada de carros certo dia e Valerie e Eddie estavam sentados em cima do capô de um dos carros do Ed, bebendo uma cerveja. Achei isso uma coisa muito legal. Minha esposa nunca faria isso. Valerie ficava de bobeira com os rapazes. Só não ficava muito por perto, porque estava trabalhando. Ela quase sempre tinha trabalho, algum pequeno papel em um filme ou seriado. Ela também passava bastante tempo na casa da praia.

O sentimento de família era bastante arraigado no Van Halen. Quando entrei para a banda, o pai deles, Jan, estava sempre por lá, bebendo e fumando. Mike Anthony era o cachorro mais leal do mundo. Ele era o portador do estandarte da banda. Eles confiaram em mim desde o começo e eu me tornei o motivador. Eles adoravam isso e me apoiavam. Era tudo muito família, muito íntimo. Nós contra o mundo. Aquele era o nosso lugar. Estávamos trabalhando em nosso disco. Não discutíamos nunca. Foi um sonho que se tornou realidade.

Ainda assim, havia muitas dúvidas em relação ao Van Halen. Na época, ninguém parecia ter confiança no futuro da banda. Roth tinha caído fora e levado consigo a equipe, os empresários, e parecia que iria se lançar com tudo em sua carreira solo e deixar a banda comendo poeira. Algumas pessoas estavam sugerindo que chamássemos a banda de Van Hagar, o que era uma ideia terrível. (Engraçado, eu não sabia disso na época — meu pai sempre afirmou ser irlandês —, mas na verdade somos holandeses e nosso nome de família pode de fato ter sido Van Hagar em algum momento do passado.)

Apesar das dúvidas, já sabíamos que tudo daria certo, porque éramos nós no estúdio trabalhando no disco *5150* e sabíamos que tínhamos algumas faixas matadoras. Tínhamos "Why Can't This Be Love". No entanto, ninguém além de nós tinha ouvido essas músicas, porque não podíamos sequer contar para alguém que estávamos juntos em estúdio.

Tudo estava acontecendo em segredo, porque eu tinha um contrato com a Geffen e o Van Halen estava na Warner Bros. Embora não soubéssemos, a Geffen e a Warner Bros. já estavam batendo cabeças. Como distribuidora da Geffen, a Warner Bros. estava ficando com cinquenta por cento dos lucros da Geffen e eu era o maior artista da Geffen na época. Elton John não tinha trabalhado na gravadora do David Geffen. Neil Young foi um desastre — David Geffen acabou processando-o. Donna Summer não tinha nenhum sucesso para ele. Havia eu; Don Henley, que teve um grande álbum; e John Lennon, que morreu pouco depois de entregar seu primeiro álbum para a Geffen, ainda que tenha vendido milhões depois de ele ter sido baleado. Não era provável que David Geffen fosse deixar seu maior artista atravessar para as linhas inimigas só porque ele queria cantar em outra banda.

Leffler e eu fomos nos encontrar com David Geffen. Como esperado, ele não gostou da ideia e tentou me convencer a não fazer aquilo.

— Por que você iria querer entrar naquela banda? — indagou ele. — Você é tão grande quanto eles por conta própria. — Ele estava perplexo, sentado à mesa, com a mão na cabeça. — Não entendo — ele falou. Como muitas pessoas, ele achava impossível substituir um artista como David Lee Roth, e disse isso.

Depois de alguns minutos explicando a situação, ele de repente mudou o tom.

— Eu nunca impediria um artista de fazer o que ele quer fazer — disse ele. — Sou David Geffen. Eu apoio o artista. Sou a favor do artista. Antes de mais nada, se trata de você e de sua vida. — Ele disse que iria conversar com Mo Ostin, o presidente da Warner Bros. Records.

Com a Warner Bros. contra a parede, Geffen lhes disse que deixaria que eles me tivessem para um álbum se ele pudesse ter um álbum solo de Sammy Hagar logo em seguida. Ele queria cem por cento do álbum solo e cinquenta por cento dos discos do Van Halen lançados pela Warner Bros. O presidente da Warner, Mo Ostin, foi até o 5150 Studios do Eddie para discutir o assunto. Ele estava, digamos, cauteloso. Ele sugeriu que mudássemos o nome da banda e também gostava da ideia de chamá-la de Van Hagar.

Eddie e eu conversamos sobre isso e decidimos que não — nós éramos o Van Halen. A gente se adorava. Não havia nenhuma animosidade, nada de ego, nada. Eles me queriam naquela banda e eu queria estar nela, porque estávamos criando música e sabíamos que éramos bons. Mo perguntou se podia ouvir alguma coisa, então pegamos nossos instrumentos e, enquanto ele permanecia sentado, tocamos "Why Can't This Be Love" para ele, ao vivo e a cores. Ele levantou o dedo e sorriu.

— Estou sentindo cheiro de dinheiro — comentou Mo.

Quando recebemos o sinal verde da Warner Bros. e da Geffen, já estávamos na metade do disco. Depois disso, fomos com tudo, e as coisas começaram a acontecer depressa. Eddie e Al tinham muitas sobras de músicas que seriam usadas no disco seguinte do Van Halen antes da saída de Roth. Eles tinham muitas ideias incompletas quando me juntei a eles. Tive que escrever todas as letras e melodias. Eu trabalhava em cima de suas improvisações, as desmembrava e criava músicas a partir delas. Eu meio que estava em uma sinuca de bico na questão das letras.

Tocávamos no estúdio durante horas. Eu ficava com um microfone na mão e fones de ouvido e simplesmente cantava e experimentava. Quando alguma coisa era boa, eu apontava para o engenheiro para lhe indicar que gravasse uma fita. Eu levava comigo as fitas com as partes que queria manter quando voltava de carro para Malibu, o que era uma viagem de aproximadamente uma hora. Eu dirigia para casa, os ouvidos zumbindo, e ouvia as músicas.

Tanto Ed quanto Al fumavam como duas chaminés no estúdio. Esses caras acendiam seus cigarros, os deixavam em algum lugar, acendiam outros, os colocavam em um cinzeiro. Eles ficavam com três ou quatro cigarros acesos ao mesmo tempo. Eles fumavam um cigarro depois do outro, acendendo um com a ponta do outro, deixando o filtro queimar no cinzeiro. Eles nunca os apagavam. Sempre os largavam no chão. Eu chegava em casa às 3 horas com terríveis dores de cabeça e ia direto para o banho, porque eu fedia à fumaça de cigarro.

Certa noite, na viagem de volta para casa, eu estava ouvindo uma fita na qual Eddie tinha escrito uma música e improvisado os versos na guitarra. Ele estava tentando me mostrar o fraseado dos versos, mas não estava conseguindo, porque ele não conseguia tocar a base e o solo ao mesmo tempo. Não entendi o que ele estava fazendo. Mas, no caminho para casa, ouvi o ritmo da coisa e comecei a cantar no carro. Não tínhamos um refrão, e eu simplesmente deixei escapar "Best of Both Worlds". Isso me atingiu em cheio, bem na hora em que estava entrando na garagem. *Bang*. Eu tinha um refrão.

Fui para o banho, mas ficava saindo para me secar e escrever mais alguns trechos da letra em um bloco de anotações. Depois, voltava para o chuveiro... e saía de novo para rabiscar outro trecho. A música veio a mim como uma enxurrada.

Não sei como os outros letristas trabalham. O letrista Bernie Taupin certa vez me contou que para ele isso é a coisa mais fácil do mundo. Assim que ele tem um título e um conceito, ele simplesmente vai, *bam-bam-bam-bam-bam*, acabou. Essa música estava vindo até mim como um maremoto. Eu não estava nem conseguindo tomar banho. Costumo pegar partes das quais me lembro. Eu só as canto na minha cabeça diversas vezes e as anoto mais tarde. Escrevi a música toda enquanto ainda estava tomando banho. Cheguei no estúdio no dia seguinte e a cantei. Todos ficaram embasbacados. Essa foi "Best of Both Worlds".

Antes de eu escrever "Love Walks In", Eddie nunca na vida tinha tocado uma balada de verdade no teclado até aquele momento. Com Roth, o mais perto que ele tinha chegado de fazer isso foi em

"Wait", do disco *1984*, que era uma faixa com sintetizador, mas era um rock. Não tinha uma melodia bonita.

Eu estava lendo um livro escrito por Ruth Montgomery chamado *Alienígenas Entre Nós*. Ela alega ser uma psicógrafa. Ela só pega um lápis, fecha os olhos e entra em transe, e a escrita chega através dela. O livro era sobre visitantes, alienígenas que chegam e assumem o controle do seu corpo enquanto você dorme. De fato, uma pessoa não pode morrer e ainda assim se transformar em alguém completamente diferente. Elas acordam pela manhã e não conseguem se lembrar de que merda elas eram. Escrevi sobre como o amor chega sem avisar e pode transformar você em uma pessoa completamente diferente. Depois que Valerie forçou Eddie a prestar atenção na letra, Eddie e eu nos tornamos colaboradores muito próximos, sendo carinhosos e confiando um no outro daquele ponto em diante.

ANTES DE EU entrar para o Van Halen, já tinha me comprometido a participar do Farm Aid em setembro de 1985, e decidimos que aquele seria o lugar onde faríamos o anúncio. Eu queria causar um grande alvoroço. Aluguei um avião particular para levar minha banda para nosso último show. Dei um bônus para todos. Eles já tinham comprado suas casas, mas lhes dei o suficiente para quitá-las, se quisessem. Eu levei Eddie para ensaiar conosco. Eddie e eu escrevemos três músicas nos dois dias em que ele ficou na cidade. Ensaiamos "Rock and Roll" do Led Zeppelin com Eddie para o Farm Aid. Seria ótimo. Uma pena eu ter estragado tudo.

No Farm Aid, você pode tocar apenas três ou quatro músicas. Willie Nelson, John Cougar Mellencamp e Neil Young organizaram a maratona beneficente de doze horas que foi transmitida ao vivo pela rádio e pela televisão, e que em grande parte foi um show country com artistas como Kris Kristofferson e Jimmy Buffett. Não foi um show de rock. Dylan foi o artista que mais se aproximava do rock a ter se apresentado quando chegou a minha vez de tocar.

Eu ia abrir com "One Way to Rock", seguida de "I Can't Drive 55", e chamar Eddie para o palco, anunciar que eu estava entrando no Van Halen e tocar "Rock and Roll". Quando subi no palco, logo de cara, fiz o estádio agitar. Eles me adoraram, estavam indo à loucura. Eu estava mandando ver. Esse show era muito importante para mim — noventa mil pessoas em Champagne, Illinois, um dos meus maiores mercados. Eu podia fazer dois shows em Chicago, dois shows em Champagne, dois shows em Peoria. Illinois era o meu estado. Eu estava detonando quando me aproximei do microfone para apresentar "I Can't Drive 55".

"Esta é uma música para todos vocês filhos da puta puxadores de trator", anunciei e de imediato as transmissões via rádio e TV foram interrompidas. Eu estraguei tudo. Quando chamei o Eddie para o palco, já estávamos fora do ar havia muito tempo e ninguém viu nem ouviu nada. Ele fez um rápido solo, fizemos o anúncio e tocamos a música do Led Zeppelin. Essa foi a primeira vez que tocamos juntos em público. Eddie estava no avião conosco. Todos estávamos muito felizes na viagem de volta. Foi uma transição amigável da minha banda para o Van Halen.

Muitos anos depois, David Lauser foi fazer uma audição para uma vaga de baterista para a banda de Maria McKee, a ex-vocalista do Lone Justice, uma banda de country rock contratada da Geffen que tocou depois de nós no Farm Aid. Naquela época, eles achavam que eram uma combinação de Eagles e Linda Ronstadt, mas o Lone Justice acabou não rolando. Alguns anos depois, a vocalista estava procurando um baterista e Lauser parecia que ficaria com a vaga. Ele estava fazendo a última entrevista com a dama em pessoa, quando ela disse:

— Fale um pouco sobre você, o que você fez no passado?

Lauser respondeu:

— Eu trabalhei a vida inteira com Sammy Hagar.

Ela se levantou e saiu da sala. Acho que ainda existe um pouco de animosidade a esse respeito. Não tive a intenção de fazer nada errado.

Assim que me juntei ao Van Halen, eu me mudei para uma casa alugada. Mas então uma casa tomada pelo banco foi posta à venda ao lado de onde o Eddie e a Valerie moravam em Malibu. Eles moravam em um penhasco, havia uma casinha no meio e depois a minha casa. Ela era novinha, mas o empreiteiro tinha falido, por isso o banco a tomou. Fiz uma proposta ridícula de tão baixa e fiquei com ela. Eu me mudei para a casa vizinha à do Eddie. Foi incrível surgir essa moradia bem no mercado na Broad Beach Road, um dos lugares mais desejados no norte de Malibu, principalmente a preço de banana. Parecia ser carma.

Betsy estava nas nuvens. Ela curtia a casa e gostava da praia. Ela não ligava para Malibu, mas havia cavalos bem na nossa rua. Era possível alugar uma casa de veraneio no sul da França pelo preço que pagamos por seus cavalos nos estábulos de Malibu, mas ela estava feliz. Quando entrei para o Van Halen, Betsy a princípio ficou bastante abalada. Ela estava pronta para que eu diminuísse o ritmo e abandonasse a indústria musical. Ela não esperava que eu fosse começar tudo de novo com uma banda completamente nova. Mas, quando a casa em Malibu apareceu, ela passou a ver as coisas de uma perspectiva diferente. Eu trabalharia todos os dias e voltaria para casa à noite. Estávamos gravando o álbum e ensaiando para a turnê. Ela estava morando em uma linda casa de praia. Tinha suas rosas no jardim e seus cavalos a poucos metros da casa e dirigia seu Jaguar novinho em folha ou o Land Rover.

Eu costumava ir de carro com o Eddie até o estúdio todos os dias. Ele e eu tínhamos os carros. Pegávamos a Ferrari ou a Lamborghini, meu Jaguar E-Type ou meu Cobra. Certo dia, no caminho para o estúdio, passamos por uma concessionária e vimos um Jaguar E-Type estacionado. Eu parei. Entrei e telefonei para meu administrador, entreguei o telefone para o vendedor e os dois cuidaram das negociações. Saí da loja e fui até o carro para dirigir até o estúdio. Deslizei para trás do volante e... espere um pouco, qual é o problema com o assento? Eu não sou muito alto, mas quem quer que costumasse dirigir aquele carro era um camarada bem baixinho. De quem era o carro? Ele pertencia a Ronnie James Dio. Adorei aquilo.

Eddie e eu fazíamos maluquices assim. Apostávamos corrida até nossas casas, eu com uma das minhas Ferraris, Eddie com uma de suas Lamborghinis, dirigindo a 225, 240 km/h. Ele estava sempre bêbado.

Todos os dias, trabalhávamos das 14 horas até a meia-noite, a não ser que Al apagasse. Al era um péssimo bêbado, mas Eddie costumava administrar suas cervejas. Ele estava sempre bebendo, mas não ficava travado. Al ficava travado, vomitava, desmaiava. Você tinha que lhe dar uns tapas, deixá-lo descansar por umas duas horas, levantá-lo e levá-lo de volta. Limitávamos a quantidade de cerveja que ele podia tomar e ele escapulia para comprar um maço de cigarros, corria até o centro, comprava uma garrafa de vodca e a bebia na loja.

O pai deles também gostava de beber. Se estivéssemos no estúdio às 14 horas, não era como se o Eddie tivesse se levantado às 8 horas, estava mais para o meio-dia. Eu chegava no estúdio e os três estavam bebendo, já tendo acabado com uma caixa de seis cervejas. O pai deles, Jan Van Halen, era um sujeito incrível. Eu me sentia muito próximo dele. Foi saxofonista. Ele gostava da minha voz, gostava que eu soubesse cantar.

Mas aqueles caras bebiam. Al era alcoólatra como meu pai. Não conseguia parar. Ele bebia até desmaiar, acordava e começava tudo de novo. Ele encontrava pessoas nos bares e lhes oferecia dinheiro para que deixassem que ele apagasse um cigarro em seus braços ou raspasse suas cabeças, enquanto ele filmava a coisa toda. Completamente maluco.

Quando me juntei à banda, eles ainda riam sobre a performance de Al em seu aniversário. Reza a lenda que todos eles tinham ido a um restaurante Benihana. Ele já estava bêbado quando chegou lá. Era seu aniversário. Ele estava bebendo saquê quente e tudo o mais que era servido no restaurante. Subiu na mesa, tirou a camisa e começou a dançar — bem em cima da grelha quente. O chef tinha acabado de preparar o jantar nela. Al abaixou as calças para zoar com as pessoas no restaurante. Ele tropeçou nos próprios pés porque estava com as calças arriadas até os tornozelos e caiu de costas em cima da grelha. *Sssss*. Ele não conseguia se levantar. Ele ficou se debatendo como camarões. *Ssss*. Aaah, aaaah. *Ssss*, aaaah! Ele não conseguia fazer nada. Estava em cima da grelha. Tiveram que o tirar de lá de cima e, claro, levá-lo ao hospital. Ele teve queimaduras por todo o corpo.

Como Leffler disse, aqueles caras eram loucos, muito exigentes, mas bondosos. Em outra ocasião, durante as gravações de *5150*, estávamos esperando o Claudio trazer um dos meus carros por volta das 14 horas.

— Aposto que consigo fazer dez *shotguns* — disse Al.

Ele tinha dez grandes latas de cerveja com alto teor alcoólico.

— Aposto mil dólares — disse ele. Al é um apostador. Certa vez, perdeu sua BMW para mim em uma aposta. Fiz, sim, com que ele pagasse a aposta e a dei ao nosso gerente de turnê como presente de Natal. Al é um ótimo sujeito, mas é completamente pirado. E eu nem queria apostar com ele.

— Ah, é? — disse ele. — Olhe só isso.

Michael Anthony estava parado ao meu lado. *Pow, pow, pow, pow* — Al abriu todas as latas primeiro e depois as entornou, uma de cada vez. Como alguém podia segurar tudo aquilo na barriga? Pensei: "Ah, não, esse dia já era". Al andou até o acesso para a garagem, soltou um arroto enorme e pegou uma vassoura.

— Meu pai fazia isso — anunciou ele. — Você já viu alguém fazer isso?

Ele estava parado no asfalto do acesso para a garagem, segurando a vassoura na sua frente com as duas mãos. Olhei para ele e me perguntei: "Que porra ele está fazendo?".

Ele ia pular por cima da vassoura enquanto a segurava com as mãos.

Naquele instante, Claudio dobrou a esquina em meu carro. Na hora em que Claudio conseguiu ver tudo com clareza, Al pulou por cima da porcaria da vassoura, prendeu os pés, claro — bêbado, tinha acabado de fazer dez *shotguns* —, e caiu de cara no chão. Ele não soltou a vassoura. Tivemos que tirar a vassoura de suas mãos. Ele bateu a cara no chão e ficou ali, deitado, inconsciente. Claudio pulou para fora do carro, gritando: "Chamem uma ambulância! Ah, meu Deus, ele está morto".

Ele de fato tinha caído com força. O ímpeto de tentar realizar o pulo catapultou sua cabeça direto para o asfalto. Quando o levantamos, sua cara parecia uma pizza. Ele foi levado por uma ambulância.

Fui para casa, tirei o dia seguinte de folga e, no outro dia, fui até a casa deles. Al estava deitado no sofá, a cabeça enrolada como uma múmia. Eu ri tanto dele, mas ele não conseguia rir — isso só fazia com que sua cabeça doesse ainda mais. Ele realmente causou um belo estrago no rosto. Isso aconteceu no começo das gravações do disco. Dava para imaginar como a turnê seria.

Quando chegou a hora de realmente gravar o álbum, precisamos encontrar um novo produtor, porque Ted Templeman, que estava produzindo os álbuns solo de David Lee Roth, supostamente estava falando mal de nós para a Warner Bros. pelas costas, então não iríamos trabalhar com ele. Apesar da reação positiva de Mo Ostin quando ele nos ouviu no 5150, e o fato de não estarem investindo muito dinheiro, a Warner Bros. não estava lá muito empolgada com o projeto. Sugeri Mick Jones, do Foreigner. Eu o conhecia da minha época no Montrose, quando ele ainda estava no Spooky Tooth. Então Mick se juntou a nós e produziu o álbum conosco.

Certo dia, mais para o final do projeto, Mick e eu estávamos caminhando pela praia quando ele se virou para mim e disse: "Me dê mais uma música". Esta veio a ser "Dreams". Ele meio que a arrancou de dentro de mim. Eu não sabia em que tom a música estava. Comecei a cantar naquele registro. Mick ficou muito empolgado e me ajudou a aprender a cantar naquele alcance supersônico no qual eu nunca tinha cantado antes. Ele me impulsionou a um alcance que era uma oitava acima do que eu costumava cantar. Mick me incentivou a fazer coisas que eu não sabia de que era capaz.

Gravamos o disco bem depressa, não demoramos mais do que um mês, mas tivemos contratempos na mixagem. Demorou mais tempo para mixar do que tínhamos imaginado, porque o estúdio do Eddie não era um lugar muito bom para isso. Nós fazíamos as mixagens, as levávamos para casa e não gostávamos do que ouvíamos, então tínhamos que fazer tudo de novo. Tivemos que cancelar os shows planejados para o começo da turnê, no Alasca e no Havaí. Queríamos começar em algum lugar remoto, porque estávamos bastante preocupados com a maneira como as pessoas reagiriam ao novo material.

Havia também a questão do catálogo do Van Halen. Eu disse aos rapazes que não queria estar em uma banda cover. Eu não faria nenhum show até termos um álbum e, quando fizéssemos, eu não queria tocar muitas coisas das antigas. Eles concordaram completamente com isso. Todos decidimos mostrar a que tínhamos vindo.

No fim das contas, estávamos tão atrasados quando entregamos as fitas que o álbum só pôde ser lançado uma semana depois do primeiro show agendado para a turnê. Em vez de começar em algum lugar distante, iniciamos tudo em Shreveport, Louisiana. Embora o álbum estivesse atrasado, seguimos em frente com o show, porque os ingressos já tinham esgotado e não quisemos cancelar ou adiar. O single "Why Can't This Be Love" estava nas rádios, então as pessoas tinham ouvido alguma coisa, mas não tinham o álbum.

Viajamos para Shreveport, Louisiana, para fazer aquele primeiro show no dia 27 de março de 1987, e eu estava uma pilha de nervos. Não me lembro de ter me sentido tão nervoso antes de um show. Subimos no palco e abrimos com "One Way to Rock", uma das minhas músicas. A barreira desmoronou. O público foi à loucura. Aconteceu em um instante, em um piscar de olhos. Foi matador. Naquele momento, soubemos que estávamos no topo do mundo.

O mais irônico sobre esse show é que ele tinha sido previsto alguns anos antes por um vidente chamado Marshall Lever. Eu o conheci por intermédio de um acupunturista com quem me consultava, e fui visitá-lo em sua casa em Sausalito para uma consulta em algum momento durante a gravação de *VOA*. Isso aconteceu depois que rompi meu relacionamento com minha namorada e estava feliz com meu bebê recém-nascido, Andrew, mas ainda sabia que as coisas não estavam bem entre mim e Betsy. Senti a necessidade de conversar com alguém. Eu precisava de conselhos espirituais.

A esposa dele me recebeu, uma mulher de lábios vermelhos, muito excêntrica, que me acompanhou até uma sala. Um cavalheiro corpulento entrou, se sentou em uma cadeira de balanço, se recostou e fechou os olhos. Sua esposa perguntou se eu queria gravar a sessão e inseriu uma fita cassete em um gravador. O cachorro dele os seguiu até a sala, se deitou no chão e começou a roncar. Ao longo dos anos, me consultei com esse sujeito vinte vezes e essa era a rotina. O cachorro aparece roncando em todas as minhas fitas.

Ele começou me dizendo que eu estava em um relacionamento que estava chegando ao fim.

— Ela foi sua irmã em uma outra vida na Grécia — contou ele. — Vocês foram separados quando ela tinha nove anos e você onze, e seus pais foram mortos em um acidente de barco nas ilhas gregas. Eles a colocaram em um convento e você partiu em um barco de pesca e nunca mais voltou. Você nunca mais a viu, e sentia saudade dela. Quando a viu e sentiu seu cheiro — ele estava falando sobre o cheiro, aquela garota me deixava louca com seu cheiro —, quando você sentiu seu cheiro, você soube quem ela era e não quis se separar dela outra vez.

Ele passou a me contar sobre Betsy.

— Betsy também foi sua irmã em outra vida passada — disse ele —, e vocês viviam na Espanha. Nenhum de vocês chegou a se casar. Vocês estavam apaixonados, mas nunca fizeram amor porque ela era sua irmã e vocês viveram juntos a vida toda. Betsy era sua irmã mais velha. Sua mãe morreu quando lhe deu à luz. Betsy cozinhava para você, assim como sua esposa, mas vocês nunca fizeram amor mesmo estando loucamente apaixonados. Você era construtor de instrumentos chamado Crulli, C-R-U-L-L-I. — Ele soletrou o nome. — E seus instrumentos podem ser vistos em um museu em Barcelona.

Ele voltou sua atenção para Betsy.

— Quando você conheceu sua esposa atual — falou ele —, vocês tinham um relacionamento sexual extremamente forte e é isso que de fato mantém vocês juntos. — Era isso o que realmente tínhamos. Nosso relacionamento sexual era fantástico, mesmo depois de vinte anos. Como ele sabia de tudo isso?

— Em dezoito meses — continuou —, você vai embarcar em uma nova aventura, muito parecida com o que você está fazendo agora, mas diferente. Mais poderosa, maior, mais como "é isso aí!".

Foi então que ele me deu a data. Ele disse que começaria naquela data.

Eu me recusei a cantar "Jump". Era difícil para mim. Escrevo minhas próprias músicas. "Jump" era difícil para mim na questão da letra — *Can't you see me standing here, I've got my back against the record machine, you know what I mean, you know what I mean? I might as well jump*"[3]. Isso era difícil para mim. Eu não era capaz de cantar a música de corpo e alma. Tenho que cantar alguma coisa que tenha um significado para mim.

3 Você não está me vendo parado aqui, estou com as costas apoiadas na vitrola, sabe o que quero dizer, sabe o que quero dizer? Eu poderia pular. [N.T.]

Hey, hey, hey you, who was it? Hey, baby, how you been?[4]. Eu simplesmente não conseguia cantar esse negócio, por melhor que fosse. Na primeira noite, em um momento de pânico, puxei um cara da plateia para cantar. O público foi à loucura. A banda achou incrível. Quando o cara chegava na parte *I might as well*, eu pulava feito louco. Deu certo. Continuamos fazendo isso. Durante toda a turnê, eu talvez tenha cantado “Jump” duas vezes.

Antes de eu me juntar à banda, o Van Halen não tinha um show muito bem ensaiado. Roth falava. Eles tocavam outra música. Ed fazia um solo de guitarra de vinte minutos. Eles tocavam outra música. Roth falava mais um pouco, outra música, Al fazia um solo de bateria de trinta minutos. Eles me contaram que na turnê do álbum *1984* eles tocavam oito músicas em um show de duas horas. E eles terminavam todas as músicas do mesmo jeito. Faziam aquele clássico encerramento heavy metal — quatro batidas, um crescendo... um, dois, três. No final disso tudo, Al costumava fazer alguma coisa, bater aqui, batucar ali, só porque ele era excêntrico. Decidi que precisávamos de um novo final.

“Ótima ideia”, comentou Eddie, como sempre. Então, enquanto mandava ver nas cervejas, Al aprendia um novo final. Ótimo. No ensaio do dia seguinte, de volta àquele mesmo encerramento. Se ele aprendia o novo final, ele o retinha por no máximo um dia. Ele não fixava nada. Mantivemos o mesmo final naquela turnê.

Na estrada, a equipe era cuidadosa no trato com Al, tentando encontrar maneiras de evitar que ele desmaiasse durante o show. Al dormia até a hora de subirmos no palco. Eu chegava no camarim vindo do hotel — eu nunca fazia passagens de som para poupar minha voz — e os dois estavam dormindo no sofá ou em uma cadeira. Eles nunca voltavam para o hotel para suas sonecas. Todos pisavam em ovos perto deles.

4 Ei, ei, ei você, quem era? Ei, gata, como vai? [N.T.]

— Xiu, deixe eles dormirem — diziam eles. — Não os acorde, senão Al vai começar a beber muito cedo.

Eles acordavam o Al uns vinte minutos antes do início do show. Sempre havia uma caixa de latas de Schlitz. Ele fazia *shotguns* com três ou quatro cervejas para conseguir um barato. Subia no palco com mais duas latas nas mãos, entornava essas e bebia o resto da caixa ao longo do show de duas horas. A equipe colocava aquelas grandes lixeiras de borracha no palco para que ele pudesse mijar durante o show. Depois de praticamente cada música, ele mijava na lixeira, virava mais umas duas cervejas e começava a tocar de novo. Às vezes, ele ficava bastante travado. No meio de uma música, ele simplesmente se levantava da bateria para mijar ou virar uma cerveja. Depois de algum tempo, ele começou a usar um daqueles capacetes com suportes para cerveja nas laterais e canudos. Quando a turnê chegou ao fim, ele estava precisando de ajuda.

Aquela foi a era de ouro do rock de arena. Eu tocava em arenas desde 1982 e *Standing Hampton*. Fui criado com o rock de arena. O Montrose abriu para muitas bandas em arenas. Nunca toquei em casas noturnas e teatros. Eu nem saberia como fazer isso. Estava acostumado a subir no palco com movimentos exagerados, as mãos esticadas o mais longe possível, correndo por toda extensão do palco, pulando o mais alto possível para chegar até todas aquelas pessoas nos fundos das enormes arenas.

O Van Halen era a clássica banda de rock de arena. No final da nossa turnê, as arenas tinham chegado ao fim. As pessoas começaram a tocar em anfiteatros para lucrar mais. Os anfiteatros eram menores e mais caros. Não era possível levar uma produção enorme para dentro de um anfiteatro. Quando começamos a tocar em arenas, Ed Leffler e eu tivemos a ideia de uma produção e palcos otimizados para que pudéssemos vender dois mil assentos a mais no fundo, atrás do palco. Esses assentos eram puro lucro. Não colocamos uma cobertura acima da iluminação, assim as pessoas conseguiam ver o palco. Levantamos o sistema de som. Aprendemos todos os truques que já existiam e inventamos alguns outros. Quando fizemos nossa turnê pelas arenas depois do *VOA*, ganhamos mais dinheiro do que as outras bandas, porque elas não estavam vendendo aqueles últimos dois mil e quinhentos lugares. Quando entrei para o Van Halen, eles estavam fechando a parte de trás da casa com cortinas, cortando a capacidade pela metade e lucrando alguns poucos milhares de dólares. Na turnê do *5150*, projetamos o palco para que pudéssemos ser vistos de todos os lugares.

As arenas eram tão grandes e imponentes e tinham tetos que se estendiam até os fundos. Era possível estender sua produção até onde você quisesse e instalar até catorze holofotes. Quando você aparecia no palco, era hora de um rock grandioso. Era barulhento. Tudo acontecia no interior de um prédio e o som não se dissipava, como acontece ao ar livre. O som ficava contido dentro da casa. Era intenso e estrondoso, e a plateia podia senti-lo no peito. Você podia escurecer a casa toda e, então, *pow*, iluminar aqueles quatro carinhas com quatro holofotes enormes para cada um. Rock de arena é como estrelas do rock se transformavam em deuses do rock.

Para a turnê do *5150*, construímos um palco enorme com plataformas de aço que levavam a um outro palco uns 2,5 metros mais alto, que se estendia até os fundos. Desse modo, eu podia interagir com a plateia do fundo. Tínhamos um elevador de 2,5 metros, onde ficava a plataforma da bateria, que era como outro palco. Eu subia lá e Eddie e Mike também. Era possível ficar mais perto dos lugares de trás do que da fileira da frente, dava até para trocar uns "toca aqui" com a plateia.

Tínhamos duas outras plataformas de cada lado. Nosso palco era imenso. Tínhamos suportes de iluminação que eu usava desde a turnê do *Three Lock Box*, com passarelas em cima. Elas desciam e formavam um X na frente do palco em determinado momento do show, e eu subia nelas e ficava 6 ou 9 metros acima da plateia. Transportávamos o show em quinze caminhões, uma produção enorme, alguns efeitos especiais, mas em grande parte era som, palco e iluminação.

Fui um dos primeiros a usar o microfone *headset* para que eu pudesse correr por todo o palco. Nenhum de nós estava conectado a fios. Costumávamos subir naquele palco imenso e ficávamos uns dez minutos sem nos vermos. Eddie corria para um lado. Mikey pulava em outra direção e eu estava em algum outro lugar. Apenas o Al era obrigado a ficar onde estava. Às vezes, eu fazia sombra nos olhos para poder ver em que parte do palco Eddie estava. Mantínhamos os monitores fora de vista, embaixo das grades do palco, para que o palco ficasse desimpedido exceto pelas torres de amplificadores. E elas eram altas. Se você ficasse diante de qualquer uma dessas torres, era melhor cobrir os ouvidos. O Van Halen tocava alto. O sistema de som tinha que ser muito alto porque ele saía do palco muito alto. Isso era rock de arena — Led Zeppelin, Black Sabbath, Deep Purple, Rush, Van Halen. Estrelas do rock.

Naquela turnê, uma antiga coelhinha californiana da Playboy, que costumava sair com um dos caras da minha antiga banda, se manteve sempre por perto. De alguma maneira, ela se envolveu com Leffler, embora ela quisesse ficar comigo. Ela era atraente, mas havia alguma coisa naquela garota que me deixava desconfiado. Ela viu meu nome na lista de quartos que Leffler mantinha e foi bater na minha porta no meio da noite em Detroit. Atendi sem nenhuma roupa — eu durmo pelado — e ela escancarou a porta, me empurrou para a cama e começou a me fazer um boquete. Essa é uma situação em que fica um pouco difícil levantar e sair andando. "Filho da mãe", fiquei pensando, "agora eu estou fodido". Dito e feito, eu estava mesmo.

Mais ou menos dez dias depois, Leffler recebeu um telefonema. Ela estava grávida. Eu senti cheiro de armação. Fiquei tão puto da vida. Betsy cometeria suicídio. Contratamos um advogado para lidar com ela. Eu sabia que o bebê não era meu. Era extorsão.

Ela queria um apartamento em Nova York e que a criança tivesse as mesmas coisas que meus filhos. Eu não queria pagar nenhum centavo, mas Leffler me convenceu de que a coisa inteligente a se fazer era lhe dar o dinheiro até o bebê nascer e ver o que aconteceria daquele ponto em diante. Ela estava morando com o namorado, um músico em Nova York, no apartamento quando ela deu à luz o bebê. Ela ligou para Leffler do hospital. “Peça ao Sammy para me ligar”, disse ela. Eu não queria conversar com ela, mas Leffler me convenceu a fazer isso. Ela me contou que o bebê era uma graça, que se parecia comigo, que ela estava loucamente apaixonada por mim, que sentia muito, besteiras como essas.

Alguns dias depois, Leffler recebeu outro telefonema. O bebê havia morrido. Eu nem acredito que ela tenha realmente tido um bebê. Ela pode ter sofrido um aborto no início. Marshall Lever, o vidente com o cachorro sonolento, me contou algumas coisas sobre isso.

— O filho não é seu — disse ele. — Ela está morando com o namorado em Nova York. Ela tem um namorado que é músico, e isso provavelmente é um caso de extorsão. Não se preocupe, relaxe e, assim que ela tiver o bebê, tudo estará terminado.

Não voltei a ter notícias dela. Claro, o bebê não era meu, e eles sabiam disso. Eles apenas me extorquiram o máximo possível. Ninguém voltou a vê-la.

Três semanas depois do início da turnê, estávamos em Atlanta e Ed Leffler convocou uma reunião.

— *Billboard*, primeiro lugar — anunciou ele.

Esse foi o primeiro disco que qualquer um de nós já tinha lançado a alcançar o primeiro lugar das paradas. O álbum vendeu seiscentas mil cópias na primeira semana e outras quatrocentas mil na semana seguinte. Ele estava com tudo. Ganhou disco de platina mais rapidamente do que qualquer outro disco na história da Warner Bros. Todos os nossos discos realizaram esse feito. Enquanto estive na banda, o Van Halen vendeu muito e depressa. Todos os álbuns alcançaram o primeiro lugar das paradas. Foi um puta de um período inacreditável.

8

MONSTROS DO ROCK

ASSIM QUE TERMINAMOS NOSSA PRIMEIRA TURNÊ, tive que gravar o disco solo para David Geffen. Esse foi o acordo que ele tinha feito com a Warner Bros. Estávamos preocupados com Eddie e seus problemas com a bebida e as drogas, mas primeiro tivemos que cuidar de seu irmão. Internamos Al em uma clínica de reabilitação assim que a turnê chegou ao fim. Sua esposa organizou uma intervenção. Eu sequer sabia o que era uma intervenção.

A coisa foi cabeluda. Eu chorei. Fiquei acabado e eu nem era o cara na mira de todos. Eles o tiraram da cama, às 6 da manhã, antes que ele bebesse alguma coisa. Ele se levantava às 4 horas, entornava uma garrafa de vodca e voltava para a cama. Ele não bebericava. Ele não era comedido. Ele simplesmente se embriagava a ponto de desmaiar.

Nós o internamos em um hospital. Ele fez um juramento e nunca mais bebeu. Eu adoro o Al. Ele é um sujeito muito forte, mas é esquisito. Ele é um fumante inveterado, mas parava de fumar todas as segundas-feiras, só naquele dia, apenas para se torturar. Al é o tipo de pessoa para quem eu ligava todos os dias, só para falar bobagens.

Assim que Al ficou sóbrio, Eddie ficou sem ter com quem beber. Al ainda fumava. Al bebia café e Eddie bebia cerveja e usava algumas outras coisas. Foi ideia do Leffler chamar o Eddie para coproduzir meu disco solo e tocar baixo. Ele sempre tocava baixo no Van Halen, em duas ou três músicas em praticamente todos os discos. Ele é um baixista excelente. Eddie é um músico excelente, ponto-final.

Então lá fomos nós para o estúdio, com Jesse Harms no teclado, David Lauser na bateria e Eddie no baixo. Eu toquei guitarra. Dessa maneira, podíamos manter Eddie ocupado. Gravamos esse disco no recém-construído A&M Records em Hollywood, onde Tom Petty, John Cougar Mellencamp e Stevie Nicks trabalharam. O Pink Floyd estava na sala ao lado, sem Roger Waters, gravando "Learning to Fly". Eddie e eu viajávamos juntos saindo da praia todos os dias em um carro diferente. Eu tinha umas sete Ferraris por lá. O baterista do Pink Floyd, Nick Mason, é um grande colecionador de Ferraris. O guitarrista David Gilmore também tem algumas, mas não é um colecionador do nível de Nick Mason. Mason é dono de uma Ferrari GTO original, que provavelmente vale trinta milhões de dólares. Eles não estavam com seus carros, então ficavam esperando na calçada todos os dias para ver o que eu estaria dirigindo. David Gilmore é um dos meus grandes heróis da guitarra e foi muito legal ter aqueles caras admirando meus carros todos os dias. Eu estava me exibindo. Depois de ter usado todos os carros que tinha comigo no sul, mandei Bucky de volta a Mill Valley para me trazer alguns outros.

O Pink Floyd estava testando bateristas para gravar uma levada que eles não estavam conseguindo realizar, nem mesmo com o baterista Nick Mason. Eles testaram Omar Hakim, recém-saído da banda de Sting, mas não o usaram na faixa. Eu, sim. Ele gravou a bateria em duas músicas do meu álbum. Os rapazes do Pink Floyd estavam sendo tão meticulosos em relação àquela levada que ainda estavam trabalhando nela quando concluí meu disco.

A MTV fez uma promoção chamada "Batize o Álbum", porque eu não podia sair em turnê. Eu iria chamá-lo simplesmente de *Sammy Hagar*, mas um fã enviou o título *I Never Said Goodbye*, com um bilhete que dizia: "Sammy abandonou sua carreira solo, mas nunca se despediu". O álbum logo ganhou disco de platina. "Give to Live" e "Eagles Fly" foram dois grandes sucessos do álbum. Fiz uma turnê promocional mundial de três semanas — de San Francisco ao Japão e à Alemanha, voltei para casa e fui direto para o estúdio começar o novo álbum do Van Halen, *OU812*.

Assim que voltei para casa, viajei de avião de San Francisco para Los Angeles. Eddie e Al me encontraram no aeroporto. Eu não os via havia algumas semanas. Fiquei muito feliz em revê-los. Quando entramos no carro, Eddie e Al acenderam seus cigarros nos bancos dianteiros e enfiaram uma fita no toca-fitas.

— Queremos que você ouça uma coisa — disse Eddie. Eles tocaram para mim a parte de teclado de "When It's Love". Fiquei todo arrepiado. Essa praticamente foi a inspiração para todo o álbum. Gravamos essa música e soubemos na hora que tínhamos algo especial ali.

As músicas não foram minhas melhores criações em se tratando de letras. "Black and Blue" era um pouco incomum, com um ritmo e fraseado legais, mas a letra era um pouco anos 1980 demais. "Source of Infection", eca. A última música que escrevemos foi "Finish What Ya Started". Estávamos na reta final do projeto e precisávamos de mais uma ou duas músicas. Ed era o melhor em pegar uma ideia que você lhe dava e transformá-la em algo especial, algo único. Eu lhe disse que deveríamos fazer alguma coisa tipo "Magic Bus", do The Who, algo com muito ritmo e violões. O Van Halen nunca tinha feito nada com violões.

Eu estava em Malibu, deitado na cama com minha esposa, prestes a me dar bem, quando percebo Eddie parado à minha porta. Não era nem na minha porta da frente, mas na entrada que dava para a praia, bem embaixo do deck do meu quarto. Eu podia vê-lo lá embaixo, o cigarro brilhando no escuro, sem camisa, violão em volta do pescoço, garrafa de Jack Daniel's na mão.

— Ed, o que foi? — perguntei.

— Venha aqui, cara. Tive uma ideia — respondeu ele.

— Ed, são 2 horas da manhã — retruquei. — Estou cansado.

— A patroa me expulsou — contou ele. — Vamos lá, cara. Me deixa entrar.

Eu desci. Betsy ficou irritadíssima, mas o que eu poderia fazer? Ele era meu melhor amigo e parceiro criativo. Ela apagou a luz. Eu não quis deixá-lo entrar, porque ele estava fumando, então sentamos na varanda. Ele começou a tocar o riff de "Finish What Ya Started" e logo de cara fiquei empolgado. Fui buscar meu violão e comecei a fazer meu lance estilo Tony Joe White. Eu ainda estava pensando em voltar lá para cima e transar, e comecei a cantar "Come on, baby, finish what you started"[5]. Não rolou. Eddie e eu vimos o sol nascer e eu o mandei embora, mas tínhamos escrito quase que a música toda. Eu estava imaginando o que aconteceria comigo quando eu voltasse lá para cima. Essa música é sobre sexo não consumado.

Demoramos um pouco para gravar *OU812*, provavelmente mais do que deveríamos. Sóbrio, Al tocava de maneira diferente. Foi muito estranho. Ele não era tão bom. Quando bebia, Al sempre era um baterista radical. Ele tocava com força e fazia viradas malucas. Embriagado, ele se sentia mais livre, mas, se estivesse sóbrio, ele era muito mais conservador. Sua sincronia ficava melhor, mas ele não era tão radical. No fim das contas, foi fácil deixar de lado coisas assim, porque todos ainda estavam se dando muito bem. O único problema foi que eu estava começando a ficar esgotado, um pouco exaurido.

5 Vamos lá, gata, termine o que começou. [N.T.]

Betsy, no entanto, estava perdendo a cabeça. Eu tinha terminado a turnê do *VOA*, mergulhado no *5150*, gravado o álbum e feito a turnê, gravado meu disco solo, viajado pelo mundo em uma turnê promocional e voltado direto para o estúdio para gravar *OU812*. E agora estávamos para cair na estrada de novo. Ela chorava, sentia-se deprimida o tempo todo. A vida em casa não estava boa. Eu já não estava mais ignorando os fatos. Agora eu estava preocupado.

Fui conversar com Ed Leffler e sugeri que tocássemos em estádios. Éramos a maior banda do mundo e, na situação em que nos encontrávamos, estávamos fazendo quatro shows com ingressos esgotados em arenas em todos os lugares. Os estádios nos permitiriam ficar em turnê por alguns meses em vez de um ano e, se as coisas dessem certo, acabaríamos ganhando muito mais dinheiro. Leffler achou que era um risco, mas que valia a pena correr.

Montamos uma escalação. O Kingdom Come era uma nova banda alemã que todos achavam que seria grande. Os alemães soavam exatamente como o Led Zeppelin, mas eles diziam aos entrevistadores que nunca tinham ouvido a banda. Então já estavam acabados antes mesmo de começar. Mas eles abriram o show. O Metallica, que tocava em segundo, tinha sido minha escolha. Eles eram uma banda nova da região da Baía de San Francisco, jovens e descolados. O Dokken, a terceira banda, estava prestes a se separar quando a turnê começou, e tocar depois do Metallica todas as noites acabou com eles. Eles se separaram ao final da turnê. O Scorpions também tocou nessa turnê e foi muito importante. Chamamos a turnê de Monsters of Rock e fizemos vinte e sete shows entre o Memorial Day[6] e o fim de julho de 1988.

Tínhamos cinquenta e seis caminhões, três palcos completos e sistemas de produção que precisavam ser montados todos ao mes-

6 Feriado comemorado na última segunda-feira de maio em homenagem aos militares mortos em combate. [N.T.]

mo tempo para que pudéssemos fazer três shows por semana. Os custos foram de trezentos e cinquenta mil dólares por show e era fácil perder dinheiro. Os shows empatavam com quarenta e quatro mil ingressos, e os ingressos eram caros.

Mas o fato de *OU812* ter entrado direto no primeiro lugar das paradas fez com que fosse mais fácil vender ingressos. Ele chegou a vender quatro milhões de cópias e teve os grandes sucessos "When It's Love" e "Finish What Ya Started". Ainda assim, essa turnê rendeu muito dinheiro, mesmo não tendo vendido muitos ingressos em alguns lugares. Tivemos dois shows com ingressos esgotados em Detroit. Esgotamos os ingressos de dois shows no festival Texxas Jams. Esgotamos os ingressos no Candlestick Park em San Francisco. Esgotamos os ingressos de dois shows em Nova York. Mas, em Miami, tocamos para algo em torno de vinte e cinco mil pessoas, e um furacão inesperado atingiu o lugar e destruiu o palco. Tivemos que interromper a apresentação na metade. Grande prejuízo. Tocamos em outros dois mercados onde não nos saímos muito bem e acabamos devolvendo muito dinheiro para os promotores. Não foi um desastre, longe disso, mas não foi o gol de placa que esperávamos.

Durante a primeira música, no show de abertura da turnê, eu caí de um degrau de metal. Tudo estava atrasado e não tivemos tempo de fazer um ensaio geral com a produção completa no dia anterior, como costumávamos fazer. O palco quase não ficou pronto para que pudéssemos tocar nele. Eu não conhecia o palco. Tropecei e caí bem em cima do meu cóccix, passei a noite toda depois do primeiro show no hospital. Tive que tomar injeções com esteroides na bunda todos os dias por causa do cóccix fraturado. Fazia massagens e tinha que sentar em bolsas de gelo. Eu estava com um inchaço do tamanho de uma toranja na minha vértebra lombar.

Nos dias de folga, eu voava para casa para ver meu médico. Em uma dessas viagens, entrei mancando na sala de espera e lá estava

Miles Davis sentado em uma cadeira. O médico abriu a porta e lá de dentro saíram Sting e sua esposa, Trudy.

— Olhe. É o Sammy Hagar — disse Sting.

Eles foram embora e o médico perguntou:

— Sammy, você já conheceu o Miles?

Miles Davis sentado ali, vestido como uma mulher com suas roupas cintilantes malucas, trancinhas miúdas no cabelo. Miles estendeu a mão sem se levantar e, quando estiquei meu braço para apertar sua mão, ele estendeu a outra mão e a passou pelo meu antebraço, e se impulsionou para ficar em pé. Ele me usou para se levantar da cadeira. Eu quase caí com ele.

Tive uma infecção no ouvido. Tive sinusite. Tinha fraturado o cóccix. Não consegui cantar durante toda aquela turnê por causa da sinusite. Não consegui cantar em nenhum dos shows. Seria ruim demais cancelar porque era uma turnê muito cara.

Chegamos no Texas, estávamos diante de sessenta mil pessoas no Cotton Bowl, e eu não conseguia cantar. Eu estava prestes a chorar no palco. Texas era meu território. Eu detonava no Texas. Eu era atração principal por lá muito antes do Van Halen. Parei na metade da primeira música.

— Não estou conseguindo cantar — anunciei. — Prometo a vocês, o Van Halen vai voltar e fazer um show gratuito em Dallas.

Encurtamos o show, e os irmãos soltaram os cachorros em cima de mim depois. Eles me crucificaram por isso. Demoramos três anos para cumprir essa promessa.

Mais cedo naquele dia no Cotton Bowl, tivemos uma banda de abertura chamada Krokus, que era empresariada por Butch Stone, um sulista que eu conhecia dos meus tempos no Montrose, quando ele empresariava o Black Oak Arkansas. Eles planejavam transmitir o show deles pelo rádio, mas Ed Leffler cortou o barato deles. Butch ficou bastante irritado. Houve uma tremenda de uma gritaria. Naquela noite no hotel, depois que o bar fechou, alguém atacou Leffler no elevador e deu uma puta de uma surra nele, arrancando uns dois dentes, quebrando algumas costelas e deixando o Ed bastante detonado. Ele passou duas semanas no hospital.

Mesmo assim seguimos em frente. Contei a Betsy que ficaria fora apenas um mês, mas voltamos e Leffler começou a falar sobre cairmos na estrada de novo para tocar em outros mercados. A banda estava comigo no banco traseiro de um carro voltando de algum evento com a imprensa — Ed e eu estávamos bebendo e cheirando coca — e eles começaram a pegar no meu pé. Com Al sóbrio, ele não podia ficar à toa em casa o dia todo.

— Eu preciso de uma vida — disse-me ele.

Eddie também gostava de estar em turnê. Ele e seu irmão fariam sete shows por semana se pudessem. Eles estavam me pressionando bastante.

— Eu simplesmente não posso — disse a eles. — Adoro vocês, mas vou acabar com meu casamento. Vou perder minha família. Não vale a pena para mim. — Não era uma briga, mas estávamos discutindo.

— Nós te chamamos para a banda, achávamos que você estava comprometido — disse Alex. — Se soubéssemos disso, teríamos arrumado outra pessoa.

Alex, quando sóbrio, costumava filosofar. Quando bêbado, só viajava. Eddie sempre o apoiava, independentemente do que fosse. Não era possível se intrometer entre aqueles dois. Eles não são apenas irmãos. Eles vieram de outro país, não falavam inglês quando chegaram aqui, e eram unidos. Eles brigam feito cão e gato, mas não dava para se meter entre eles.

Os irmãos decidiram que Mike Anthony não estava contribuindo o suficiente para continuar recebendo uma parte integral dos direitos autorais. Na verdade, Mikey não compunha nada. Nunca. Ele basicamente tocava no baixo o que Eddie mandava. Ele aprendia rápido e acrescentava algo ao que tinha recebido. Mike era um baixista criativo. Ele tinha uma voz de apoio incrível que fazia uma diferença enorme no som do Van Halen. Mas os irmãos precisavam de dinheiro.

Al estava quase falido. Estávamos ganhando quantias enormes, mas Al tinha uma dívida de muitos milhões de dólares. Leffler o ajudou a consolidar suas contas e lhe arrumou uma janela de cinco anos em que ele pagaria apenas juros. Ele sofreu com uma pequena queda no mercado imobiliário: uma casa que havia comprado por dois milhões de dólares e enterrado mais alguns milhões com algumas besteiras de estrela do rock, como um quarto almofadado, vendeu-a por um preço bem menor. Ele estava fazendo negócios muito ruins.

Tivemos uma reunião e fizemos uma votação sobre reduzir a participação de Mikey para dez por cento. Leffler e eu votamos contra, mas Mikey ficou do lado dos irmãos Van Halen e votou contra si mesmo, 3 x 2.

— Entendo o que vocês estão dizendo — comentou ele —, e por mim tudo bem.

Eu sabia que voltar para a estrada era inevitável. Passamos o outono de 1988 em turnê. Não fizemos uma turnê tão árdua. Voltamos para algumas regiões onde tínhamos cancelado alguns shows. Fomos para alguns dos mercados secundários que tínhamos deixado de visitar, tentando manter o disco vivo e compensar as críticas que recebemos pela turnê do Monsters. Todos achavam que ela havia sido um fracasso. Mas, na verdade, não foi. Ganhamos muito dinheiro e cuidamos bem de todo mundo. Ninguém perdeu dinheiro. Mas o público não foi o esperado.

Também estávamos fazendo o que podíamos para aumentar as vendas do álbum, que estavam, outra vez, ótimas, mas não o que esperávamos. Como resultado, começamos a gravar videoclipes. O Van Halen não lançou nenhum vídeo para o *5150*. Ed Leffler decidiu que não queria competir com os vídeos antigos do Van Halen. Além disso, a Warner Bros. se recusou a bancar os vídeos, que poderiam sair bem caros. Quando lançamos o primeiro single, "Black and Blue", do *OU812*, também sem um clipe, a Warner começou a surtar. Eles achavam que, se tivéssemos lançado um vídeo com o *5150*, em vez de vender sete milhões de cópias, poderíamos ter vendido dez milhões. Já estávamos em turnê quando o segundo single do *OU812*, "When It's Love", foi lançado, e a Warner afinal concordou em arcar com os custos de um clipe. Leffler insistiu que fosse um vídeo com performance ao vivo. Nada de atuação. Ele precisaria ser filmado em um de nossos dias de folga da turnê.

Eles disponibilizaram o jatinho da Warner para nos levar a Hollywood. Passamos doze horas gravando o vídeo e acabei com a minha voz. Às 2 horas da manhã, eles nos levaram para o jatinho e nos mandaram de volta para a cidade seguinte da turnê. Eles tinham filmado algumas cenas extras com um ator e uma atriz, e ela ficou por ali durante as gravações, limpando o bar no plano de fundo ou algo assim. Tivemos uma ligação, mas ao longo do dia não tive a chance de levá-la para a sala dos fundos.

O segundo vídeo foi para "Finish What Ya Started", no qual o diretor Andy Morahan quis filmar todo mundo individualmente. Ele quis se certificar de que todos ficassem bem o tempo todo, e não é possível fazer isso com quatro caras ao mesmo tempo. Alguém sempre sai com os olhos fechados, o dedo no nariz, com uma papada. Leffler insistiu em outro clipe com uma performance ao vivo. Fomos filmados em preto e branco de alto-contraste contra um fundo branco. Cada um de nós tocou a música por volta de três horas. Quando chegamos, o lugar parecia o departamento masculino da Macy's de tantas araras de roupas que havia por lá. Usamos a roupa do corpo. Não deixamos que os cabeleireiros tocassem em nossos cabelos ou fizessem nossa maquiagem. Uma moça aplicou um pouco de pó e foi só isso. Víamos todas aquelas bandas embonecadas com cabelos cheios de laquê na MTV e ríamos dos idiotas. Não queríamos fazer a mesma coisa.

FIZEMOS AQUELES QUATRO meses de shows adicionais, mas, quando voltei para casa, meu casamento estava desmoronando. Betsy tinha uma expressão distante no rosto. Comecei a ficar preocupado com ela. O casamento de Al também estava se desfazendo, e os quatro meses na estrada também não ajudaram nem um pouco. Com Al sóbrio e Eddie sempre chapado, eles brigavam feito loucos. Tínhamos que apartar brigas o tempo todo. Por coisas bobas.

— Ei, Ed, você tem um cigarro?

— Ei, Al, por que você não compra a porra dos próprios cigarros?

— Ei, vai se foder, cara.

— Bom, vai se foder você.

Boom. Eles começavam a brigar só porque ele havia pedido um cigarro. Sempre havia tensão entre eles. Quando não queriam que soubéssemos por que estavam brigando, gritavam um com o outro em holandês.

Nem todos os shows tiveram os ingressos esgotados naquela segunda parte da turnê. Ainda estávamos lucrando bem, mas tocávamos para oito mil pessoas em lugares com capacidade para doze mil, e para doze mil pessoas em lugares com capacidade para quinze mil, em vez de fazermos dois ou três shows com ingressos esgotados. Em algumas cidades, as coisas eram fáceis, em outras, tínhamos que dar duro.

Embora o álbum *OU812* tenha vendido quatro milhões de cópias, as pessoas não acharam que ele foi um sucesso, visto que *5150* tinha vendido sete milhões, quase o dobro. Talvez a lua de mel tivesse acabado. Havia uma pressão enorme sobre mim agora. Tínhamos que gravar um ótimo disco e fazer uma turnê pelo restante do mundo. Ainda não tínhamos feito uma turnê mundial. Eu estava resistindo. Não queria ir. Foi então que Betsy sofreu um colapso nervoso.

Tudo aconteceu pouco depois de eu ter comprado um avião, um Merlin 3, e começado a passar bastante tempo no México. Nós o tínhamos usado algumas vezes, e decidi comprá-lo, um avião com dois motores turboélices para sete passageiros, pequeno e rápido, o maior avião que você pode ter com um piloto só. Exagerei um pouco comprando esse avião. Eu podia pagar, mas foi uma extravagância muito grande. Reformei o interior com couro e camurça em branco e bege, um tom meio creme. Coloquei uma privada com descarga. Instalei um assento dobrável que virava uma cama de casal onde as crianças pudessem dormir.

Na primeira viagem que fizemos para o México no novo avião, Betsy meio que surtou. Chegamos e ela estava muito nervosa. Ela não conseguia dormir e começou a tremer, sofrendo ataques de ansiedade e de pânico muito graves. Conosco estava a ex-esposa de Bucky, Joelle — eles estavam divorciados àquela altura. Bucky já tinha morado com o filho deles, Benny, e Joelle estava trabalhando para nós como babá. Tivemos que ir embora do México porque Betsy estava se sentindo péssima. Embarcamos no avião. Estávamos no meio do caminho, sobrevoando Baja em velocidade de cruzeiro a vinte e seis mil pés de altitude, quando ela começou a gritar e arrancar os cabelos. Ela tentou abrir a porta e pular do avião.

Aaron não estava conosco. Andrew, sim. Ele era um bebê, estava com uns dois anos, e estava dormindo. Joelle me mandou conter Betsy e gritei para o piloto aterrissar. Ele me disse que eu não iria querer aterrissar no meio do nada no México com uma mulher louca no avião. "Você precisa deixar que eu chegue em San Diego", disse ele.

Eu tinha algumas bebidas no avião, e Betsy àquela altura estava disposta a beber alguma coisa. Ela nunca bebia, nunca usava drogas nem nada, mas estava surtando tanto que não conseguia respirar. Derramei tequila por sua garganta abaixo, enquanto Joelle tampava os ouvidos do bebê.

Betsy por fim se acalmou. Ela desmaiou. Estava bêbada. Quando chegamos em San Diego, aluguei um carro para levá-la até Malibu.

Nosso plano original era voltar para nossa casa em San Francisco, mas tínhamos nossa casa em Malibu. Levei Andrew comigo no avião, e ela e Joelle foram para Malibu de limusine. Joelle era uma boa amiga para a Betsy. Ela cuidou muito bem dela. Quando chegou em nossa casa em Malibu, Betsy estava em péssimo estado.

Telefonei para o médico e ele foi direto para lá. Ele aplicou injeções para acalmá-la. Ele me contou que ela estava tendo um ataque de pânico. Nunca tinha ouvido falar de ataques de pânico. Um psiquiatra, que morava do outro lado da rua, começou a passar uma ou duas horas em nossa casa todos os dias. Ele lhe receitou Prozac, Xanax e todos os tipos de remédios antidepressivos e controladores de humor que uma pessoa pudesse tomar. Betsy nunca tinha tomado remédios desse tipo na vida.

Contratei enfermeiras vinte e quatro horas. Eu não podia deixá-la sozinha. Eu sequer podia ir ao mercado. Se eu lhe dissesse que estava indo ao mercado, ela se jogava no chão e se enroscava em posição fetal. Eu era o único que conseguia tirá-la desses transes. Tentávamos tirá-la daquela posição, levantá-la do chão, colocá-la no sofá. Suas pupilas ficavam dilatadas e ela fitava um vazio à sua frente. Mais ninguém era capaz de acalmá-la. Eu tinha que estar por perto.

Tive uma reunião com os rapazes do Van Halen. Eu lhes disse que não podia entrar em estúdio. Não podia sair em turnê. Eu tinha que cuidar da minha esposa.

TIRAMOS UM ANO de folga entre a turnê de *OU812* e a gravação de *For Unlawful Carnal Knowledge*. Ed Leffler e eu acreditávamos que tirar umas férias seria bom para uma banda que estivera tão exposta por tanto tempo. Promotores, gravadoras, todos os que estão envolvidos em ganhar dinheiro com o seu trabalho vão lhe dizer para continuar visível enquanto você estiver no topo. Eles dizem que os fãs esquecem com muita facilidade.

Eles não esquecem. Os Stones provam isso sempre que saem em turnê. O Pink Floyd esperava o quanto queria antes de voltar para a estrada. São as bandas que estão em turnê, turnê, turnê que acabam afundando. Muito em breve ninguém mais quer vê-las depois de as terem visto vinte vezes nos últimos dois anos.

Eddie não gostava de ficar em casa, sem fazer nada. Eu estava cuidando da Betsy todas as noites, todos os dias. Ed e Al estavam me pressionando bastante. Eles ficavam compondo e apareciam com alguma coisa legal, como "Poundcake". Eu ouvia o que eles estavam fazendo e queria muito estar trabalhando naquilo. Eu ia até o estúdio e ficava por lá um dia ou dois.

Por fim, entramos em estúdio para gravar o álbum seguinte, *For Unlawful Carnal Knowledge*. Queríamos aquele som estilo Led Zeppelin, então recorremos a Andy Johns, o engenheiro britânico que tinha trabalhado nos álbuns originais do Led Zeppelin. Foi uma pena que ele estivesse tão travado. Ele e Eddie ficavam chapados grande parte do tempo. Começávamos por volta do meio-dia, porque eu queria estar em casa na hora do jantar para ajudar a Betsy.

Gravar esse álbum foi meio como arrancar um dente. Betsy estava sob cuidados vinte e quatro horas e a situação em casa era tensa. Eu estava tentando prolongar o processo, não porque estava sendo preguiçoso. Queria que o álbum fosse incrível e queria estar lá o máximo possível, mas, com todos os problemas em casa, havia dias em que eu não podia ir ao estúdio. Eddie e Al ficavam lá dia e noite, todos os dias. Eles começaram a me criticar um pouco por não estar presente. Eddie me telefonava dizendo: "Precisamos de você. Quando você vai poder vir?". Eu ia ao estúdio em alguns dias, às vezes uma semana direto, e às vezes eu não podia ir em dia nenhum. Eu levava as músicas para casa e as ouvia. Mas é muito difícil se concentrar quando sua esposa está enrolada em posição fetal no chão, chorando.

Andy Johns foi um desastre, mas Eddie o protegia. Com Al sóbrio, Eddie precisava de um novo cúmplice, e essa pessoa foi Andy.

Ele ficava chapado grande parte do tempo. Ele bateu o carro na parede do estúdio. Eu não estava feliz com a situação. Começou a haver um pouco de tensão. Então Andy apagou um dos meus vocais. Essa foi a gota d'água. Eu não iria mais trabalhar com aquele sujeito. Saí irado do estúdio.

— Samster, vamos lá, parceiro — disse Andy. — Só mais uma vez.

— Vai se foder, Andy, já deu — falei para ele. — Já estou cheio de você.

Era difícil demais conseguir um bom vocal porque ele era muito desordeiro e não prestava atenção em nada. Botei Andy Johns para fora e trouxe Ted Templeman de volta, que não só tinha produzido os álbuns do Montrose e o meu *VOA*, como também tinha trabalhado nos primeiros álbuns do Van Halen quando Roth ainda estava na banda. Eddie e Ted não se davam bem, e Ted tinha falado mal de nós quando tínhamos nos reunido antes de *5150*. Ainda assim, Ted foi lá e gravou todos os vocais de *For Unlawful Carnal Knowledge* comigo e me ajudou com a mixagem. Ele salvou o meu dia.

O título foi ideia minha. Por volta dessa época, o grupo de rap da Flórida 2 Live Crew levantou o assunto da censura na indústria musical. As pessoas sempre nos pediam para fazer uma declaração. Eu pensei, para que não ficasse muito político, que deveríamos chamar o disco seguinte de *Fuck Censorship*. Leffler achava que as redes de lojas se recusariam a vender um disco com esse título. Van Halen, a maior banda do mundo? Com todos os álbuns em primeiro lugar das paradas? Eles vão dar um jeito, enfiar o negócio em um saco de papel marrom, vão fazer alguma coisa, qualquer coisa. Eles vão encontrar uma maneira de vender o disco, aqueles desgraçados gananciosos.

Naquela época, Ray "Boom Boom" Mancini, o antigo campeão peso-leve, estava me treinando. Ele ia até minha casa umas duas vezes por semana, colocava um saco de areia de 45 quilos nas minhas costas e me fazia subir e descer correndo os setenta e sete degraus que iam da minha casa até a praia. Eu estava mostrando a ele algumas das músicas, e ele perguntou como iríamos chamar o álbum.

— *Fuck Censorship* — contei.

— Ah, uau, cara — exclamou ele. — *For Unlawful Carnal Knowledge.*

Eu nunca tinha ouvido isso antes, então ele me contou que, na época medieval, quando uma mulher era pega traindo, ela era presa na praça da cidade e ficava com uma placa pendurada no pescoço que dizia "F.U.C.K." — "For Unlawful Carnal Knowledge — por conhecimento carnal ilegal".

— Minha mãe me contou isso quando eu estava na escola — disse ele. — Na primeira vez que eu disse "*fuck*".

"Poundcake", o primeiro single do álbum, teve um clipe ótimo, número um na MTV, Melhor Clipe de Rock do Ano em 1991 pela revista *Playboy*. Gastamos quatrocentos mil dólares nesse vídeo, que teve um monte de gatas gostosas nele. Esse foi o auge da MTV e da mídia dos videoclipes, e as pessoas investiam muito dinheiro neles.

Quando vi pela primeira vez o roteiro para o vídeo de "Right Now", o single seguinte do álbum, achei que parecia uma ideia terrível. Aquela foi a primeira letra séria que eu tinha escrito para o Van Halen, uma declaração muito importante. Tudo o que eu via eram algumas frases do diretor, como "Vou lutar com você por comida" ou "Neste exato momento alguém está andando em uma praia de nudismo pela primeira vez". Li o roteiro dele e, sem ver o vídeo, pensei que ele era louco. Essa música era meu bebê. Fiquei batendo nessa mesma tecla com Eddie e Al durante seis meses. Ela foi a última música que gravamos para o álbum.

Eu tinha aquela letra, mas Eddie não compreendia o que eu estava tentando dizer e não tinha nenhuma música que funcionasse com ela. Fiquei martelando a letra na cabeça dos rapazes durante meses enquanto jogávamos videogame ou comíamos — *Right now, it's your tomorrow... Right now, it's everything*[7] —, mas ninguém entendia. Certo dia, durante um intervalo, ouvi o Eddie tocando algumas coisas em um piano na outra sala. Entrei correndo.

— É isso, é isso — exclamei.

— Eu toquei isso para você no último álbum e você não curtiu — disse Eddie.

Aquilo se encaixou como uma luva. Ele não precisou reescrever nada. Se Eddie tivesse ido jogar videogame em vez de tocar o piano, ou se eu tivesse me sentado e começado a fazer telefonemas como eu costumava fazer durante os intervalos, isso nunca teria acontecido.

Eu me sentia muito protetor em relação àquela música. Eu não queria gravar um vídeo besta. Os chefões da Warner Bros. foram me encontrar no Havaí. Eles estavam decididos a me convencer. Eu disse que tudo bem, mas que deixassem que eu e Al criássemos o roteiro. Aquele diretor tinha cenas em seu roteiro comigo olhando para um espelho com um pôster do antigo Van Halen que dizia: "Neste momento, Dave gostaria de ser Sammy". Começamos a escrever o roteiro juntos e logo passamos a pensar em algumas sequências muito boas. Eu ainda não estava convencido, mas comecei a sentir o entusiasmo crescendo.

Quando chegou a hora de filmarmos, contudo, estávamos em Chicago no auge do inverno, presos em uma nevasca. Eu tive pneumonia e havia sido forçado a cancelar dois shows. Tinha ficado preso em um quarto de hotel durante dias, doente, de mau humor e puto da vida. O diretor foi muito vago conosco — "Só fique parado ali" — e eu não conseguia entender nada do que ele estava fazendo. No final, há uma tomada minha em que estou de braços cruzados, parado com uma expressão de desgosto. E isso é exatamente o que eu estava fazendo. Eu não queria nem cantar. Eu só jogava os braços

7 Este momento é o seu futuro... Este momento é tudo. [N.T.]

para cima, o que ele filmou e incluiu no vídeo. No fim do dia, eu estava com uma febre de 38,8°C, acabado. Saí do armazém onde estávamos filmando e andei até o banheiro que usávamos como camarim. O sujeito com a câmera me seguiu o caminho todo. Quando alcancei a porta, me virei e lancei um olhar irritado para o cinegrafista e bati a porta em sua cara, e então aparece MEN na porta. É assim que o vídeo termina.

Mark Fenske, o diretor, que artista incrível. Esse foi o maior vídeo de nossa carreira, um dos maiores vídeos da MTV de todos os tempos, e a Crystal Pepsi nos pagou dois milhões de dólares para usá-lo como comercial do refrigerante. Não acredito que todas aquelas pessoas tiveram que me atazanar tanto para que eu cedesse, mas o roteiro era realmente muito ruim. O vídeo ficou brilhante.

ENQUANTO ISSO, BETSY estava em casa, feliz da vida. Estava melhorando. Eles lhe receitaram medicamentos e seu ânimo melhorou, ela começou a se sentir muito bem. Ela havia perdido muito peso — Betsy nunca esteve muito acima do peso, mas, como qualquer mulher que teve dois filhos, ela tinha que lutar contra a balança. Os medicamentos tinham feito com que ela emagrecesse. Quase comecei a tomá-los. Eu corria todos os dias na praia ou pedalava minha bicicleta até Santa Monica e voltava. Ela tinha suas rosas e seus cavalos. Betsy era uma garota estilo Beatrix Potter. Ela começou a fazer aulas de tênis. Eu deveria estar feliz, mas, em vez disso, eu ficava dizendo, na minha cabeça: "Estou chegando ao meu limite".

Ela tinha me exaurido. Eu estava cansado daquele casamento. Eu não iria abandoná-la, eu iria me certificar de que ela estivesse bem, mas para mim estava acabado. Naquele ano, ela me deixou exaurido. Tive que a abraçar e ninar na cama todas as noites. Tive que a alimentar. Tive que me certificar de que ela estava comendo. Para mim, era como ter um filho inválido. Quando estava sob os efeitos dos medicamentos, ela se sentia ótima, montando seus cavalos, jogando tênis, caminhando pela praia e apenas sendo uma pessoa normal, como ela nunca tinha sido desde que a conheci. Eu estava feliz por ela, mas ela me reprimia muito e por tempo demais.

Ela não se lembrava de quem era. Ao longo daquele ano, ela ficou muito deprimida, sofrendo com muitos problemas, entrando e saindo de hospitais psiquiátricos. Ela se esqueceu de quem era. Quando começou a tomar Prozac e saiu do transe, ela voltou a ser uma pessoa feliz que morava em uma casa linda em Malibu, com belos carros, cavalos e dinheiro para esbanjar. Ela não se lembrava de nada. Ela virou uma compradora compulsiva. Tinha roupas no closet, caros suéteres e vestidos de marca, coisas que ela nunca iria vestir, itens que ela apenas comprava e guardava. Naquele ano, ela comprou coisas com seu cartão de crédito que, no total, davam algo em torno de um milhão de dólares. Ela nem parecia registrar esses fatos.

Assim que melhorou um pouco, Betsy voltou a querer que eu largasse a música, principalmente porque meus outros negócios continuavam indo bem. Ela precisava de alguma coisa para distraí-la. Eu lhe disse para encontrar um corretor imobiliário e procurar uma propriedade. Ela tinha um orçamento de dois milhões de dólares. Eu sabia que isso a manteria ocupada.

Ela acabou comprando uma casa em Carmel, perto de Big Sur. Tudo o que Betsy sempre quis na vida era morar em Big Sur. Certa vez, talvez dez anos antes, estávamos no Highlands Inn em Carmel e eu estava correndo pela vizinhança. Passei pela casa mais legal que já tinha visto. Bem na beirada da falésia, as ondas se quebrando contra as janelas, era uma casa estilo Frank Lloyd Wright que se parecia com um barco virado de ponta-cabeça. Ela tinha um enorme telhado de cobre com uma grande crista em cima, como a quilha de um barco. Eu levei Betsy para vê-la e ela sequer a notou, por causa de algum castelo saído de um livro de contos do outro lado da rua. Mas tudo bem. Eu nunca tinha curtido o lugar — muito grande-espaçoso-sério-solitário para mim. Viajávamos para lá de tempos em tempos e passávamos uma semana caminhando e olhando o oceano, mas nunca me pareceu um lugar onde eu poderia ficar com regularidade.

Enfim, dez anos depois, Betsy estava em sua busca por uma casa quando me telefonou para dizer que tinha encontrado uma. Fomos até lá e era a mesma casa que tentei mostrar a ela dez anos antes. Nós a compramos e Betsy gastou uma fortuna, redecorando-a por completo.

Infelizmente, isso não mudou muito as coisas. Ela se manteve ocupada, claro, mas a situação entre nós continuava tensa como sempre. Nosso relacionamento estava acabado, mas eu achava que não conseguiria deixá-la, por causa de nossa história. Eu estive naquela posição antes e quis deixar Betsy algumas vezes — não por crueldade, por necessidade. Era como dizer: “Não consigo mais viver assim”. Tantas pessoas passam por isso e permanecem juntas. Elas simplesmente aprendem a viver separadas pelo resto da vida, em quartos separados ou sei lá. Nós ainda tínhamos uma vida sexual ativa, então não estávamos dormindo em quartos separados. Mas as únicas coisas que tinham sobrado em nosso relacionamento eram o sexo, nossos filhos e um império. Tínhamos casas, negócios e carros. A ideia de um divórcio era desagradável. Eu nunca teria seguido em frente com a ideia se soubesse como era desagradável. Não era apenas o aborrecimento do divórcio, contudo; eu simplesmente não queria deixá-la. Eu ainda me preocupava com ela.

Eu sou o tipo de pessoa que pode muito bem ficar com a cabeça enfiada em um buraco, assim como ficar com a cabeça nas nuvens, tanto quanto qualquer outra pessoa. Sou um verdadeiro otimista sobre tudo o que faço na vida. Não enxergo desvantagens em nada quando vou fazer alguma coisa. Já fiquei decepcionado algumas vezes, pode acreditar, mas isso não acaba com meu otimismo. Eu acreditava que as coisas iriam melhorar. Estava sempre tão ocupado dentro da minha própria cabeça que isso praticamente nem importava.

Assim que soube que ela estava bem e que podia ficar sozinha, decidi que estava disposto a segurar as pontas. Eu voltaria a fazer turnês o máximo possível, continuaria transando por aí e ficaria longe de casa sempre que possível. Eu a imaginava melhorando, talvez, mas não nosso relacionamento. Não achava que algum dia tudo voltaria a ser como antes. Isso sequer estava no topo da minha lista. Eu estava exaurido por causa daquele ano em que fiquei cuidando dela. Não dedicaria mais esforço algum a esse assunto agora, nem tentaria fazer com que o relacionamento desse certo, como eu tinha feito um ano antes quando falei aos rapazes que não faria mais turnês. Eu não faria mais isso. Eu estava otimista a respeito da melhora dela, mas, enquanto isso, eu iria cuidar das minhas coisas. Aceitei que isso seria um pouco errado.

Saí em turnê para promover *For Unlawful Carnal Knowledge* e *realmente* comecei a pular a cerca. Eu não estava completamente desimpedido e estava sendo muito cuidadoso para não ser pego, muito cuidadoso para não levar para casa nenhum tipo de infecção. Eu não era irresponsável. Eu era muito, muito cauteloso. Eu me importava com minha esposa. Não era como se eu não a amasse. Apenas tínhamos nos distanciado. Todo o resto continuava igual. Eu ainda amava a família dela. Ainda amava a nossa família. Eu até amava nosso estilo de vida. Ela apenas não suportava minha carreira e eu amava. Ela era apaixonada por cavalos e eu não dava a mínima. Tínhamos nos transformado em pessoas completamente diferentes.

Assim que começamos aquela turnê, passei a frequentar festas muito mais do que antes. Sempre tinha sido bastante conservador em relação às festas, mas, à medida que Betsy melhorava, tudo mudou. Eu telefonava à noite, quando ela já estava sob efeito do Prozac. Eu dizia que iria sair para jantar e talvez não conseguisse ligar mais tarde. "Ok", respondia ela, "então me liga de manhã". Passe livre.

Comecei a me divertir tanto quanto uma estrela do rock poderia se divertir naquela turnê. Eu tinha todo o dinheiro do mundo, todas as gatinhas que um cara poderia querer. Estava me divertindo bastante. Eu era o vocalista da maior banda de rock do mundo e tirei muito proveito disso. Comia nos melhores restaurantes, bebia os melhores vinhos, viajava em jatinhos particulares, subia no palco em casas com ingressos esgotados diante de plateias que iam à loucura por nós. A única coisa que faltava era... não acho que estivesse faltando alguma coisa.

Eu transava com qualquer coisa que andasse. Eu tinha minha própria barraquinha embaixo do palco. Eddie tinha sua barraca. Al tinha uma, Mike também. Todos tínhamos nossas barraquinhas. Mike e Al ficavam do outro lado. Eddie e eu ficávamos no mesmo lado, porque Eddie era um cachorro sem-vergonha, como eu. Eu mandava os roadies até a plateia para pegar as garotas para as quais eu apontava. Durante o solo de guitarra do Eddie, que sempre durava uns vinte minutos, eu ficava com cinco ou seis garotas na minha barraca, pelados, todos nós, fazendo sexo brutal enquanto Eddie estava lá em cima fazendo o seu lance. Quando voltava para o palco, tinha que enfiar meu pau duro dentro daquelas calças apertadas. Eu usava meu roupão durante algumas das músicas seguintes. Isso acontecia todas as noites.

Desse jeito eu podia selecionar as melhores. Depois do show, seguíamos mandando ver. Eu transava tanto que chegava a um ponto em que eu não conseguia mais gozar. Eu passava duas ou três semanas sem gozar. Era como se eu estivesse vazio. Eu podia transar com cinco garotas a noite toda. Esse foi o melhor sexo que já tive na vida. John Kalodner adorava isso. Ele caía na estrada conosco e as enfileirava em seu quarto. Eu ia até lá como uma máquina. “Eu nunca vi nada assim antes”, dizia ele.

E então Kari apareceu na jogada. Eu a conheci no final da turnê de *For Unlawful Carnal Knowledge* em outubro de 1991. Eu tinha

EU TRANSAVA COM QUALQUER COISA QUE ANDASSE. EU TINHA MINHA PRÓPRIA BARRAQUINHA EMBAIXO DO PALCO.

transado com uma mulher diferente a cada noite. Nosso gerente de turnê, Scotty Ross, estava comemorando seu aniversário em Richmond, Virgínia. Leffler gostava muito dele e organizou uma festa para o Scotty na sua suíte do hotel.

Kari e duas de suas amigas foram à festa. Elas foram convidadas porque o namorado dela era o *quaterback* do Buffalo Bills, Jim Kelly, que conhecia o promotor do show. Eu estava tentando pegar uma de suas amigas, porque ela parecia muito mais disponível. Kari parecia ser uma garota divertida, muito legal, atraente, mas eu estava atrás de uma foda.

Betsy estava em casa, tomando seus remédios, redecorando a casa em Carmel, sua casa dos sonhos quase que nas falésias de Big Sur. Eu não queria voltar para casa.

Quando Kari disse que tinha que ir embora para julgar um concurso de beleza em uma casa noturna, Eddie e eu, ambos chapados, nos oferecemos para acompanhá-la. Mais tarde, voltamos para a festa de Ed Leffler. Eu estava alto e mamado, ainda tentando pegar a amiga da Kari, quando alguma coisa que estávamos comendo caiu no chão. Olhei para baixo e vi os pés da Kari. Eles eram como dedos — muito ossudos e, pensei eu, lindos, os dedos dos pés mais longos e bonitos que eu já tinha visto.

Voltei a olhar para cima. Não consegui me segurar.

— Você tem pés muito bonitos — disse eu.

Quando olhei para cima e vi seu rosto e seus olhos, eu me dei conta de como ela era bonita.

— Você gosta desses *cheetos*? — perguntou a amiga dela.

Ela chamava os dedos dos pés da Kari de "cheetos".

— Gosto, sim — respondi. — Eu enfiaria esses filhos da mãe na boca agora mesmo.

Comecei a dar em cima da Kari. Estava tudo legal. Estávamos nos divertindo e apenas conversando. No fim da noite, por volta das 2 da madrugada, eu a convidei para ir até meu quarto.

— Ah, não — disse ela. — Nós vamos acompanhar você até seu quarto. Você está acabado. Precisa descansar um pouco. Você tem um show amanhã.

Ela e suas duas amigas me acompanharam até o meu quarto. Eu abri a porta e ela me deu um rápido abraço. "Droga", pensei, "perdi todo esse tempo e estou indo para a cama sozinho?". Eu lhe perguntei se ela queria ir ao show na noite seguinte.

— Não posso — explicou ela. — Tenho que levar minha avó para um casamento.

O vocalista do Van Halen, atração principal no Hampton Coliseum, a estava convidando para um show e ela não podia ir? Ela ia levar a avó a um casamento? Eu curti aquilo. Ela me conquistou naquele exato momento.

— Que horas você vai sair? — perguntou ela. — Vou tentar voltar a tempo.

Eu lhe dei o pseudônimo que eu usava em hotéis. Ela telefonou na noite seguinte.

— Estamos voltando correndo — disse ela. — Vamos tentar chegar a tempo. Se não conseguirmos, coloque nossos nomes na lista. Estamos indo.

Elas chegaram bem a tempo e Kari estava usando um vestido de dama de honra. Elas foram para outra sala e começaram a tirar a roupa. Eu dei uma espiada. Elas não estavam peladas, ficaram só de calcinha e sutiã e depois vestiram calças jeans. Kari, para mim, parecia uma das mulheres mais bonitas que eu já tinha visto na vida. "Hoje à noite o bicho vai pegar", pensei.

Estávamos nos bastidores. Scotty Ross abriu a porta do camarim, ainda sofrendo os efeitos de sua festa de aniversário.

— Scotty, esta é a Kari — disse eu.

— Prazer em te conhecer — falou ele e vomitou no chão. Ali estava eu, com meu melhor comportamento de estrela do rock, e aquele sujeito entrou e vomitou por todo o chão do meu camarim.

Ela não ligou para isso. No banco traseiro da limusine, no caminho de volta do show, eu tentei beijá-la. Ela meu deu alguns selinhos. Eu passei meu braço por seus ombros e, por um segundo, vi seus joelhos. Kari tinha pernas longas e bonitas, braços e dedos das mãos e dos pés magros. Ela era uma linda mulher esguia e de pele suave. Seus joelhos pareciam feitos de porcelana. Eu me inclinei e beijei seu joelho.

Eu a deixei arrepiada. Ela ficou coberta de arrepios e eu vi.

— Isso foi encantador — disse ela.

De novo, eu a convidei para ir até meu quarto.

— Não, não posso passar a noite aqui — respondeu ela —, mas adoraria ver você de novo.

Opa. O bicho não vai pegar hoje à noite? Eu lhe dei um tremendo de um beijo. Trocamos números de telefone e, no dia seguinte, fui embora da cidade com a banda. Uns quatro dias depois, liguei para ela.

— Se eu enviar um avião para te pegar, você vem me ver no meu aniversário? — perguntei.

— Você está brincando? — exclamou ela. — É claro que sim. — Agora ela vai ter que dar para mim. Ela não tem nenhum lugar para ir. Eu mandei um jatinho buscá-la. Foi um negócio meio de última hora. Quando ela chegou ao local do show, eu já estava no palco. Eu a vi na lateral do palco e a porra do meu coração começou a bater mais forte. *Pow*. Eu me apaixonei. Eu a vi e foi tipo, *shazam*, ali estava ela, a mulher dos meus sonhos.

Eu vinha transando com um desfile interminável de garotas, quatro ou cinco vezes por noite e, de repente, mordi a isca. Eu a engoli. Estava no barco agora, me debatendo todo. Eu saí do palco enquanto o Eddie fazia seu solo e, em vez de ter quatro ou cinco garotas me esperando, fiquei ali sentado de mãos dadas com Kari como se fosse um menininho.

Depois do show, no camarim, o promotor e o Leffler tinham pedido um bolo gigante para meu aniversário, e uma stripper irrompeu pelada de dentro dele. Não uma stripper qualquer, mas a mulher mais gorda, mais feia, mais cheia de celulite que conseguiram encontrar. Não existe explicação para como uma garota com aquela aparência era capaz de fazer aquilo para ganhar a vida. Fiquei ali sentado, olhando para Kari, tentando ser um sujeito de classe e pensando que aquela aparição estava estragando tudo. Mas ela caiu na gargalhada. Eu pensei: "Eu amo essa garota".

Eu lhe disse que ela não iria voltar para casa e ela concordou em ficar mais alguns dias. Pedi que trouxessem minha bicicleta Red Rocker de dois lugares. Eu não conseguia ficar longe dela.

Quando ela voltou para casa, tentei ficar uma semana sem ela, para me testar. Não transei com nenhuma outra garota. Não ganhei um boquete. Não fiz nada, porque tudo o que eu queria era ela. Eu não conseguia aguentar. E estávamos prestes a voltar para casa para comemorar as Festas depois de quase quatro meses na estrada. Foi muito difícil.

Ela foi passar outra semana comigo na estrada. Eu estava exausto. Não queria ir para casa. Depois que ela passou aquela semana comigo, pronto. Eu estava frito. Estava apaixonado. Eu ia voltar para casa e fazer uma última tentativa com minha esposa. Cheguei em casa umas duas semanas antes do Natal de 1991. Betsy tinha arrumado toda a casa em Carmel. Fiquei três ou quatro dias, acordei no meio da noite e disse a Betsy que tinha que sair. Ela estava tomando seus remédios. Ela falou que tudo bem, que eu fizesse o que tinha que fazer — isso vindo da Betsy, a mulher mais ciumenta do mundo. Foi então que escrevi "Amnesty Is Granted"[8].

Decidi que afinal poderia deixar a Betsy, pois ela estava tomando tantos remédios que seria capaz, por fim, de lidar com a situação. Antes, eu nunca tive certeza disso. Um dos motivos de eu não a ter

8 A anistia foi concedida. [N.T.}

deixado antes é que eu me preocupava que ela pudesse se suicidar. Eu não queria que ela cometesse suicídio por minha causa. Eu não seria capaz de viver com isso. Betsy não é como as outras mulheres. Ela não pertence completamente a este mundo. Ela é inofensiva, vulnerável e sensível, mas tem dificuldades para funcionar. Ela não pode entrar em contato com pesticidas. Não pode comer certos alimentos. Ela é muito inteligente e talentosa, mas não é forte sob nenhum aspecto.

Por fim, em uma noite em Carmel, eu confrontei a Betsy. Desmoronei. Comecei a chorar. Eu lhe disse que estava indo para Mill Valley para colocar a cabeça no lugar e pensar em algumas coisas. Ela estava tão dopada por causa dos tranquilizantes e modificadores de humor que tratou isso como um evento corriqueiro.

— Tudo bem, querido. Você só precisa de tempo. Quando estiver pronto, volte para cá. Se você tiver uma namorada e quiser se mudar para casa com ela, tudo bem. Não ligo para as coisas que você fez. Está tudo bem.

Eu não contei a ela que tinha uma namorada, que tinha me apaixonado, que tinha transado com quase setenta e cinco garotas por semana e que de repente tinha me apaixonado. Eu não sabia como lidar com isso. Fazia muito tempo que eu não me apaixonava.

Entrei no carro e dirigi até nossa casa em Mill Valley. Telefonei para Kari e pedi que ela fosse me ver.

— Acabei de deixar minha esposa — contei.

— Ah, meu Deus, isso é terrível — exclamou ela —, mas estou com a minha avó, minha mãe e meu pai. Estamos começando nosso ritual de Natal. Acho que não consigo ir até aí.

Ela por fim concordou e eu lhe enviei uma passagem aérea. Fui buscá-la no aeroporto e fomos para minha casa em Mill Valley. Eu estava me sentindo tão desconfortável. Tudo aconteceu pouco antes do Natal, e deixar o Andrew, de cinco anos, estava partindo meu coração. Então Betsy telefonou. Ela havia decidido que precisávamos passar o Natal juntos.

— Estamos com uma árvore de Natal na traseira da picape — disse ela. — Andrew e eu estamos indo até aí. Temos uma árvore de Natal e um peru e estamos viajando para Mill Valley.

Betsy tinha uma picape que eu havia reformado para ela, uma velha picape Chevy 1953 montada em cima de uma unidade de tração nova. Betsy, a garota dos cavalos, adorava a picape. Era uma viagem de carro de duas horas. Ela não tinha entendido uma palavra do que eu tinha dito sobre deixá-la.

Eu não podia estar lá quando Betsy e Andrew chegassem. Kari e eu pulamos no carro e fomos direto para o aeroporto. Primeiro, viajamos de volta para ver os pais dela, onde ela teve que se desculpar com os avós por ter perdido o Natal. "Se eu fizer isso, você vai ter que conhecer meus pais", disse ela. "Você vai olhar minha avó nos olhos e dizer: 'Quero que sua menina venha comigo. Sinto muito. Este é o primeiro Natal da vida dela que ela não vai passar com vocês'."

Viajamos de volta a Richmond, Virgínia, e eu conheci os pais dela. O padrasto dela estava puto da vida ("Aquele filho da puta", eu o ouvi dizer do outro cômodo, "quem ele pensa que é?"). Nós nos tornamos bons amigos depois, mas ele não gostou de eu ter fugido com sua filha. Partimos para as Ilhas Virgens, para um resort francês chamado La Samanna. Eu estava me escondendo. Apenas Leffler sabia onde eu estava.

Nós nos apaixonamos. Ficamos um mês lá. Eu continuava telefonando para Betsy a cada poucos dias. Ela não compreendia que eu a tinha deixado para sempre. Ela me dizia para ficar o tempo necessário e voltar para casa quando estivesse pronto. Pelo que eu podia perceber, Betsy nunca recuperou seu estado mental. Ela é muito inteligente e sensível, muito bondosa, e uma ótima mãe. Mas eu sentia que havia um parafuso solto que se recusava a ser apertado de novo.

Quando afinal contei o que tinha acontecido para o irmão dela, Bucky, suas primeiras palavras foram: "Não sei como você aguentou tanto tempo".

9

BEM AQUI, BEM AGORA

A TURNÊ DE *FOR UNLAWFUL CARNAL KNOWLEDGE* tinha sido a nossa maior até então. Vendemos todos os ingressos com bastante rapidez. Estávamos fazendo dois ou três shows em anfiteatros, uma tendência crescente no mercado dos shows de rock dos anos 1980, aqueles buracos enormes escavados em terras suburbanas com o dobro da capacidade das arenas fechadas (universalmente conhecidos na indústria como "barracões").

Ao final da turnê de *For Unlawful Carnal Knowledge*, tínhamos decidido gravar o disco ao vivo, *Right Here, Right Now*, mesmo que só para ter um disco para lançar depressa. Gravamos e filmamos *Right Here, Right Now* em Fresno mais para o final da turnê. Depois daquele Natal com Kari, ela e eu partimos em uma nave espacial. Viajamos para Maui e ficamos lá por três meses e, enquanto Kari e eu estávamos em nossa nave espacial, os irmãos Van Halen deveriam estar no estúdio mixando o disco ao vivo. Deveria ter sido simples, mas os idiotas dos irmãos decidiram levar o álbum ao vivo, porque eles estavam entediados demais, de volta ao estúdio.

Foi então que começamos a bater de frente. Em retrospecto, consigo entender o que aconteceu. O casamento do Al estava acabado. O casamento do Eddie tinha passado por dificuldades havia algum tempo, ou pelo menos é o que Valerie dizia. Chegou a um ponto onde Eddie ficava chapado quase que o tempo todo. Eddie foi para a Betty Ford Clinic. Ele fez reabilitação algumas vezes. Nunca durava mais do que umas duas semanas. Quando Al parou de beber, ninguém fez nada para mudar. Eddie sempre bebia na frente dele. Mas, quando Eddie saía da reabilitação, de repente a regra era nada de bebida no estúdio, não que eu ficasse por lá bebendo cerveja. Às vezes, depois que acabávamos de gravar, eu levava uma garrafa de tequila, e Mike e eu tomávamos algumas doses, dávamos risada e nos divertíamos. E, claro, Ed também bebia. Ele não estava sóbrio. Ele deixava tudo escondido no estúdio, com a Valerie na casa ao lado.

Ele nunca queria que eu voltasse para casa. "Por que você tem que ir para casa agora?", perguntava ele. "Espere um pouco, tenho mais uma coisa. Não gostei dessa parte. Temos que regravar isso. Você precisa cantar essa parte de novo." Ele queria me manter ali até o mais tarde possível, porque não queria ir para casa. Porque, assim que fosse para casa, ele não poderia voltar a sair e acessar seu estoque. E assim que meu carro saía da garagem e Valerie via as luzes, ouvia o motor e o portão abrir e fechar, ela sabia que eu tinha ido embora. Chegou ao ponto em que ele sempre ficava bêbado até tarde da noite e fazia comentários estúpidos, porque estava fora de controle. Sempre havia um motivo. Ele nunca admitia que queria que eu ficasse porque ele não queria ir para casa. A Valerie estava em casa, ele estava no estúdio. A Valerie saía, ele estava em casa, bebendo.

À medida que a confusão crescia, nossos conflitos pioravam. Eddie Van Halen, que tinha sido o sujeito humilde sob o domínio do irmão mais velho, queria assumir o controle da banda. Ele sempre tinha sido um pouco passivo-agressivo, mas ficou difícil lidar com ele. Ele podia ser humilde e evitar confrontos, mas depois agia pelas minhas costas e reclamava para Leffler que eu não estava dando duro o suficiente.

E foi isso que aconteceu quando Kari e eu fomos ao Havaí. Os irmãos Van Halen começaram a surtar, me criticando bastante por eu não estar lá para ensaiar as novas sessões de estúdio com eles. Eu tinha largado minha esposa e agora não queria ir até lá ensaiar. Pro inferno com aquilo.

O problema era que eles tinham regravado o álbum ao vivo quase inteiro. Eles estavam acertando as coisas porque Eddie estava desafinado ou porque Al tinha acelerado ou diminuído o ritmo. Eles consertaram tudo. Só que agora que Eddie estava tocando na afinação certa, meus vocais estavam desafinados. E onde Al tinha apressado o passo em "Runaround", agora eu estava cantando à frente da batida. Agora eu tinha que voltar para o estúdio e refazer todos os meus vocais. Eu queria matar aqueles caras.

Kari e eu viajamos do Havaí de volta a Los Angeles. Eu disse para o Eddie ficar longe de lá. Eles me colocaram em uma sala com o vídeo do show, me deram um microfone e eu fiquei ali e cantei a porra do show inteiro de uma vez só. Exatamente como se fosse uma apresentação ao vivo. Eu praticamente não voltei para arrumar nada. Eu demorei três horas para fazer e depois fui jantar.

Os irmãos ficaram putos. Eles começaram a fazer análises microscópicas, tentando encontrar partes que não estivessem satisfatórias, que precisassem ser consertadas de novo. Quando eles encontravam alguma coisa, eu ia até lá e arrumava. Vai se foder.

Nesse meio-tempo, enquanto Kari e eu curtíamos a vida e algumas paradas estrangeiras, Betsy pediu o divórcio. Eu não tinha voltado para casa desde que havia ido embora no Natal. Fiquei de coração partido por ter deixado Andrew, meu filho de cinco anos, para trás e ainda demorariam alguns anos para que eu voltasse a vê-lo. A separação não seria amigável. Seria difícil e cara. Betsy contratou um advogado que examinou tudo em detalhes. Ele queria pagar um engenheiro de gravação para revirar e catalogar todas as músicas não gravadas e ideias para possíveis canções nas fitas que eu tinha em casa, caso eu escrevesse alguma música no futuro baseada no material que eu tinha começado quando ainda éramos casados. Tentei evitar aquilo tudo com uma oferta de acordo que, na verdade, teria lhe rendido mais dinheiro do que ela acabou conseguindo três anos e milhões de dólares em honorários de advogados depois.

Leffler encontrou uma maneira para que eu pagasse o acordo todo de uma tacada só. Ele me disse que a Geffen pagaria uma grande quantia por uma coletânea — eu nunca tinha lançado uma — e, se eu escrevesse umas duas músicas novas, haveria adiantamentos generosos de direitos autorais para cada uma delas. Ele arranjou tudo para que esse único disco com as duas músicas inéditas pagasse por todo o divórcio.

Fui conversar com meu advogado, que tinha redigido o contrato e, sentados em seu escritório, lado a lado, como costumavam fazer quando se sentiam inseguros, estavam Eddie e Al. Eles não queriam que eu lançasse o álbum. Eu lhes disse que iria lançá-lo e que ele pagaria meu divórcio. Eles argumentaram e argumentaram. Disseram que seria ruim para a banda. Não foi como se eles tivessem dito alguma coisa na minha cara. Eles eram pessoas que preferiam agir pelas costas. Eles tiveram algumas conversas, foram deixando a si mesmos preocupados, começaram a surtar e passaram a procurar maneiras de me impedir de fazer uma coisa que eu queria fazer. Eddie não entendia nada de finanças. É provável que ele sequer soubesse onde seu dinheiro estava. Quando meu advogado mencionou algo sobre eu receber uma quantia de um contrato de direitos autorais, Eddie quis saber como ele poderia conseguir um. Eu lhe disse que ele já tinha um contrato de direitos autorais. Eles apenas não queriam que eu fizesse alguma coisa que eles não podiam controlar. Não demorou muito para que começassem a perguntar a seus próprios advogados sobre a possibilidade de me processar ou de me expulsar da banda.

EMBORA A TURNÊ TENHA SIDO GRANDE, OS IRMÃOS VAN HALEN AINDA VINHAM COM AQUELA CONVERSA DE QUE EU NÃO ESTAVA FAZENDO O SUFICIENTE.

VISTO QUE *RIGHT* *Here, Right Now* seria um disco duplo, a Warner Bros. aumentou seu preço, o que acabou prejudicando suas vendas. Ele alcançou o quinto lugar das paradas, nosso primeiro disco a não alcançar a primeira posição. No verão de 1993, fizemos outra turnê enorme para promover o disco ao vivo e ganhamos uma tonelada de dinheiro com ela.

Embora a turnê tenha sido grande, os irmãos Van Halen ainda vinham com aquela conversa de que eu não estava fazendo o suficiente. "Se você pudesse cantar cinco noites por semana, pense em quanto dinheiro ganharíamos." Eles não estavam nem aí para a minha voz. "Se você não consegue cantar, só dance", diziam eles.

Começamos a discutir com mais frequência, e nosso relacionamento já não era mais tão amigável. Depois de algum tempo, comecei a viajar sozinho. Voltava para casa sozinho e depois retornava. Eu me hospedava em hotéis diferentes. Mais para o final da turnê, Eddie e eu já não estávamos nos entendendo.

O que complicou as coisas foi o fato de Ed Leffler ter ficado bastante doente na metade daquela turnê. No começo dela, ele tinha encontrado um tumor na garganta; era um câncer. Ele fez uma cirurgia para retirá-lo e voltou direto para a turnê. Ele até parou de fumar por algum tempo, embora isso não tenha durado. Mas dava para perceber que ele não estava muito bem. Ele estava sempre suando, um pouco pálido e perdendo peso.

O câncer voltou. Ele o tratou com quimioterapia e radiação, e o câncer se espalhou. Ele estava condenado. Tudo aconteceu em questão de semanas. Ele passou de um cara em turnê conosco, comendo a mulherada, cheirando coca, bebendo, se divertindo, na casa dos cinquenta anos, para alguém que iria morrer. Ele estava fraco e doente, mas ficou na estrada conosco.

Fizemos os dois últimos shows da turnê em agosto de 1993 em um anfiteatro em Costa Mesa, na periferia de Los Angeles. Eu estava me sentindo triste por causa do Leffler, então decidi mudar a música acústica que eu costumava tocar, "Eagles Fly", para "Amnesty". Visto que estávamos de volta em nossa cidade, todos os amigos encrenqueiros do Eddie apareceram com drogas e mulheres, e ele estava chapado. No meio da minha música, ele decidiu que precisava trocar as válvulas de seu amplificador. Eu estava no palco tocando aquela música e o Eddie, entrando em pânico, desmontando seu equipamento atrás de mim. Eu estava tentando tocar uma música emotiva e aquilo estava me irritando. Tentava tocar violão e cantar "Amnesty Is Granted" e Eddie verificando o tom para ver se as válvulas estavam funcionando, pra lá de chapado.

Eu saí do palco e o agarrei, saímos no braço, mas Leffler apartou a briga. Eu saí para o bis, esperando o Eddie. Eu daria uma surra nele bem naquela hora. Leffler me empurrou para o banco traseiro de um carro que me levou embora. Mais tarde, recebi uma ligação do Al me dizendo que não só aquela tinha sido a primeira vez que não tínhamos feito um bis, como também Ed Leffler tinha desmaiado. Suas pernas ficaram dormentes, ele caiu e não conseguiu se levantar. Eles o mantiveram deitado.

Eddie se desculpou e eu voltei na noite seguinte. Ele era assim. Ele fazia a pior cagada que você pudesse imaginar, mas no dia seguinte se humilhava e lamentava, chorava e te abraçava. Era fácil perdoar o cara, porque ele descia até o chão com sua humildade. No outro dia? Um cara completamente diferente.

Na noite seguinte, o último show da turnê e nosso segundo em Costa Mesa, fizemos um dos melhores shows que já tínhamos feito. Estávamos exaustos, pra lá de cansados. Era o fim da turnê. Subimos no palco e tocamos com uma energia que não sentíamos havia muito tempo. Fizemos um show bastante comovente. Todos tocaram as músicas com o coração. Não fizemos um show qualquer. Detonamos os bis e o lugar veio abaixo. No dia seguinte, Ed Leffler foi internado.

Fizemos muitas coisas loucas para tentar manter Leffler vivo. Eu encontrei uma mulher que levava amostras de urina para o México, onde eles retiravam os neurotransmissores de sua urina e a devolvia em pequenos frascos. Era preciso injetá-la todos os dias, no músculo, não de forma intravenosa. Eu obriguei Ed a fazer isso. Eu fiz isso junto com ele. E então havia uma gosma, um lodo roxo que deixava sua pele violeta. Colocamos os pés dele nessa coisa, supostamente para sugar todas as toxinas do corpo. Tentamos de tudo. Ele estava caminhando, respirando oxigênio de um tanque.

Nós o mantivemos vivo durante um mês, talvez, com todas essas coisas diferentes. Ele não tinha nenhuma esperança. Leffler só olhava para você e dizia: “Claro, tudo bem, vou tentar”. Ele era um sujeito muito inteligente, mas não acreditava em mandingas.

Em outubro, eu estava me preparando para ir ao México com Michael Anthony para comemorar meu aniversário. Fui visitar Leffler no hospital um dia antes da viagem. Ele estava péssimo, tomando morfina. Estavam retirando um litro de fluido de seus pulmões por dia. Ele me pediu para massagear suas mãos. Ele não conseguia sentir nada. Enquanto estava massageando as mãos de Leffler, lhe perguntei quem deveríamos chamar para empresariar a banda. “Só fiquem longe de Howard Kaufman”, disse ele.

Eu não consegui acreditar. Howard Kaufman empresariava a banda de rock de Seattle com as duas irmãs Wilson, o Heart, e Leffler guardava rancor de algo que tinha acontecido algum tempo antes, quando Kaufman tinha tirado o Heart e todas as outras bandas que ele empresariava da minha agência de viagens porque ele achava que Leffler era o dono. Leffler não ligava para quem iria nos empresariar depois que morresse, mas levou seus inimigos para o túmulo.

Dois dias depois, Eddie e Al me telefonaram no México para dizer que se eu quisesse ver Leffler vivo de novo, era melhor eu voltar. Eu tinha uma grande comemoração planejada para o meu aniversário e não queria ir embora. Telefonei para o hospital e conversei com Leffler, que me disse que tudo estava bem, para eu ficar onde estava.

Na noite seguinte, eu estava indo tocar no restaurante com meu irmão e senti um vento gelado passar por mim. Olhei para meu irmão.

— Uau, eu acabei de ser dominado por uma sensação de solidão, nunca me senti tão sozinho assim na vida — disse eu.

Não pensei que Leffler tivesse morrido. Não estava pensando em Ed Leffler. Para ser honesto, eu estava pensando no show. Saí para uma noite linda e quente em Cabo, e alguma coisa passou direto por mim. Eu me senti como se fosse a única pessoa no planeta.

Eu recebi a ligação no clube. Leffler tinha morrido. Igualzinho meu pai. Meu irmão estava lá — ele viu acontecer. Eu fiz o show e peguei um avião na manhã seguinte. Fui ao enterro e fiz um pequeno discurso em homenagem ao Leffler. Quando ele morreu, colocaram um grama de coca e uma garrafa de uísque J&B no caixão. Seus amigos eram grandes figuras. Eles não estavam sendo levianos ou indiferentes, mas eles faziam coisas loucas como essa. Esse foi o fim de Ed Leffler.

97.9
Loop

10

CABO WABO

EM DEZEMBRO DE 1983, eu vi uma foto na revista *People* do casamento de Keith Richards e Patti Hansen. Eles estavam posando ao lado da piscina do Twin Dolphin, na época o único hotel de verdade em Cabo San Lucas, México, e eu achei que o visual era demais. Ele sempre foi um dos meus heróis, e eu disse a Betsy que deveríamos ir até lá, dar uma olhada no lugar.

Havia apenas um voo por semana para lá — um de chegada e um de partida — e dois lugares para ficar com estradas de terra a partir do aeroporto até o Twin Dolphin. Não havia telefones, jornais, televisões nem ar-condicionado. Para fazer um telefonema, era preciso ir até a companhia telefônica no centro da cidade e pagar por minuto depois que eles fizessem a ligação para você.

Quando Keith viajou até lá para o casamento, ele tinha planejado ficar uma semana, mas acabou ficando três meses. A família dele voltou depois de umas duas semanas, mas ele ficou, dormindo no chão da casa de algumas pessoas. Jorge Viaña, o porteiro do Twin Dolphin, que algum tempo depois se tornou o gerente do Cabo Wabo, levava Keith para tudo quanto era lugar. Keith gostava de ficar com as bandas de mariachi. Eles não sabiam quem ele era, aquele gringo louco com roupas rock-and-roll , mas ele bebia tequila no gargalo e distribuía notas de cem dólares, então eles o adoravam.

Keith pegou o carro de Jorge emprestado para ir até a cidade e fazer um telefonema, uma distância de 11 km do Twin Dolphin até o centro. Ele não voltou. Ninguém tinha carros por lá, mas Jorge afinal convenceu o gerente a levá-lo até o centro depois da meia-noite para procurar o Keith e seu carro. Ele viu o carro dele estacionado em um posto de combustível, fechado já havia algumas horas. Ele espiou o interior e ali estava Keith, desmaiado no chão ao lado de um funcionário do posto, duas garrafas de tequila vazias ao lado deles. Ele provavelmente parou para abastecer e, talvez, pedir informações.

Betsy e eu viajamos para lá pouco depois que li a respeito do casamento do Keith, e me apaixonei pelo lugar. Era tão imaculado e bonito. Você caminhava pela praia e uma onda quebrava na margem e arremessava um pargo rosa de 2,5 quilos na areia. Tudo o que você precisava fazer era se abaixar e pegar. Você podia mergulhar com snorkel perto das rochas e pegar ostras. Era quase possível pescar peixes com as próprias mãos. Não havia ninguém em um raio de quilômetros.

O lugar ficava praticamente fechado durante o verão e, se você não quisesse comer a comida medíocre de um dos hotéis, sua melhor opção era uma barraca local que vendia tacos ou a casa de alguém. Os latinos são muito hospitaleiros quando o assunto é convidar desconhecidos para comer em sua casa, mesmo pessoas que eles conhecem na rua. Eu costumava ir à casa das pessoas e comer, o tempo todo, em Cabo.

Enquanto estive por lá, encontrei um lugar na periferia da cidade, chamado Guadalajara, uma pequena *palapa*[9], sem janelas, sem

9 Uma construção ao ar livre com o teto de palha seca e suportes de madeira de palma. [N.T.]

portas. Galinhas corriam por toda parte. Eu me sentei e, em meu péssimo espanhol — Betsy sabia falar espanhol muito bem, mas eu estava perdido — perguntei:

— O que vocês têm?

— *Pollo, frijoles, arroz* e *cerveza*, batata frita, salsa — respondeu o homem. No lado de fora, andando na rua do outro lado da marina, ele viu dois garotos, com não mais de oito anos, carregando um grande peixe-espada em um espeto enfiado pelos olhos. Cada garoto segurava uma ponta do espeto e os dois estavam arrastando o peixe enorme. O sujeito se virou. — *Y pescado fresco* — disse.

Ele andou até as crianças, lhes deu um pouco de dinheiro, pegou uma faca e, *vap, vap*, cortou alguns filés grandes daquela coisa. Eles continuaram descendo a rua até o restaurante seguinte com o peixe que o pai deles tinha acabado de pescar. Eu pedi o peixe. Achei que tinha morrido e ido para o céu. Essa foi a coisa mais legal que eu já tinha feito na vida — ficar sentado ali, tomando uma gelada, sem nenhum carro por perto, galinhas correndo por toda parte. Você jogava migalhas no chão, as galinhas as comiam. Se você vê uma galinha na grelha, você sabe de onde a coitada saiu.

Mais ou menos na terceira vez que viajei para lá, ainda antes de eu ter me juntado ao Van Halen em 1985, Jorge me levou para a cidade. Eram estradas de terra para tudo quanto era lado. Não era possível dirigir por lá. Você ficava sem gasolina entre os postos de combustível. A primeira vez que dirigi por lá, tivemos que dormir na rua ao lado de um posto, esperando que ele abrisse. Não havia nada ali a não ser barraquinhas que faziam as vezes de restaurantes, mas era possível ver a marina de qualquer lugar no centro da cidade. Eu decidi que queria construir um bar. Eu já tinha experimentado a verdadeira tequila e me apaixonado pela coisa. Pedi ao Jorge que encontrasse uma propriedade para mim. Mandei instalar um telefone na casa do Jorge, para que pudéssemos manter contato. O fio foi puxado a partir do telefone da companhia telefônica, enrolado em volta de placas de trânsito de pare e levado até a casa dele. Felizmente, ele morava bem no centro.

Havia um novo conjunto residencial, chamado Terrasol, sendo construído no trecho mais bonito da praia. Havia apenas um condomínio concluído quando o vi pela primeira vez, mas comprei uma unidade na hora, me mudei para lá e fiquei todo o verão. Naquela época do ano, Cabo era uma cidade fantasma. Tudo estava fechado. Na maioria das vezes, não era possível encontrar um restaurante aberto. Todas as unidades do condomínio estavam vazias. Eu tinha alguns acres de praia e uma piscina enorme só para mim.

Eu também comecei a viajar para lá em outubro, porque o aniversário do meu irmão é no dia 8 de outubro, o da minha irmã é no dia 11 de outubro e o meu é no dia 13 de outubro. Eu levava minha mãe, meu irmão e minhas irmãs e respectivas famílias para o Twin Dolphin, e comemorávamos nossos aniversários durante duas semanas. Bucky enviou uma das minhas mountain bikes turbinadas e eu pedalava pelas estradas de terra ao redor de Cabo todos os dias.

Em determinado ano, Jorge me contou a respeito de um triátlon que estava sendo organizado pela base militar local, mas que era aberto a pessoas de fora. Eu me inscrevi. A cidade estava oferecendo um prêmio de mil dólares em dinheiro, então a corrida atraiu muitos interessados. Praticamente toda a cidade apareceu na marina para assistir, enquanto cerca de cento e cinquenta competidores lotavam o cais onde eles fariam a primeira volta a nado, quatrocentos metros ao longo da baía. Eu estava usando um suporte de bolas, uma sunga regulamentar, mas todos os outros ficaram só com as roupas de baixo ali mesmo e pularam na água. Fiquei para trás. Muitas dessas pessoas não sabiam nadar e ficaram espadanando e se debatendo.

Eu mergulhei e atravessei a baía a nado. Quando saí da água, havia um sujeito baixinho e atarracado que começou a correr pela praia, me deixando na poeira, mas eu estava na frente com os quatro ou cinco melhores. Chegamos à terceira parte, o trecho de bicicleta, e Jorge estava esperando, segurando a minha. Apenas metade das pessoas que ainda estavam na competição, correndo pela praia atrás de nós, tinham bicicletas. Eu não sabia o que os outros iriam fazer. As poucas bicicletas que tinham eram latas-velhas detonadas, grandes e pesadas, algumas sequer tinham pneus, e eu tinha aquela mountain bike leve de dez marchas. Eles nunca tinham visto nada como aquilo por lá. Eu estava começando a me sentir o maior otário do mundo. O sujeito baixinho e atarracado estava se arrastando à minha frente com seu monte de aço imprestável. Ele estava se matando para subir a colina quando passei voando por ele usando minhas marchas intermediárias.

Terminei tão à frente que estava respirando quase que normalmente quando ele por fim passou pela linha de chegada. Olhei para o Jorge e entreguei o troféu e o dinheiro para o sujeito corpulento. Ele pegou os dois, se virou e levantou as mãos acima da cabeça como se tivesse vencido a corrida. Ele sequer agradeceu. Jorge e eu rimos disso durante dias.

Quanto mais tempo eu passava por lá, melhor ficava e, assim que entrei para o Van Halen, Cabo se transformou em uma parte importante no meu processo de composição das músicas. Eu tocava as músicas novas com Ed, Al e Mike e escrevia as letras de improviso. Em seguida, eu ia para Cabo. Relaxava na praia, terminava as letras, voltava e gravava meus vocais.

Algumas das músicas do *OU812* tinham, na verdade, saído de minhas sessões de composição por lá. “Sucker in a 3 Piece” teve sua origem em Cabo. Vi uma garota estonteante, que era casada com um cara velho, ao lado da piscina do Twin Dolphin, e essa garota ficou me mandando vários sinais, mesmo que eu fosse casado e ela estivesse com aquele sujeito rico, o “Sucker in a 3 Piece”, ou *otário em um terno de três peças.*

Em determinado domingo, por volta das 9h30, eu estava dirigindo até minha barraca de taco favorita para tomar café da manhã, descendo uma estrada de terra com uma cerca de arame farpado. Um sujeito estava cambaleando no meio da estrada à minha frente. Eu não conseguia passar por ele. Ele primeiro ricocheteou da cerca para a estrada à minha frente, e depois quicou de volta para o arame farpado. Havia sangue escorrendo pela sua perna e ele estava sem um dos sapatos. Era um dos habitantes locais que estivera acordado a noite toda bebendo mescal. Eu o observei avançar pela estrada desse jeito e me ocorreu — esse cara está andando no estilo Cabo Wabo. Peguei meu bloco de anotações e escrevi a letra. *Been to Rome, Dallas, Texas, man, I thought I'd seen it all — round the world, every corner, man, I thought I'd hit the wall.*[10] A música inteira se despejou para fora de mim: "Cabo Wabo".

Visto que eu tinha um dos poucos telefones em Cabo, liguei para o Eddie e disse:

— Eddie, ouça isto.

Escrevi a música, na minha cabeça, em cima do instrumental de "Make It Last", uma das primeiras músicas que escrevi no Montrose. Eu a cantei para ele pelo telefone.

— Ah, cara, ouça isto — disse ele. — Al e eu pensamos nisso ontem à noite. — Ele tocou algumas partes instrumentais que se pareciam muito com "Make It Last".

Ao telefone, aquilo funcionou. Voltei para Los Angeles mais cedo para cantar aquela música. Eles a tinham gravado enquanto eu estive viajando. Entrei no estúdio. Peguei um microfone. Eu ia só improvisar, mas li a letra escrita nas minhas anotações do começo ao fim, e essa música foi concluída. No *OU812*, meu vocal soa um pouco esquisito por causa daquela porcaria de microfone, mas foi uma tomada tão perfeita que decidimos mantê-la.

---

10 Estive em Roma, Dallas, Texas, cara, achei que tinha visto de tudo — ao redor do mundo, por toda parte, cara, achei que tinha dado de cara em um muro. ([N.T.]

DEMOROU QUASE QUATRO anos, mas Jorge por fim encontrou um terreno para o bar que eu queria construir, mas iria sair caro. Ainda que estivesse no Van Halen, eu não tinha dinheiro suficiente para um projeto de um milhão de dólares, estava mais para um projeto de meio milhão de dólares. Mas, mesmo assim, ainda era muito dinheiro para investir em uma cidade com estradas de terra e nenhum telefone.

No entanto, a cidade tinha crescido um pouco. Nenhuma das ruas secundárias era pavimentada, mas a estrada que levava à cidade e parte dela que a cruzava tinham sido pavimentadas. O pessoal vibrante de Hollywood começou a descobrir a cidade. Os hippies estavam viajando para lá. Não era mais um vilarejo pesqueiro. Donos de barcos e pilotos de aviões particulares descobriram o lugar. Aviões particulares aterrissavam em uma pista de pouso de terra. Caminhando pela cidade, era possível perceber o potencial, ele só não estava lá ainda.

Eu sabia que iria chamar o bar de Cabo Wabo. Já tinha escrito a música. Ele seria um bar de tequila, um lugar pequeno com um palco. Pedi a Jorge que encontrasse um arquiteto, e ele encontrou Marco Monroy Jr., filho do projetista do Terrasol, que eu já havia conhecido. O pai dele tinha me mostrado uma antiga fábrica de sardinha fedorenta pouco antes, quando eu estava procurando um terreno. O filho dele tinha se formado na faculdade havia pouco tempo e estava começando a trabalhar para o pai. Ele tinha construído algumas das casas mais legais dali. Eu o contratei.

Marco desenhou as plantas, que pareciam fantásticas. Achei que a construção tinha 3 mil pés quadrados, ou 278 metros quadrados, mas Marco e Jorge estavam falando em 3 mil metros quadrados. Eu achava que haveria bastante espaço para um estacionamento grande. Quando eles prepararam a fundação, o lugar era três vezes maior do que eu tinha imaginado. Eu estava pensando em um salão agradável e pequeno com capacidade para cinquenta ou sessenta pessoas, cento e cinquenta no máximo.

Com tudo encaminhado, os planos para o meu bar tinham começado a dominar grande parte do meu entusiasmo, e Eddie e Al não deixaram de perceber. Por fim, Ed Leffler me contou que os outros caras do Van Halen estavam começando a se sentir excluídos. Ele me puxou de lado e com delicadeza sugeriu que eu os chamasse para serem meus sócios no bar.

— Você quer o verdadeiro apoio da MTV, você quer a imprensa, você quer a publicidade — disse ele. — Peça aos caras para fazerem parte do negócio.

Fizemos uma reunião e todos eles, incluindo Leffler, decidiram entrar como sócios igualitários. Cada um me deu setenta mil dólares para reembolsar o dinheiro que eu já tinha investido.

Deu certo. O Van Halen tocou na grande inauguração de gala em um fim de semana em abril de 1990. A MTV gastou milhões de dólares em propaganda. Eles gravaram comerciais e realizaram concursos. Até fretaram um avião para levar muitas pessoas lá. Raquel Welch estava presente. Brad Delp do Boston, Steve Lukather do Toto. Toda a cidade ficou em polvorosa.

O surto de Betsy no avião tinha acontecido no ano anterior e ela não tinha viajado de avião desde essa época. Quando aconteceu a grande inauguração do bar, ela estava no início de sua recuperação e a medicação estava começando a fazer efeito, mas ela se recusava a embarcar em um avião. Eu ainda tinha meu avião, mas não podia fazer a viagem nele sem ela. Comprei um trailer para levar todos nós para a grande inauguração. Pedi que meu cunhado e minha irmã fossem comigo, Betsy, a babá e as crianças. Foi uma viagem de três dias. Essa foi a segunda vez que eu dirigia até lá e foi uma viagem difícil. Quando chegamos, eu estava com vontade de matar a Betsy. Na metade da viagem, mandei meu avião até Cabo com o psiquiatra dela, nosso médico, e suas famílias, e alguns amigos meus. Coloquei oito pessoas naquele filho da mãe e os mandei para lá enquanto eu dirigia a porra de um trailer de 10 metros durante três dias.

Betsy adorava Cabo, mas tinha medo de tudo. Ela temia ter outro ataque de pânico. Ela não tinha viajado para lá desde seu surto na última vez. Estava nervosa em voltar para o mesmo condomínio em Terrasol. Ela estava em péssimas condições. Estávamos na periferia da cidade, a vinte minutos do condomínio, mostrando aos nossos convidados uma de suas praias favoritas, e ela começou a ficar transtornada. O psiquiatra sugeriu que eles fossem caminhar na praia.

Ela estava tremendo e ele estava tentando acalmá-la. Enquanto eles caminhavam pela praia, ficamos sentados por ali, tentando lhes dar espaço. Eu praguejei. Perdi a cabeça. A pressão da grande inauguração, e os rapazes do Van Halen viajando para lá pela primeira vez. Eles também estavam surtando — O quê? Nenhum telefone no quarto? O que você quer dizer, sem serviço de quarto? Caminhei enfurecido até onde Betsy e seu psiquiatra estavam conversando.

— Que se foda — eu disse ao psiquiatra. — Tenho coisas para fazer. Vamos embora daqui agora. — Na verdade, ela até mostrou alguma reação. Eu a despertei. Voltamos para o condomínio, e eu soube ali que não podia pegar muito pesado com ela.

Fomos fazer a passagem de som. O médico de Betsy foi junto. O sujeito nunca tinha me visto tocar antes. Ele era apenas um psiquiatra que conhecia o Eddie. O médico ficou boquiaberto com a passagem de som. “Nunca vi nada parecido na minha vida”, comentou ele.

O fim de semana da inauguração foi ótimo. O Van Halen fez dois shows. Recebemos a MTV e uma emissora de TV mexicana. Foi algo muito importante, mas que azedou quase de imediato.

Durante a primeira semana, tudo correu muito bem. Assim que fomos embora e a cidade esvaziou, ninguém foi ao bar. Os habitantes locais não foram ao Cabo Wabo. Nosso restaurante não era lá grande coisa, tínhamos apenas um grande bar de tacos. Servíamos bebidas. Não havia muita coisa para fazer ali. Não tínhamos uma banda ao vivo. Tocávamos música pelo sistema de som. Era uma câmara de eco de 130 metros quadrados. Era escuro. Tínhamos muitas luzes suaves e tudo era preto. O lugar na verdade ainda não tinha nenhum charme. Construímos o lugar e o abrimos. Marco não estava envolvido. Jorge, que nunca tinha feito nada como aquilo antes, estava gerenciando o negócio. Um avião costumava chegar uma vez por semana, e então haveria algumas pessoas na cidade. O lugar ia bem, mas não tão bem, em um ou dois dias da semana. Nos outros dias, o lugar ficava vazio.

As camisetas venderam bem assim que inauguramos. Nunca conseguíamos fazer com que Jorge enviasse o dinheiro das camisetas. Jorge teve que parar porque não tinha mais dinheiro para comprar mais camisetas. Ele não tinha dinheiro para comprar mais bebida, mais comida, pagar os funcionários. O lugar estava afundando. Estávamos perdendo em torno de dez mil dólares por mês, o que é bastante dinheiro. Jorge não sabia o que estava fazendo.

Leffler ainda estava vivo e saudável enquanto tudo isso se desenrolava. Ele viajou até lá para resolver as coisas, e no avião conheceu o Cabeça de Vento, que era filho do dono de um hotel em outra cidade. Eu o conhecia desse hotel. Ele se sentava ao bar e bebia o dia inteiro. Leffler despediu Jorge e colocou o Cabeça de Vento no comando. Não adiantou porcaria nenhuma. Ele tinha mais tino para os negócios, mas o sujeito usava drogas e bebia, e os *Federales* o estavam extorquindo porque sabiam que ele estava traficando.

O Van Halen tocou no Cabo só mais uma vez, depois de um show na Cidade do México em 1992, no segundo aniversário do bar, mas Mikey e eu costumávamos levar David Lauser até lá para tocar na minha festança de aniversário todos os anos em outubro. Eddie e Al não estavam satisfeitos com o lugar. Todas as vezes que eles davam as costas, saíamos pedindo dinheiro para todo mundo. Cada um deles investiu mais dez mil em umas duas ocasiões. Isso sustentava o lugar por mais ou menos seis meses. O bar estava perdendo mais de cem mil dólares por ano. Depois dessas duas ocasiões, eles disseram que não iriam investir mais nada no bar.

Por fim, Mike e eu decidimos que toda vez que o bar precisasse de dinheiro, nós iríamos até lá e tocaríamos. Fazíamos dois ou três shows, o lugar ficava lotado. Cobrávamos cinco dólares de entrada. Foi assim que mantivemos o bar aberto. Tocamos no bar cinco vezes naquele ano e nunca mais precisamos investir mais dinheiro nele.

Certa noite, nosso gerente Cabeça de Vento perguntou se poderia me apresentar para o público. Ele parecia entupido de cocaína, a mandíbula ficava indo da esquerda para a direita, fazendo os dentes rangerem. Ele subiu no palco e começou a contar piadas e anedotas. As pessoas começaram a jogar coisas nele e a gritar. Tivemos que arrastá-lo para fora do palco.

No escritório, mandei que ele abrisse o cofre, e ele estava tão alterado que não conseguia colocar a combinação certa. Ele afinal abriu o cofre e a única coisa ali dentro era um saco de cocaína. Eu o despedi. Voltei e contei tudo ao Leffler. Toda a banda ficou furiosa. Foi uma confusão.

Mais tarde, ele ficou limpo e disse a todos que sentia muito. Ele tinha uma família e morava ali perto. Estava tentando entrar nos eixos. Leffler lhe deu um desconto, porque não tínhamos outra escolha, mas toda essa situação tinha deixado todos nós — em especial os irmãos Van Halen — preocupados com o Cabo e com o que iria acontecer a ele. Eles se recusaram a investir mais dinheiro e parecia que estavam cansados de tudo o que dizia respeito ao bar. Eu achava que poderíamos manter o bar aberto, mas sabia que precisávamos de ajuda. O que eu não sabia era que, depois da morte de Leffler, as coisas só iriam piorar.

11

DIA DOS PAIS

QUANDO LEFFLER MORREU, entrevistamos alguns empresários. Eu queria Shep Gordon e Johnny Barbis — Shep era o brilhante empresário do Alice Cooper e Barbis era uma das pessoas mais benquistas da indústria, que gerenciava gravadoras, era amigo do pessoal do U2, do Elton John, de todo mundo. Os chefões da Warner Bros. gostaram da ideia. Encontramos, então, com eles, mas os irmãos não gostaram deles. Liguei para David Geffen e ele sugeriu seu velho amigo Elliot Roberts, o empresário do Neil Young. Também nos encontramos com ele e os irmãos Van Halen o rejeitaram depois de uns cinco segundos.

Ed e Al me enrolaram durante dois meses entrevistando pessoas antes de me contarem que queriam Ray Danniels. Ele era casado com a irmã da esposa do Al e era empresário do Rush. Eles me disseram que ficaram com a minha indicação da última vez e agora eles queriam alguém que fosse indicação deles. Ray Danniels estivera à espreita nos bastidores o tempo todo.

Antes mesmo de ser nosso empresário, Ray Danniels tinha contado aos irmãos Van Halen sobre um contrato de direitos autorais feito por Leffler para o álbum ao vivo sobre o qual eu não tinha a mínima ideia. Não era nada importante, mas Ray Danniels fez com que os irmãos pensassem que tinham sido passados para trás. Eles me obrigaram a devolver uma soma substancial. Alex Van Halen nunca escreveu uma única música na vida e estava recebendo o mesmo valor de direitos autorais que eu. Danniels deixou os irmãos confiantes de que estaria do lado deles, não do meu. Ed e Al estavam se voltando contra mim àquela altura. Eles achavam que Leffler e eu ferramos eles. Não ferramos aqueles caras. Nós os salvamos. Eles ganharam dez vezes mais dinheiro em um ano do que tinham ganhado em qualquer outra época antes de nos juntarmos à banda. Ninguém ferrou ninguém.

Eu disse na cara do Ray: “Eles vão assinar com você. Eu não. Você não vai ficar com nenhum centavo do meu dinheiro”. O acordo que eu fiz foi que eles pagassem o empresário. Eu não o paguei. Ele não fez merda nenhuma por mim. Ele não era meu empresário. Eu iria contratar o meu próprio empresário, pois não gostava do sujeito. Queria arrancar a cabeça dele fora. E ele tinha medo de mim: não queria ficar na mesma sala que eu. Ele ficava longe de mim, sempre fazendo reuniões com o Eddie.

Ray Danniels procurou a Warner Bros. e renovou nosso contrato. Ele negociou alguns pontos adicionais pelos primeiros álbuns da banda — aqueles dos quais eu não fiz parte —, mas, além disso, nada mudou. Ele renegociou o mesmo contrato que tínhamos originalmente. Com uma exceção. Quando eu entrei para o Van Halen, Ed Leffler tinha acrescentado ao contrato que, depois de cada disco do Van Halen, eu tinha o direito de gravar um disco solo como Sammy Hagar por uma grande quantia. Eu só fiz um. Ed Leffler o chamava de paraquedas dourado. De algum modo, eles removeram isso.

Entrei no camarim em Toronto, e Ray Danniels estava lá com sua maleta. Ed e Al estavam assinando documentos com um tabelião. Era o contrato da gravadora, e sequer queriam minha assinatura nele. “Não se preocupe com isso”, disse Ray Danniels. “Ed e Al são tudo o que importa nesta banda.”

ALGUNS MESES DEPOIS da morte de Leffler, o gerente viciado em coca lá em Cabo me telefonou no início de 1994 para contar que tinha entregado as chaves aos funcionários e que o governo tinha passado uma faixa amarela ao redor do bar e o interditado. Não consegui pensar em mais nada a fazer, então liguei para Marco Monroy.

Marco descobriu que o gerente não tinha pagado nenhuma das contas o ano todo. Ele gastou todo o dinheiro. Marco contou que o bar estava devendo cerca de trezentos mil dólares. O lugar estava detonado. Os móveis estavam arruinados e o equipamento, quebrado. Ele queria ser meu sócio. Para isso, se ofereceu para pagar as dívidas e investir mais cem mil dólares para arrumar o lugar.

Jorge, àquela altura, já tinha sumido havia muito tempo. Ele se envolveu com uma "atriz" norte-americana de hábitos ruins. O problema era que tudo estava no nome do Jorge. Ele tinha desaparecido. Não sabíamos em que porra de lugar ele estava. A coisa estava feia.

Eu precisava assumir totalmente o controle do bar. Os irmãos Van Halen já tinham me mandado enfiar o lugar na bunda e, depois da morte de Leffler, nosso relacionamento piorou ainda mais. Procurei Ray Danniels e lhe perguntei se eu poderia comprar a parte dos outros sócios. Ele estava tentando cair nas minhas graças. Ele e nosso contador pensaram em um plano no qual eles poderiam recuperar o dinheiro ao arcarem com o prejuízo. Eles deduziram de seus impostos. Eles me devolveram o dinheiro depois que concordei que, se algum dia eu construísse outro bar, eles seriam os primeiros a ter o direito de se recusar a investir. Se eu o vendesse dentro dos cinco anos seguintes, eles receberiam o investimento de volta, ainda que isso fosse ser um pouco complicado depois de já terem deduzido o valor dos impostos. Eu teria que os indenizar pelas dívidas e quaisquer outros problemas legais. Era um pouco complexo, mas aceitei.

Marco queria contratar uma pessoa que ele conhecia para gerenciar o bar. Tito era um *hombre* durão, casado com uma herdeira mexicana rica. Eles moravam em uma mansão construída por Marco. Tito fez uma limpeza no bar, colocando não só os funcionários na linha, como também se livrando dos traficantes e vagabundos que andavam frequentando o lugar. Marco e eu decidimos reaver a escritura da propriedade e colocar os negócios nos trilhos. Como não conseguimos localizar o Jorge, fomos atrás de sua ex-esposa, que ainda morava em Cabo com os filhos. Nós lhe oferecemos vinte e cinco mil dólares. Ela não falava inglês, mas levamos um intérprete. Ela se levantou e foi embora. Não faço ideia do porquê, visto que ela acabou sem um centavo.

No fim, conseguimos achar o Jorge e ele deu uma de difícil para cima de nós, querendo dez por cento. Marco e eu demos cinco por cento cada para fazer com que ele consentisse com tudo. Pouco tempo depois, ele voltou rastejando pedindo seu emprego de volta. Ele tinha deixado a garota. Estava sóbrio e se mudou de volta para Cabo – e nós o deixamos voltar. Desde então, ele está lá e foi, tanto quanto Marco, um dos salvadores do lugar.

A cidade estava começando a crescer. O grande sonho estava se tornando realidade em Cabo. A estrada agora estava pavimentada. Havia mais hotéis. Três ou quatro aviões chegavam todos os dias. A cidade estava cheia. Desde o primeiro dia, Marco e Tito realizaram uma reviravolta no Cabo Wabo. Eles fizeram uma limpeza no lugar, o deixaram agradável. *Bum*, depois do primeiro mês, começamos a ganhar dinheiro.

O lugar ficou fantástico. Estávamos reinvestindo no negócio e ganhando dinheiro sem que nada saísse de nossos bolsos. No primeiro ano, lucramos algo em torno de duzentos mil dólares.

Os irmãos não ficaram felizes. Eles começaram a me acusar de arruinar o negócio para que eles tivessem que o devolver a mim. Eu gostaria de ser tão esperto assim. Scotty Ross, nosso gerente de turnê, um sujeito que tinha a língua maior que a boca, voltou de uma viagem a Cabo e foi até um ensaio do Van Halen e me cumprimentou com um "toca aqui". "O Cabo Wabo estava lotado, cara", comentou ele. "Você está ganhando uma tonelada de dinheiro. O lugar está ótimo." Os irmãos Van Halen não estavam sorrindo.

Mikey e eu ainda íamos para lá a cada dois meses. Mike estava disposto a me acompanhar. Ele estava planejando viajar comigo para meu aniversário daquele ano, mas eles não queriam deixar que Mike voltasse para lá. Mike não tinha permissão de ir para Cabo. Eles achavam mesmo que eu tinha ferrado com eles.

À MEDIDA QUE Cabo entrava nos eixos, eu passava o máximo de tempo possível com Kari. Eu e ela simplesmente queríamos fazer coisas juntos. Passávamos todas as noites juntos. Morávamos no Havaí, no México, em Mill Valley. Íamos a Nova York. Íamos a Malta. Fomos para a Itália. Fomos a todos os lugares que quisemos.

Tínhamos uma tremenda de uma sintonia. Estávamos caminhando por Hana Ranch, em Maui, quando surgiu a ideia de arrumarmos um papagaio. Andamos um pouco mais e vimos uma gaiola com alguns papagaios. Uma pequena fêmea se aproximou da gaiola e esfregou a cabeça nas barras, como é típico dos pássaros. Acertamos o preço e a levamos de volta ao nosso quarto. Nós a chamamos de Spooch. Esse pássaro dormia com a gente embaixo das cobertas.

Assim que voltamos para a casa em Mill Valley, fomos nos sentar no quintal dos fundos ao lado da piscina. Tínhamos cortado as asas de Spooch para que ela não fugisse. Ela estava sentada em nossos ombros. Spooch era um periquito-de-cabeça-preta e estávamos conversando sobre como tínhamos que arrumar um namorado para a Spooch quando um periquito-de-cabeça-preta saiu voando do céu e pousou em cima da gaiola da Spooch. Spooch conversou com o pássaro. O pássaro entrou na gaiola para beber um pouco de água. *Bum*. Arrumamos outro pássaro. Nós o chamamos de Spooky. Ele nunca se deu bem com a Spooch — eles brigavam feito loucos — e depois de algum tempo tivemos que o dar ao Bucky, mas isso realmente aconteceu conosco.

Pouco depois de ficarmos juntos, estávamos em Boca Raton, perto de onde o pai da Kari morava na Flórida, pois ela queria visitá-lo. Ele comprava casas, morava nelas durante seis meses, as reformava, se mudava e as alugava. Pegamos uma limusine — a casa ficava a mais de uma hora de distância — e saímos para jantar. Depois do jantar, na limusine, fumamos um baseado e começamos a ficar um pouco excitados no banco traseiro. Encontramos a casa do pai dela por volta da meia-noite, e Kari apanhou a chave de cima do aquecedor de água. Entramos na casa, acendemos a luz da sala de estar e começamos a rolar no sofá. Coloquei meu pé no chão e, opa, pisei em cima de um par de sapatos masculinos. Pelado, dei um pulo, fiquei de pé e acendi mais algumas luzes. Havia uma camisa pendurada em uma cadeira, um cinzeiro com cigarros dentro. Alguém tinha alugado a casa e estava morando nela.

Saímos correndo de lá, quase caindo de tão chapados, seminus, tentando vestir nossas roupas, em direção à limusine. Nossos corações estavam acelerados. Podiam ter nos matado, mas não conseguíamos parar de rir.

Muitas coisas aconteceram comigo e com a Kari porque estávamos em sintonia. Com a Betsy, eu estava vivendo uma mentira. Eu mentia para ela a respeito de tudo e, por consequência, mentia para outras pessoas ao telefone, porque ela podia escutar. Eu era só mentiras — tão fora de sintonia que as coisas não estavam dando certo para mim. Assim que me apaixonei por Kari, me abri e nunca mais menti. Eu me sentia espontâneo. Livre. Tudo o que fazíamos era a coisa certa a ser feita. O que queríamos vinha a nós. Era só pensar que as coisas aconteciam.

Ríamos de tudo. Em outra noite, depois de termos nos mudado de volta a Mill Valley, no Sweetwater, um minúsculo clube de rock na cidade, conheci Bob Weir, do The Grateful Dead. Kari e eu o encontramos sentado a uma mesa com a namorada, bebendo uísque Suntory direto do gargalo. Nós nos sentamos e bebemos juntos até o lugar fechar, às 2 da manhã.

— Vamos para minha casa — disse ele.

A coisa mais inteligente a se fazer é convidar todos para irem à sua casa, pois assim são eles que têm que dirigir até lá, não você.

— Não — rebati. — Vamos para a minha casa.

Ele estacionou no acesso para a minha garagem em um Corvette surrado que não era lavado havia anos. Aquele acesso é bem traiçoeiro. Não havia sequer um meio-fio, apenas uma queda abrupta de 75 metros. Bob levou um vidro de conservas cheio de erva. O uísque dele estava quase acabando. Começamos, então, a fumar maconha e continuamos bebendo. Tocamos um pouco de violão. Mijamos do deck. Por volta das 4 da manhã, eu estava chapado e mamado. Disse ao Bob que estava na hora de eles irem embora. Nós os acompanhamos até a porta e Kari me perguntou se eu não iria ajudá-lo a sair de lá. Eu não vi nenhum motivo para isso. Ele era Bob Weir, do The Grateful Dead. Ele era capaz de se virar. Comecei a subir a escada.

Um barulho terrível e alto de algo raspando veio do lado de fora — Kari exclamou: "Ah, meu Deus" — eu desci correndo. Em vez de dar ré e manobrar, ele dirigiu direto para a frente, para fora do acesso para a garagem, e agora metade do seu carro estava no acesso e a outra metade estava apontando para baixo, as rodas traseiras fora do chão. Kari e eu saímos correndo e nos sentamos em cima do porta-malas. Weir, dentro do carro ao lado da namorada, parecia atordoado. "Acho que preciso ir para a frente", disse ele.

Eu lhe disse para ficar sentado sem se mexer e pedi que sua namorada saísse com cuidado. Ela rastejou por cima do banco traseiro e se sentou no porta-malas conosco. Ele saiu depois dela. O carro poderia ter caído em uma questão de segundos. Sem cintos de segurança, em um carro conversível, colina abaixo — ele estaria morto. Bob Weir morto na casa de Sammy Hagar. Foi terrível, e eram 5 da manhã. Falei para ele voltar a pé para casa. Ele pegou seu vidro de erva e saiu caminhando colina abaixo com a namorada.

Na manhã seguinte, eu tinha uma reunião e estava de ressaca depois de apenas umas três horas de sono. Desci minha Ferrari de ré pelo acesso para a garagem, tentando manobrar ao redor do carro dele e não derrubá-lo colina abaixo, e quebrei o maldito retrovisor lateral de mil e seiscentos dólares. Chamei um guincho pelo telefone. Quando voltamos para casa por volta das 17 horas, o cara do guincho tinha deixado um bilhete dizendo que não conseguiram levar o carro. Não havia espaço suficiente atrás do carro e eles estavam preocupados com a possibilidade de empurrá-lo por cima do morro.

Foram necessários dois guinchos e três dias para tirar aquele maldito carro do acesso para a minha garagem. Até paguei pelos guinchos. Eu estava irritado com o Bob, mas a Kari e eu apenas demos risada.

Algum tempo depois, Kari começou a querer deixar a casa em Mill Valley um pouco mais confortável para ela. Passou, então, a colocar alguns de seus próprios pertences na casa. Até então, ela estava morando na casa da Betsy, dormindo na cama da Betsy. Ela começou a fazer algumas mudanças, e eu, a ver seu lado doméstico. Em pouco tempo, ela começou a falar sobre como queria ter um filho. Andrew estava com uns dez anos. Eu estava relutante. Mas, quando uma mulher diz que quer ter um filho, você não lhe diz não. Porém, eu não estava a fim de ser pai de novo.

Aaron já estava crescido e morava em Los Angeles, mas a situação com Andrew partia meu coração. A princípio, Betsy não queria me deixar vê-lo. Até que, finalmente, começou a deixá-lo comigo nos fins de semana, mas isso era difícil para o carinha. Eu o pegava chorando em seu quarto. O divórcio foi difícil para o Andrew. Isso é algo que sempre vou carregar comigo. Ser pai de novo não me parecia uma ideia muito atraente.

Então lembrei o que a senhora Kellerman tinha me contado sobre minha mudança para o norte da Califórnia: "Algum dia você terá duas filhas". Eu me dei conta de que todas as outras coisas que a senhora Kellerman havia dito tinham se concretizado.

Dito e feito. Só de tocar no assunto, Kari engravidou. Estávamos na hidromassagem, ao lado da piscina, no meio do dia, e mandamos ver bem ali no gramado. Eu soube logo de cara. Fizemos planos para o casamento.

FAZIA QUASE QUATRO anos que Kari e eu estávamos juntos. Fazia quase dois anos que Leffler tinha falecido. A banda não tinha excursionado desde aquele último fim de semana em Costa Mesa. Estivéramos trabalhando durante meses em um novo disco do Van Halen, *Balance*, e tirei uma pequena folga para me casar em novembro de 1995. Casamos em Mill Valley, no anfiteatro no cume do Monte Tamalpais. Um dia lindo e ensolarado. Minha mãe estava feliz. A avó da Kari estava presente, a mãe dela, toda a minha família. Meu amigo Emeril Lagasse, o grande chef de Nova Orleans, viajou para lá e cozinhou para o casamento. Importamos 4,5 quilos de trufas brancas da Itália. Ed e Al estavam presentes. Todos posaram para a foto que apareceu na revista *People*. Uma pessoa entreouviu alguém conversando com os irmãos, dizendo: "Esse desgraçado está ganhando dinheiro demais".

Eddie deveria estar sóbrio, mas não estava e poderia arrumar encrenca. Ele não podia beber perto da Valerie, e Ray Danniels estava todo preocupado em manter Eddie na linha. Eu tinha levado Eddie ao show na Bridge School em 1993, um show beneficente todo acústico em prol de uma escola para crianças com graves dificuldades de aprendizagem, administrada pelo meu amigo Neil Young. Fiz alguns dos shows sozinho e fiquei aterrorizado. Não me falta nem um pingo de confiança, exceto quando estou sozinho com um violão, então fico um caco. Neil Young é um músico destemido. Ele começa a bater o pé, a bater a mão no violão e a cantar a plenos pulmões. Ele não tem nenhuma inibição. James Taylor foi muito gentil nos bastidores.

— Sammy, que história é essa de você estar nervoso? — questionou ele. — Todos queremos ser como você.

— Você está se referindo a quê? — disse eu. — Assustado?

No ano em que levei o Eddie, a atração principal foi Simon e Garfunkel. Eddie e eu estávamos bastante nervosos, mas nos saímos bem. Tocamos três músicas no piano e Eddie fez um solo usando um amplificador minúsculo com uma espécie de configuração acústica e ele foi ótimo. Não fomos tão bem-recebidos como você poderia ter imaginado, mas aquele não era nosso público.

Voltamos para nosso trailer e cheiramos um pouco de coca. Paul Simon estava no trailer ao lado do nosso e comecei a conversar com ele enquanto Eddie ficava ainda mais chapado. Ele afinal deu uma saída para descobrir o que estava acontecendo. Paul Simon o convidou para tocar em uma música.

— Você conhece "Sound of Silence"? — perguntou ele.

— Não, nunca a ouvi — respondeu Eddie.

Simon o levou para o seu trailer e tentou lhe ensinar a música. Ele tinha de subir no palco em vinte minutos. Eddie não conseguia aprender. Acho que ele estava chapado demais.

— Espera — dizia ele. — Qual é a nota mesmo?

Ele tentou tocar a música usando *tapping*. O Eddie é um músico excelente, mas muito metódico. Ele não vai apenas pelo improviso ao usar essa técnica. Ele encontra a melodia e a toca. Ele estava procurando a melodia enquanto Paul cantava e tocava a música inteira para ele. E ele não conseguia aprender.

— Deixa pra lá, Eddie — disse Simon.

— Não, não, não — falou Eddie, voltando a se debruçar sobre seu violão. Simon por fim subiu correndo no palco e chegou a chamar o Eddie, que foi até lá e assassinou a música.

Estávamos gravando o álbum *Balance*, mas tudo estava acabado para o Van Halen. Se não fosse pelo produtor Bruce Fairbairn, nunca teríamos terminado aquele disco. Ele tinha que expulsar o Eddie todas as noites, ao que parecia. Eddie chegava bêbado e chapado. Você ia ao banheiro do estúdio e ali havia um buraco na parede. Você colocava a mão lá dentro e encontrava um saco de cocaína. Uma garrafa de vodca ficava embaixo da pia. Havia chicletes e charutos espalhados por toda parte.

— Al — dizia eu —, o seu irmão está chapado. Que palhaçada é essa, todos dizendo que ele está limpo e sóbrio? O cara está todo ligadão.

— Você está louco — rebatia Al. — O Ed é assim mesmo.

Eu confrontava o Eddie.

— Ed, dê o fora daqui, porra. Você está chapado. Não quero você aqui enquanto eu estiver trabalhando. Estou gravando meus vocais. Dê o fora daqui, porra.

— Faz cinco meses que eu não bebo nada, seu filho da puta — reclamava ele. Ele tinha crises e chorava, quebrava coisas.

As coisas ficaram feias. Fairbairn e eu estávamos nos hospedando no Bel-Air Hotel, e, nas vezes em que Eddie ficava completamente fora de controle, ele encerrava a sessão e nós dois voltávamos juntos para o hotel, sentávamos no bar, comíamos alguma coisa e tomávamos alguns coquetéis. Eddie estava bastante irritadiço porque, em primeiro lugar, precisava passar por uma artroplastia de quadril e estava à base de analgésicos. E, em segundo lugar, parecia estar bebendo e escondendo o fato de todo mundo. Quando comecei a gravar meus vocais, Eddie, pela primeira vez, começou a fazer sugestões sobre a maneira como eu deveria cantar. Isso fugiu ao controle tão depressa que Fairbairn me levou para Vancouver para concluir meus vocais sozinho.

Eu sabia que eles queriam se livrar de mim. Eddie estava tentando fazer com que eu saísse da banda. Ele encontrava alguma coisa errada em todas as letras que eu escrevia. Antes, ele nunca tinha dito uma palavra sequer sobre nenhuma das minhas letras. De repente, ele não gostava mais de nada.

— Isso é muito melado — dizia ele. — Diga: *Don't tell me what love can do. — Não me diga o que o amor pode fazer.*

Eu tinha uma ideia forte e positiva — *I want to show you want love can do — Eu quero te mostrar o que o amor pode fazer* —, mas Eddie queria mudar. *Eu quero preto;* não, eu quero branco. Ok, vou usar branco. *Não, eu quero preto.* Ok, eu queria preto desde o começo. *Quer saber? Eu quero branco.* Isso me deixava louco. Os irmãos estavam decididos a se pôr contra mim.

Escrevi essa música, "Don't Tell Me What Love Can Do", sobre Kurt Cobain. Eu queria dizer "eu quero te mostrar o que o amor pode fazer". Ed e Al foram contra isso. Eles queriam uma música com uma atitude mais grunge e malvada. "Não me diga o que o amor pode fazer." Não era isso que eu tinha em mente. Eu estava falando sobre alguém que poderia ter salvado a vida de Kurt Cobain.

Eu acredito mesmo nisso. Você pode salvar pessoas. As drogas matam pessoas. As pessoas acham que as drogas faziam com que Jimi Hendrix fosse incrível. Não, as drogas mataram Jimi Hendrix. Kurt Cobain poderia ter sido salvo. As pessoas à sua volta o abandonaram, por alguma razão. Eles devem ter visto o que estava para acontecer. Então escrevi aquela música sobre isso, para dizer que você tem o controle do seu destino. A vida é sua. Você pode fazer o que quiser. No entanto, eu queria que o refrão dissesse: "Mas eu quero te mostrar o que o amor pode fazer". Eu queria que ela fosse uma canção de amor. Não sobre Kurt Cobain e eu, mas sobre o que as pessoas poderiam ter feito por ele, pessoas que ele conhecia e amava.

Kari estava grávida, e eles odiavam o fato de eu estar tão feliz. Eu dizia para a Kari que eu tinha que sair da banda, mas eu não queria desistir. Vi o que eles fizeram com o outro cara. Eles vão mentir.

Vão me crucificar. Vão acabar comigo perante os fãs. Os fãs se voltaram contra Roth. Ele sofreu uma morte lenta como artista solo. Talvez não de imediato — ele teve um breve sucesso assim que partiu em carreira solo —, mas não durou muito tempo. Eu não queria que isso acontecesse comigo.

Não ajudou muito o fato de meu ex-cunhado, Bucky, ter morrido por volta de três semanas antes do início da turnê do *Balance* em março de 1995. Foi de partir o coração. Bucky e Joelle tinham se divorciado e, durante algum tempo, ele e o filho, Ben, moraram juntos em uma casa flutuante em Sausalito com a nova namorada de Bucky, Penny, uma garota ótima que era namorada de Jeff Beck. Bucky vivia para o filho e, quando Ben morreu em um acidente de carro — um grupo de jovens estava andando na traseira de uma picape no trajeto até Stinson Beach e Ben foi o único que morreu —, Bucky perdeu o rumo na vida. Meu advogado processou o Estado por causa do acidente e conseguiu uma quantia razoável em um acordo para Bucky. Quando Bucky morreu de overdose, o cheque foi encontrado amassado em seu punho.

Quando entramos em turnê naquele mês de março, os dois irmãos Van Halen estavam em péssimo estado. Al acabou a turnê com um colar cervical por causa de uma ruptura na vértebra. Al desmaiou no saguão do hotel no dia de nosso ensaio geral em Pensacola, Flórida. Suas mãos ficaram dormentes e ele despencou no chão. Ele passou a se consultar com osteopatas todos os dias, a fazer uns ajustes quiropráticos malucos. Em Paris, um médico vestiu luvas de borracha e enfiou a mão na bunda do Al para tratar a vértebra inferior. Como se isso já não fosse o suficiente, ele e a esposa estavam separados, o começo de outro divórcio para o Al. Ele estava sob muita pressão.

Eddie parecia estar sob efeito dos analgésicos a maior parte do tempo e estava prestes a passar por uma artroplastia de quadril resultante de uma necrose avascular, uma doença óssea que costuma ser associada ao alcoolismo. Eddie andava com uma bengala — seu quadril estava detonado. Ele subia no palco, colocava a bengala de lado e ia lá para a frente. De vez em quando, ele se sentava na plataforma da bateria ou em um banquinho durante algumas das músicas porque seu quadril estava acabando com ele.

No trecho final da turnê do *Balance*, Ray Danniels agendou a banda para abrir para o Bon Jovi em estádios de futebol europeus entre maio e junho de 1995. Foi um desastre total. O Van Halen não tinha nada que fazer parte de uma programação com o Bon Jovi, que era enorme por lá. Fizemos três shows no Wembley Stadium em Londres, oitenta mil pessoas por noite, e havia umas dez mil pessoas na frente enlouquecendo enquanto tocávamos, e uns sessenta mil pré-adolescentes no fundo esperando o Bon Jovi. Assim que terminávamos de tocar, nosso pessoal ia embora e a garotada do Bon Jovi avançava até a frente do palco. Foi um típico exemplo de óleo não se misturando com água. Nada contra Jon Bon Jovi. Saímos para jantar muitas vezes durante essa turnê. Mas foi uma péssima ideia para o Van Halen. Não fomos a lugar nenhum com essa turnê. Eu podia sentir o fim se aproximando.

Ainda assim, o Van Halen detonava. Fazíamos um show matador, saíamos do palco juntos, nos abraçando e rindo do ótimo show que tínhamos acabado de fazer, mas no dia seguinte voltávamos à mesma merda.

Viajamos separados para o Japão para fazer os últimos shows daquela turnê. Ficamos em hotéis diferentes. Por volta das 2 horas da manhã, Eddie me ligou. Ele tinha limpado o minibar. Estava bêbado feito um gambá. Limpo e sóbrio? Estávamos quase no fim da turnê. No caminho de volta para casa, iríamos ao Havaí para quatro shows, mas depois disso não teríamos mais nada.

— O que você vai fazer quando a gente voltar? — perguntou ele.

A história de Ronnie Montrose, tudo de novo.

— Não sei — respondi. — Tirar uma folga. E você?

FAZÍAMOS UM SHOW MATADOR, SAÍAMOS DO PALCO JUNTOS, NOS ABRAÇANDO E RINDO DO ÓTIMO SHOW QUE TÍNHAMOS ACABADO DE FAZER, MAS NO DIA SEGUINTE VOLTÁVAMOS À MESMA MERDA.

— Ainda não sei — falou ele. — Quando decidir, te aviso. Tenho alguns planos, mas te aviso se eles envolvem você ou não.

— Ok — falei. — Vai se foder. — Desliguei o telefone.

Fomos ao Havaí para fazer os últimos shows. Kari e eu decidimos comprar uma casa por impulso. Alugamos casas todos os anos por três meses, do Dia de Ação de Graças até mais ou menos janeiro ou fevereiro. Estávamos a caminho do aeroporto, e telefonei para um corretor de imóveis. Eu lhe disse que queria alguma coisa privada, perto do mar, com um terreno grande, uma casa de hóspedes, uma piscina e privacidade total. Eu queria ficar pelado. Queria árvores frutíferas. Ele nos levou para ver uma propriedade em um penhasco em Maui. Compramos a casa na hora e decidimos que, assim que a turnê acabasse, iríamos nos mudar para o Havaí para termos o bebê. Iríamos ter o bebê de parto natural. Eu queria fazer o parto. Eu queria ter o bebê e tirar uma longa folga da banda.

Assim que a turnê chegou ao fim, os irmãos começaram a me telefonar todos os dias. Tínhamos acabado de encerrar a turnê. Tínhamos acabado de gravar um disco e fazer uma turnê mundial, e aqueles loucos desgraçados queriam que eu fosse ao estúdio para gravar uma música para o filme *Twister*. Eu não estava a fim de fazer isso. Tudo o que eles queriam era me tirar da ilha. Ray Danniels me telefonava dizendo coisas como: "Se você não estiver de volta amanhã, iremos supor que você saiu da banda".

Conversei com o diretor do filme por telefone. Ele me enviou o roteiro. Havia algumas palavras-chave — "*drop down*", tocar o solo, era uma dessas expressões — que são usadas por caçadores de tornados. Escrevi uma ótima letra para uma música chamada "Drop Down". Gravei uma demo por lá mesmo e o diretor adorou, me disse que eu contava toda a história em três minutos.

Eles a odiaram. Al e Eddie me disseram que era besteira escrever sobre o filme. Eu lhes disse que estivera trabalhando com o diretor.

— Ele não sabe do que está falando — eles disseram. — Nós não gostamos. Venha para cá. Se você não estiver de volta amanhã, iremos supor que você saiu da banda.

A gravidez da Kari estava tão avançada que ela estava prestes a explodir, e eu estava voltando para casa. Levei minha mãe para lá e viajei de volta. Essa foi a quinta vez que tive que voltar para o continente. Escrevi uma letra nova. Bruce Fairbairn estava me esperando. Eddie queria chamar a música de “Human Beings”. Escrevi uma letra bastante beligerante — *lemmings breeding... There is just enough Christ in me to make me feel almost guilty... because we are humans, humans being*[11].

Eu estava pronto para voltar para o Havaí no dia seguinte, mas eles queriam que eu ficasse e trabalhasse em outra música para a coletânea. Eu disse a eles que não gravaria nenhuma música para coletânea alguma e dei o fora dali. Voltei para meu hotel e mudei meu nome na recepção. Eu não queria ligar para a Kari às 4 da manhã para lhe contar o que tinha acontecido. Eddie ficou tentando me telefonar a noite toda. Um segurança bateu à minha porta para me contar que estavam com Eddie Van Halen ao telefone e ele queria saber em qual quarto eu estava.

— O que você quer que façamos? — questionou o homem.

— Mande ele ir se foder — respondi.

Foi então que eles ligaram para Roth.

A coletânea foi ideia de Ray Danniels. Eles queriam ganhar um dinheiro rápido. Eu achava que, já que íamos entrar em estúdio, deveríamos gravar um disco completo, mas eles queriam a coletânea. Então ele teve outra ideia de gênio — vamos chamar David Lee Roth de volta, gravar duas músicas novas com ele, duas músicas novas com Sammy, e então seremos maiores do que Deus. Eles fizeram a

11 Lêmingues procriando... Existe o suficiente de Cristo em mim para me fazer sentir quase culpado... porque somos humanos, sendo humanos. [N.T.]

coisa toda pelas minhas costas. Fui expulso da banda por não concordar com isso.

Voltei para Maui na manhã seguinte. A gravidez da Kari estava bastante avançada. Discutimos o assunto. Em mais alguns dias, ela não poderia mais viajar de avião. Concordamos que voltar seria a melhor coisa a se fazer. De volta em Mill Valley, tivemos uma consulta com o pediatra que tinha feito o parto de Aaron e Andrew, e ele nos contou que o bebê estava virado e que o parto teria que ser uma cesariana. Esqueça o lance de eu fazer o parto na água e todas aquelas coisas que aprendemos na aula de Lamaze na igreja do Havaí. Ela teria que ser levada ao hospital de helicóptero. Acabou sendo uma coisa boa nós termos voltado.

Quando meu primeiro filho, Aaron, nasceu, eu não estava na sala, porque estávamos recebendo auxílio do governo. Dave Lauser e eu estávamos no parque, comendo peixe frito e batata frita, e ninguém sequer me contou o que estava acontecendo. Por fim, fui até lá verificar. Quando Andrew nasceu, eu estava bem ali. Ele foi uma grande surpresa, porque eu tinha certeza de que seria uma menina. Pintamos o quarto para uma menina. Compramos roupas de menina. Só ganhamos presentes de menina no chá de bebê. Até o médico disse que provavelmente fosse uma menina. Caí na gargalhada de pura alegria. Um filho é um filho e, quando o filho é seu, isso muda sua vida. Achei que aquele tinha sido o momento mais feliz da minha vida. Até a chegada de Kama. O nascimento de Kama foi uma alegria ainda maior, porque eu a recebi no mundo e cortei seu cordão umbilical.

Kari saiu do hospital e voltou para casa com nossa filha, e o domingo seguinte foi o Dia dos Pais de 1996. Estávamos deitados na cama por volta das 9 da manhã, com a bebê, quando o telefone tocou. Era Eddie Van Halen. Ele tinha ficado acordado a noite toda.

— Você nunca foi um cara que jogou pelo time — disse ele. — Você nunca quer fazer as coisas quando nós queremos. Você sempre quis ser um artista solo. Você pode voltar a ser um artista solo. Estamos trabalhando com Roth na coletânea e as coisas vão muito bem.

Eles trabalharam com ele pelas minhas costas enquanto eu estava no hospital e minha esposa dava à luz. Perdi as estribeiras.

— Vão se foder, seus filhos da puta desgraçados — exclamei e desliguei o telefone.

Eles não aguentavam me ver feliz por mais nenhum minuto. Eles tiveram que se livrar de mim. O fato de eu estar tão contente os deixava muito irritados. Eu tinha minha menininha, minha esposa e estava vivendo a vida mais feliz do mundo. Liguei para Ray Danniels.

— Eddie acabou de me telefonar e me contou que vocês estão trabalhando com Roth — disse eu.

— Ah, não — lamentou-se Danniels. — Ele não fez essa ligação, fez?

— Sim, ele fez, cara.

— O que você quer que eu faça? — perguntou ele.

— Vai se foder, em primeiro lugar — respondi. — Em segundo lugar, parabéns. Você acabou de separar a maior banda do mundo. Isso vai lhe render muitos pontos a seu favor.

Eu soltei os cachorros em cima dele.

— Me deixe falar com ele primeiro — disse Danniels. — Não aja desse jeito.

— Vai se foder. Acabou — retruquei.

Eddie sempre disse que eu desisti, e talvez eu tenha mesmo desistido. A posição que ele assumiu foi que eu sempre quis ser um artista solo. Eles até chegaram a atacar minha ética de trabalho. Ele e Alex disseram a Kurt Loder da *MTV News* que eu não queria trabalhar. Lembro-me de ler uma reportagem na qual Eddie disse: “Ele era muito mais velho do que nós e não acho que ele queria trabalhar tanto quanto nós queríamos”.

Eu lhes entreguei a marca registrada do logo dos anéis do Van Halen. Eles me deram a marca Cabo Wabo. Fiquei com meus direitos autorais. Eu tinha uma participação de trinta por cento na banda, visto que eles já tinham retirado dez por cento do Michael Anthony.

Coisas que me deixam puto da vida me fazem agir. Acho que às vezes dou o meu melhor quando tenho algo a provar. Quando entrei para o Van Halen, eu estava exausto e cansado da indústria. Eu sequer queria ser criativo àquela altura. Quando substituí o primeiro vocalista deles e estava sendo criticado por todo mundo, colocando o meu na reta, isso acendeu uma fagulha — *Eu vou mostrar a esses desgraçados*. Fiquei bastante motivado naquela banda e fizemos algumas coisas incríveis, mesmo no fim. Mesmo nosso último disco, *Balance*, foi um ótimo álbum. Sou viciado em adrenalina e inspiração. Se algo me inspira, eu me sinto motivado. Com inspiração, posso fazer qualquer coisa. Quando fui chutado do Van Halen, eu estava determinado a mostrar àqueles desgraçados que eles tinham cometido o maior erro da vida deles.

QUANDO FUI CHUTADO DO VAN HALEN, EU ESTAVA DETERMINADO A MOSTRAR ÀQUELES DESGRAÇADOS QUE ELES TINHAM COMETIDO O MAIOR ERRO DA VIDA DELES.

6/750
Terra Firme
TEQUILA

12

MAS TEQUILA

EU ESTAVA FORA DO VAN HALEN. Uma parte de mim estava brava, a outra estava pra lá de feliz.

Kari e eu embarcamos em um avião com nossa bebê recém-nascida para viajarmos de volta a Maui. Tínhamos um cachorrinho chamado Winchell que levamos escondido no voo. Não é permitido levar um cão para o Havaí. Eles deixam os pobres coitados em quarentena por seis meses. Estávamos planejando ficar um bom tempo — eu, com certeza, não tinha nenhum grande plano — então enchemos o bichinho de tranquilizantes para cães e o enfiamos em uma mala. Sentado do outro lado do corredor, na cabine da primeira classe, estava Mickey Hart, do The Grateful Dead. Eu sabia quem ele era, mas não nos conhecíamos. Ele e a esposa, Caryl, estavam viajando para as ilhas para relaxar um pouco, o que, como veio a ficar claro, é algo que Mickey Hart não sabe fazer.

Bill Cosby também estava no voo, umas quatro fileiras para trás. Era um voo matinal bem cedo e estávamos cochilando enquanto o avião se preparava para aterrissar. Bem no limite da minha audição, ouvi aquela famosa voz de Bill Cosby falar: "Ah, que cachorrinho bonitinho".

Eu me virei e olhei. Ali estava Winchell, cambaleando pelo corredor, oscilando, caindo como um bêbado. Era um terrier rateiro e tinha se metido para fora da mala, aberto o zíper daquela porcaria e se libertado. Tínhamos sido pegos.

Aconteceu que a esposa do Mickey era advogada, e ela entrou em ação, levando a comissária de bordo no papo. Tivemos que ficar para trás no avião. Bill Cosby passou por mim, olhando para sua mala e fazendo: "Au-au". Mickey e Caryl ficaram conosco. Ficamos ali por umas duas horas. Aquilo era coisa séria. Estávamos correndo o risco de sermos multados em vinte e cinco mil dólares ou até de sermos mandados para a prisão, mas, depois que algumas notas de cem dólares trocaram de mãos, uma caixa de transporte para cães foi levada ao avião e Winchell foi transferido para o compartimento de bagagens para voltar para casa com a comissária de bordo, que o entregou a alguns amigos nossos que estavam esperando o cachorro em San Francisco.

Quando embarquei naquele avião para ir ao Havaí, eu tinha aceitado o fato de que minha passagem pelo Van Halen tinha chegado ao fim. Eu estava indo para o Havaí porque minha casa lá é meu santuário. Se eu fosse para Cabo, a imprensa teria caído em cima de mim. O que aconteceu? O que aconteceu? Eu só queria relaxar e pensar no que fazer. Estava indo para o Havaí para colocar minha cabeça no lugar e decidir o que eu de fato queria fazer. Será que queria mesmo continuar fazendo aquilo? Financeiramente, com certeza eu não precisava trabalhar. Eu estivera naquela ralação de álbum/turnê, álbum/turnê desde o Montrose. Pensava, agora, em relaxar, ficar sem fazer nada até que alguma coisa me ocorresse. Não estava cogitando montar uma banda. Eu iria me esconder.

Mas Mickey Hart não quis me deixar fazer isso.

Mickey aparecia na minha casa em Maui todos os dias. Contei a ele que não queria mais saber da indústria musical. Ele me disse que eu tinha que voltar ao jogo, que eu era talentoso demais para desistir. Ele ia me visitar, acendia uns baseados enormes e me fazia tocar violão. Ele tinha um monte de fitas cassete de música africana que vivia colocando no toca-fitas, me dizendo: “Ouça isto”. Ele me fez voltar ao jogo bem depressa, aquele palhaço.

Mickey é a pessoa mais energética que existe. Ele nunca chegou a fazer uma pausa de cinco minutos na vida. Ele lê seis jornais por dia, escreve uns dois capítulos de um livro, compõe umas duas músicas e vai ensaiar.

“Que história é essa de que você vai tirar um tempo de folga?”, ele queria saber. Para ele, não tinha nada a ver com: “Você precisa mostrar àqueles caras”. Era mais simples do que isso: “Você é músico e cantor, então é isso o que você faz”.

Ele tem um catálogo de ritmos e músicas tradicionais de todo o mundo que vem colecionando ao longo dos anos e leva consigo para todos os lugares. Faziam parte do catálogo músicas egípcia, africana, sul-americana, todos esses estilos diferentes de música. Ele ficava tocando todas essas músicas que eu nunca tinha ouvido antes. Foi muito inspirador. Peguei um violão e comecei a improvisar e, em pouco tempo, tínhamos criado quatro ou cinco ideias. Ele ia até minha casa todos os dias e enrolava um baseado. Eles têm uma erva da boa por lá. Eu não fumava tanto quanto ele, mas ele ficava bem chapado e me deixava todo empolgado.

Eu dei meia-volta em direção à Califórnia. Fui até a casa do Mickey e nós dois ouvimos música africana o mais alto que o aparelho era capaz de tocar. Toquei guitarra e me sentei à bateria, e tocamos durante uns três dias. “Marching to Mars” foi a única música que marcou, mas fiquei interessado em tocar esses outros ritmos. Voltei a ter vontade de gravar um disco. Pedi que Mickey o coproduzisse comigo. Comecei a pensar em montar uma banda. Eu tinha acabado de pular da maldita frigideira e Mickey me puxou de volta para o fogo. Se ele não estivesse naquele avião, eu provavelmente teria ficado meses no Havaí.

Entramos em estúdio e o Mickey ficou completamente louco. Ele nunca parava. Ele acrescentou camadas e mais camadas até precisar trazer outro gravador. Para uma faixa que gravamos, "Marching to Mars", ele trouxe quatro máquinas de vinte e quatro canais e usou todos os noventa e seis canais. Hart estava ao telefone às 4 horas da manhã, tentando encontrar outro gravador de vinte e quatro canais, quando o engenheiro Mike Clink, das sessões do Guns N' Roses, por fim disse: "Já chega".

Essa única música demorou mais tempo e estava ficando mais cara do que o restante do álbum. Cometi o erro de pedir para Mickey parar.

— Você desperdiçou tempo e dinheiro suficientes nessa única faixa — eu disse. Ele se sentiu tão insultado que saiu e foi se sentar no carro, abriu as janelas e acendeu um baseado. Ninguém conseguia encontrá-lo. Por fim, fui até seu carro e lá estava ele, emburrado. Eu me desculpei.

— São 4 da manhã — falei para ele. — Estamos todos exaustos. — Nós concluímos a faixa, a última gravação do álbum, que já estava pronto havia quase três meses, a não ser por aquela última faixa. Eu adoro o cara. Ele talvez seja a pessoa mais energética, trabalhadora e entusiasmada que já conheci.

Para o álbum *Marching to Mars*, a banda contava com Denny Carmassi do Montrose na bateria, Bootsy Collins no baixo em algumas faixas e John Pierce do Huey Lewis and the News em outras. Jesse Harms tocou teclado, e o engenheiro Mike Clink também produziu algumas partes. Entrei em estúdio e gravei o melhor disco que podia gravar, um disco artístico, uma direção contrária à do Van Halen. Esse foi um dos melhores discos solo que já gravei. Todas as músicas são ótimas.

Eu mesmo banquei o disco e não quis nenhuma gravadora envolvida até eu ter terminado. Para o lançamento de *Marching to Mars*, assinei um contrato com uma gravadora nova administrada por Sid Sheinberg, antigo presidente da MCA. Ele tinha se aposentado e fundado uma produtora cinematográfica chamada Bubble Factory e uma gravadora nova chamada The Track Factory. Eles me deram um adiantamento considerável e muitos pontos. Eu era o único artista na gravadora e eles faziam tudo o que eu queria. Era como um sonho que tinha virado realidade. Fomos para Hong Kong e realizamos uma coletiva de imprensa. Fomos ao Japão e fizemos algumas apresentações acústicas em lojas.

Na primeira semana após o lançamento do disco, ele vendeu quarenta e quatro mil cópias — nenhuma miséria, mas também não foram milhões. Na semana seguinte, a gravadora fechou as portas. Eles tinham lançado um filme com um orçamento bem alto estrelando Bette Midler, que foi um fracasso, meu disco, e só. Eles faliram.

A MCA adquiriu o disco, mas o ímpeto já tinha passado. O disco estava arruinado. No fim das contas, ele vendeu até que bem, mas foi uma decepção para mim, porque eu tinha saído de uma banda que estava vendendo de cinco a sete milhões de discos. *Marching to Mars* vendeu em torno de quatrocentas mil cópias. Eu sofri uma grande queda. Mas ele é um disco bem-sucedido à sua maneira.

A Track Factory não tinha sido a única opção. Houve um outro sujeito que queria que eu assinasse com a Hollywood Records, a gravadora da Disney. Ele ficou no meu pé durante quatro dias, tentando me convencer a assinar um contrato de gravação. Ele redigiu o contrato em um guardanapo. Era bastante dinheiro, muito mais do que os outros estavam oferecendo, mas dei para trás na última hora. Ele era louco demais. Na capa, ele queria colocar uma van com HAGAR pintado na lateral. Ele iria levar a van para todas as lojas de discos do país e dar a van como prêmio em um concurso no final.

Decidi montar uma banda. Eu queria alguém que fosse o oposto de Eddie Van Halen. Todos os caras que testei tentavam fazer o lance do *tapping* do Eddie. Sempre que alguém fazia isso, era dispensado na hora. Eu queria um negro que tocasse mais como Hendrix ou Stevie Ray Vaughan. Alguém me contou que Vic Johnson, do Bus Boys, era um grande fã do Montrose. Eu o trouxe de Los Angeles para um teste. Perguntei se ele conhecia "Three Lock Box". "Pode apostar", respondeu e começou a tocar. Eu o contratei na hora. Chamei David Lauser outra vez para ficar na bateria, Jesse Harms ficou no teclado. Jesse foi muito importante para minha música nesse período. Ele apoiava minhas composições, escrevendo pontes e refrãos, e era um cantor cheio de alma, ainda que depois de algum tempo eu viesse a despedi-lo depois de uma discussão.

Eu queria uma mulher no baixo e elas são difíceis de encontrar. O White Zombie tinha uma. David Lauser descobriu Mona Gnader. Ela estava morando no interior, perto de Willits, Califórnia. Chegou na minha casa em uma Harley, com o baixo preso na garupa. E ela sabia tocar que era uma maravilha. Uma coisa que eu adoro em Mona é que ela é como a irmã gêmea do Michael Anthony. Ela é canhota, mas toca como se fosse destra. Ela é um tiquinho de gente, quase do mesmo tamanho dele. Os dois têm vozes agudas. Eles são como irmãos de mães diferentes.

No instante em que Mona começou a tocar na minha banda, eu me tornei um cantor melhor. A maioria dos baixistas toca com bastante força, como Michael Anthony, batendo no instrumento até ele ter saído da afinação. Cantores baseiam suas notas no baixo, quer eles saibam disso, quer não. Você pode achar que está ouvindo o piano ou a guitarra, mas, no instante em que o baixo começa a tocar, você canta com o baixo. Mona tem dedos pequenininhos e toca como Paul McCartney, bem de leve. Ela aumenta o volume do amplificador, mas ela acerta as cordas com leveza. De repente, eu estava cantando na afinação exata. Kari teve que dar uma arrumada na Mona. Mona não tinha nenhuma roupa, a não ser um short, uma calça jeans, um par de botas de motociclista e uma camiseta, e nunca tinha usado batom ou maquiagem na vida.

Decidi que queria me vestir como Janis Joplin, portanto fui até a Haight Street antes da turnê e comprei calças justas de veludo amassado. Eu iria virar um hippie naquela banda com uma garota motociclista e um cara negro. Eu não queria uma banda glamorosa de heavy metal. Demorei um tempo para entender exatamente quem nós éramos, mas sabia que tinha uma banda incrível e um pouco excêntrica que batizei de The Waboritas — que depois abreviei para The Wabos — e ensaiávamos todos os dias.

Fizemos cento e quarenta e dois shows naquele ano. Procurei os promotores chamados Louis Messina e Irv Zuckerman de St. Louis, as duas pessoas responsáveis por grande parte do meu sucesso lá no comecinho, e combinei com eles para que coproduzissem toda a turnê. Toquei em teatros com capacidade para três mil pessoas e viajei para todas as cidades do país, cento e quarenta e dois shows naquele ano e outros cento e trinta e oito no seguinte. Fomos batendo de porta em porta. Em todos os lugares aonde íamos, eu dizia: "Estou de volta. Estou de volta". Acho que eu nunca tinha dado tão duro assim, duas vezes mais do que no Van Halen. Eu ficava querendo pegar mais leve, mas em vez disso continuava aumentando o ritmo. Não sei qual é o meu problema.

Tentei usar um ônibus nas duas primeiras semanas daquela turnê, mais ou menos. Estávamos tocando quase todas as noites. Eu voltava para o ônibus e não conseguia dormir. Fretei um Beech 200 turboélice de oito lugares. Saiu caro, levando em consideração o quanto estávamos ganhando nos teatros. Eu estava levando uma produção bem grande. Contratei Jonathan Smeeton, o sujeito que produziu todos aqueles grandes shows do Peter Gabriel, e ele sabia fazer com que o equipamento que cabia em um caminhão parecesse enorme. Ele também era um ótimo projetista de iluminação, mas tudo isso saía caro. Eu não estava muito preocupado com o dinheiro que estava ganhando com a turnê. Só estava tentando voltar ao jogo.

Kari adorava nossa banda e todos amavam a pequena Kama. Vic Johnson se sentava no avião com Kama no colo. Era assim que fazíamos as coisas. Embarcávamos naquele avião, todos os assentos ocupados, o gerente de turnê sentado no vaso sanitário nos fundos, e viajávamos pelo país inteiro. Estávamos tentando escrever músicas para um segundo álbum enquanto excursionávamos. Eu queria fazer o disco como antigamente. Quando não estávamos em turnê, viajávamos para Cabo. Foi lá que começamos a descobrir quem éramos e a inventarmos a festa.

DECIDI QUE QUERIA fazer minha própria tequila para o bar. A primeira vez que experimentei a verdadeira tequila foi quando eu estava em Guadalajara comprando móveis para o bar. Na época, as marcas cem por cento agave não estavam disponíveis nos Estados Unidos como hoje em dia. Eu sempre adorei o ritual da tequila — o sal, a golada, o limão. Isso é divertido quando você está festejando com amigos. Mas você não precisa fazer isso com uma tequila de verdade. O sal é importante para o primeiro gole, para limpar o paladar, como comer uma salada antes do bife. Ele acentua tudo. Quando experimentei tequila de verdade, pirei.

Encontrar produtores de agave foi bastante difícil. A maioria deles vendia suas colheitas para grandes fabricantes e, se ficavam com um pouco para fazerem a própria tequila, produziam pequenos lotes, algo em torne de vinte caixas, para os amigos e familiares beberem. Por fim, encontrei um fazendeiro que fabricava e entregava a tequila em galões de gasolina de 20 litros e em garrafas plásticas. Transferíamos a tequila para barris de carvalho, verdadeiros barris para envelhecer tequila que tínhamos comprado, e a servíamos direto do barril.

Quando comecei a fazer tequila, Kari e eu ainda íamos para Maui sempre que tínhamos uma oportunidade, mesmo trabalhando tanto. Voltei a ter contato com Shep Gordon, o empresário do Alice

Cooper, que morava em Maui e era dono de um dos melhores restaurantes da ilha. Eu lhe mostrei a tequila e ele gostou. Ele telefonou para Willie Nelson, que também tinha uma casa na ilha, e Willie foi até a casa do Shep para experimentar a bebida. "Essa tequila é boa pra caralho", comentou ele.

Mandei fazer algumas garrafas de porcelana e começamos a engarrafar a bebida. Shep Gordon encontrou um distribuidor no Havaí e nós enviamos cem caixas como teste. As rolhas não encaixaram bem, as garrafas racharam. Metade das caixas chegou de cabeça para baixo. Foi uma bagunça. Começamos a fazer garrafas de vidro soprado e a enviar mais caixas, até que finalmente acertamos. Mas nosso produtor teve problemas com o governo mexicano, que confiscou algumas de suas propriedades por impostos atrasados, e estava exigindo um milhão de dólares para continuar produzindo. Começamos a procurar outro produtor.

Foi então que encontramos a família Rivera, três gerações da família, o avô, o pai e o filho, todas trabalhando nos campos. Eles sequer tinham fábricas. Tinham mulas que puxavam carroças no campo. Aqueles caras cavavam um buraco no chão, acendiam uma fogueira e cozinhavam o agave ali mesmo. As tequilas deles davam um barato, eram muito mais defumadas — e muito inconsistentes. Cada lote era diferente. De vez em quando, eles acertavam.

Em 1999, Shep Gordon fez um acordo com a Wilson Daniels, uma vendedora de vinhos finos. Eu sabia quem eles eram, já que colecionava vinhos finos desde que o presidente da Capitol Records, Bhaskar Menon, me deu uma caixa de Pichon Lalande Bordeaux 1996 de Natal. Aquele pessoal fazia negócios com Échezeaux, La Tâche, Romanée-Conti, Richebourg, vinhos tão finos e com produção tão limitada que as pessoas se dão por contentes quando conseguem comprar umas duas garrafas, imagine então quando conseguem duas caixas. Eles estavam interessados em entrar para o negócio de destilados e encomendaram seis mil caixas da Cabo

Wabo. Os Rivera tiveram que apertar o passo para entregar, pois estavam acostumados a fazer vinte, talvez cinquenta caixas por ano, mas eles deram conta.

Nessa mesma época, conheci Narada Michael Walden, o produtor musical do condado de Marin que tinha gravado todos aqueles discos de sucesso da Whitney Houston, "How Will I Know" e tudo o mais. Ele disse que queria me produzir, e eu lhe perguntei o que ele iria fazer se eu o deixasse me produzir. Ele me disse para encontrar minha música de rock favorita, pegar um *loop*[12] dela e escrever uma música nova com base nesse trecho. Todos os rappers estavam fazendo isso — "Funky Cold Medina" do Tone Loc, tinha usado "Rock Candy". A primeira coisa que me veio à mente foi "Rock and Roll Part Two" do Gary Glitter. "Que ótima ideia, porra", pensei.

Pedi que Jesse Harms fizesse o *loop* da música e escrevi "*Mas* Tequila". Fomos para o meu pequeno estúdio no porão e Lauser tocou bateria. Todos na MCA ficaram empolgados. O The Wabos e eu gravamos nosso segundo álbum, *Red Voodoo*, no andar de baixo, apertados, curtindo a atmosfera despretensiosa do estúdio do porão. Eu não me importava se a bateria soasse uma porcaria e houvesse vazamento de som. Se fosse uma tomada boa, essa era a magia que eu queria. Foi o oposto de *Marching to Mars*.

Shep viajou para Cabo, e nós fomos até a fábrica. Ele foi ao bar e viu a banda. Eu tinha uma tequila cem por cento agave que estava deixando todos que a experimentavam malucos. Ele me viu no palco em roupas de banho, Mona usando shorts e chinelos. "Junta tudo numa coisa só", disse ele.

Fazia sentido. Pegar o estilo de vida e levá-lo para o palco. Nós éramos daquele jeito. Estávamos nos preparando para lançar a tequila. Tudo se encaixou.

12 Gravação de determinado trecho de uma música tocado repetidamente. [N.T.]

Eu tinha ouvido falar de Jimmy Buffett, mas não sabia qual era a dele. Kari fez a ligação logo de cara e me levou para ver um show do Jimmy Buffett no Shoreline Amphiteatre, em Mountain View. Pedi ao Jonathan Smeeton, que tinha trabalhado tão bem na última turnê, para projetar um palco que se parecesse com o Cabo Wabo. Ele passou uma semana lá, tirou fotos, fez desenhos e voltou com um palco. Ele colocou a plateia no palco. Colocou as palmeiras, o teto de *palapa*, tudo.

"*Mas* Tequila" foi lançada e foi um grande sucesso — foi a mais tocada na primeira semana, foi a faixa de rock tocada em rádios a chegar mais depressa ao topo das paradas, permaneceu em primeiro lugar durante três semanas, foi um dos maiores hits do ano em 1999. (Depois que a música foi lançada, acabei ficando com um terço do crédito da composição, ainda que eu tivesse retirado o *loop* e invertido a mudança no refrão. Os advogados da MCA dividiram os ganhos com Gary Glitter e seu parceiro de composição.)

Shep Gordon convenceu o Hard Rock Cafe a ser o anfitrião de uma turnê promocional. Ele fez com que a MCA pagasse. Tocamos em catorze cidades, fizemos shows gratuitos, combinados com aparições em estações de rádio, tudo e mais um pouco, e lançamos a tequila. Vendemos trinta e sete mil caixas no primeiro ano, de imediato a segunda marca premium mais vendida do país. O gin Tanqueray, por exemplo, vende cinquenta mil caixas.

Em retrospecto, posso ver que eu queria ser uma banda pequena de novo, me afastar daquela escala gigantesca do Van Halen. Eu queria voltar a ser uma banda de clubes, inserir aquela atmosfera do Cabo Wabo em tudo. Nós adorávamos tocar lá. Viajávamos para lá durante nossas folgas e nos divertíamos muito. Tocávamos de graça no bar. O lugar sempre ficava lotado. Todo mundo ficava bêbado. Ninguém ligava para o que tocávamos. Eu não queria mais aquela coisa enorme do Van Halen.

Quando caímos na estrada para aquela turnê, eu abria os shows caminhando diante de uma cortina fechada, usando shorts, óculos escuros, camiseta regata e chinelos, com as luzes da casa acesas. Eu apresentava o The Wabos e então pedia que uma garçonete de biquíni trouxesse os aparatos e preparava um coquetel para mim. Eu terminava com a tequila. "É assim que se faz", eu dizia. "Você coloca um pouco de Cabo aqui dentro." Assim que eu dizia "saúde", a banda começava a fazer uma versão à capela de "Cabo Wabo". Era algo diferente para o meu público.

Essa foi a invenção do The Wabos. Nós nos tornamos exatamente quem éramos. É assim que vivo. Isso é o que como. Isso é o que eu bebo. É assim que sou. É assim que toco. Esse é o tipo de música que canto. Nós nos encontramos e foi então que toda a festança de aniversário decolou.

O Cabo Wabo virou um lugar onde qualquer um podia aparecer e tocar. Eu nunca cobrei pela minha festa de aniversário. Era especial para mim. Eu levava toda a minha família, meu irmão e minhas irmãs e suas famílias, todo mundo. As pessoas começaram a aparecer por lá — Slash, Alice Cooper, Rob Zombie, Mickey Hart, Bob Weir, Stephen Stills, o baterista Matt Sorum e o baixista Duff McKagan do Guns N' Roses, Jerry Cantrell do Alice in Chains, Billy Duffy do The Cult, Michael Anthony, é claro, e Chad Smith, o baterista do Red Hot Chili Peppers.

Toby Keith viaja até lá todos os anos para o meu aniversário. Kenny Chesney apareceu uma vez com sua banda completa e tocou por três horas e quarenta minutos. Ele é o detentor do recorde de show mais longo no Cabo Wabo. Ele me deixou exausto tocando "Eagles Fly", "Fall in Love Again", algumas músicas do Van Halen, suas músicas favoritas. Ele ainda afirma que o único motivo de ter saído do palco foi porque teve que mijar. Ele bebeu bastante cerveja ali em cima.

John Entwistle do The Who ia para lá para comemorar seu aniversário conosco. O aniversário dele era no dia 9 de outubro e o do meu irmão era um dia antes. Ele viajava para lá todos os anos para a minha festança de aniversário — minha comemoração de aniversário anual costumava durar duas semanas ou mais. Entwistle adorava festejar. Nós provavelmente tocamos juntos lá cinco anos seguidos. No último ano antes de sua morte, ele foi até a minha casa. Ele era surdo demais: falava bem baixinho porque o volume de seus aparelhos auditivos estava sempre muito alto. Ele os tirava para trocar as baterias e as malditas coisas apitavam mais alto do que as ondas que se quebravam do lado de fora do meu deck. Eu não conseguia acreditar que ele não escutava aquilo. Então, ele os recolocava como se nada tivesse acontecido. Que homem gentil. Ele ficava chapado a maior parte do tempo. John sempre tinha uma bebida e um cigarro nas mãos. Não andava de mãos vazias. Ele usava suas botas de couro de cobra, jeans justos e fivelas enormes com aranhas, camisas berrantes e óculos escuros grandes e antiquados.

Eu tentava convencê-lo a cantar “Boris the Spider”, mas ele dizia: “Ah, cara, eu não sei cantar”. Tocamos músicas do The Who — “My Generation”, “Won’t Be Fooled Again”, “Summertime Blues”. Eu sempre tocava guitarra quando John estava lá. Eu adorava tocar músicas do The Who com o John. Ele tocava demais. Nunca vi dedos como aqueles em ninguém. Ele pegava o amplificador da Mona ou do Mikey e o explodia. Todas as vezes. Tenho boas fotos de John nas paredes do bar.

Em um desses anos, Stephen Stills apareceu. Já havia muitas pessoas ali — Matt Sorum, Michael Anthony, Jerry Cantrell e dois dos rapazes do Metallica, o baterista Lars Ulrich e o guitarrista Kirk Hammet, assim como toda a minha banda.

O gerente de turnê do Stephen ligou para avisar. Eu lhe disse que ficaríamos felizes em ver o Stephen e perguntei se havia alguma coisa que eu pudesse providenciar para ele.

— Stephen gosta de coca — respondeu ele.

Stills apareceu por volta da meia-noite. Já tínhamos tocado um set — Lars Ulrich, Jerry Cantrell e alguns de nós. Ele entrou trajando um paletó de tweed. Estava fazendo 43°C na rua. Ele estava de calças, botas, suando como um porco enquanto arrastava sua bunda gorda escada acima. Eu sou um grande fã, mas esse cara é maluco. Eu o levei para o banheiro e lhe dei um grama de coca que eu tinha pedido para alguém arranjar. Ele a abriu, voltou a fechar, a jogou no chão, enfiou a mão no bolso e pegou um pote de aspirinas Bayer cheio de coca. "Eu tenho a minha", disse ele.

Ele serviu uma tampinha para cada narina, *pow... pow*. Eu cheirei um pouco. O negócio era poderoso. Um cara que experimentou um pouco me contou depois que a coisa era tão forte que era só encostar que seu rosto ficava adormecido. Todo mundo caiu em cima.

Subimos no palco e Stephen começou a tocar "Crossroads". Matt Sorum tocou bateria, Jerry Cantrell e eu estávamos tocando guitarra e Michael Anthony estava no baixo. Um pouco depois, Lars se sentou atrás da bateria e Stephen começou "For What It's Worth". Lars não sabia tocar a música, então simplesmente começou a bater nas coisas. Stephen interrompeu a música. "Onde está aquele outro baterista?", perguntou. "Chame aquele outro baterista aqui para cima." Lars praticamente rastejou para fora do palco. Mas Stephen era legal. Ele não ligava. Ele queria o outro baterista.

Então aqueles caras ficaram três dias perdidos. Eles sumiram. Eles saíram naquela noite, foram para algum lugar e não voltaram. Eu não consigo fazer uma coisa dessas. Quando eles voltaram, descobri o que tinha acontecido. Disseram que Stephen deixou todos eles no chinelo, todos os novatos, e mostrou a eles como é que se faz. "Ele envergonhou todos nós", contou Lars. "Nós vimos o sol nascer três vezes."

Tentei me conectar com Stephen em outra noite. Fui até a cobertura onde ele estava se hospedando e levei dois violões. Ele é um excelente violonista e eu queria aprender algumas coisas com ele, suas afinações, talvez escrever uma música juntos. Ficamos tão chapados que, quando pegamos os violões, foi uma perda de tempo. Tentei lhe mostrar uma ideia para uma música e ele não deu a mínima. Depois ele tentou me mostrar algumas coisas e eu disse: "Ok, bom, talvez, não, próxima". Não havia ligação nenhuma. Eu adoro o Stephen, mas é muito difícil se comunicar com ele.

— Qual é a do Steve? — perguntei para seu gerente de turnê. — Ele me ignora. Você diz alguma coisa para ele, ele se vira e sai andando.

— Ele não consegue ouvir — explicou ele. — Ele provavelmente nem sabe que você disse alguma coisa.

Subi a bordo do avião para voltar para casa — era um voo comercial — e olhei para a pista. Ali vinha Stephen, mancando ao longo do caminho até o avião, arrastando a perna como uma múmia. Ele ainda estava usando o paletó de tweed — é provável que não tivesse trocado de roupa o tempo todo em que ficou por lá. Deixou-se cair no assento do outro lado do corredor, uma fileira à frente na cabine da primeira classe, parecendo sequer me notar.

Ele afinal me reconheceu e disse oi, mas estava de cara fechada, não queria conversar. Era óbvio que sua perna estava doendo. Então me ocorreu — todos os frutos do mar, a desidratação, a bebida, a coca — que aquele cara tinha gota. Eu já tinha tido aquilo. Eu sei como é. Ele comeu camarões e lagostas, mexilhões. Levei todas essas coisas para o camarim. Tivemos banquetes maravilhosos de frutos do mar. Ele entornou tequila como se fosse água e ficou o tempo todo com aquele paletó. Ele suou pra burro, é provável que não tivesse bebido uma gota d'água. Ele disse que estava com muita dor no avião, que sua perna estava acabando com ele. Gota, com certeza. Eu o deixei em paz. Quando chegamos na alfândega, eu o deixei sozinho. Eu não me via passando pela alfândega com ele. Não tinha como saber o que ele estava levando.

13

APRESENTANDO IRVING

MEU AMIGO JOHNNY BARBIS estava almoçando em um restaurante e me ligou de lá.

— Sam, você já conheceu o Irving? — indagou. — Vou passar o telefone para ele.

Irving Azoff era o notório empresário do The Eagles. Ele era uma das figuras mais poderosas da indústria musical. Barbis entregou o telefone para Irving e ele foi logo dizendo as coisas certas.

— Você deveria estar ganhando mais dinheiro do que está ganhando — disse ele.

Ele parecia ser um sujeito muito legal. Ele me pediu para telefonar para ele se algum dia eu precisasse de alguma coisa e, pouco depois, eu lhe pedi para dar uma olhada em um contrato de gravação que eu estava prestes a assinar. Ele voltou com tudo acertado, com alguns benefícios incluídos e, quando perguntei quanto eu lhe devia, ele me disse para não me preocupar com aquilo. Sujeito esperto.

Na vez seguinte em que estive em Los Angeles, fui até seu escritório para uma reunião. Eu estava muito impressionado com Irving. Estávamos conversando sobre minha empresa de tequila e ele disse:

— Conheço uma pessoa que pode ajudar. Vamos telefonar para ela.

Ele pegou o telefone, *clique, clique*, e começou a falar com alguém.

— Ei, Joe, estou com Sammy Hagar aqui. Ele está tentando vender a tequila dele para a rede de lojas Costco. Você acha que pode ajudar?

Irving conhece todo mundo. Ele é inteligente e sabe como fazer as coisas acontecerem. Ele me colocou sob suas asas e me tratou bem. Comecei a ganhar um pouco mais de dinheiro. As coisas passaram a ficar um pouco melhores para mim. Se eu tivesse um problema, ligava para ele e, *bum*, o problema desaparecia. Ele tem poder e inteligência. De repente, ele começou a fazer acordos para mim, a me empresariar, a ficar com sua porcentagem. Eu não cheguei a assinar um contrato. Sequer apertamos as mãos. Mas ele era muito justo e não cobrava pelas despesas. Ele mandava um sujeito chamado Tom Consolo de sua equipe administrativa. Consolo chegava e partia de avião, reservava o próprio quarto, cuidava do próprio transporte, pagava tudo do seu bolso, e Irving me cobrava quinze por cento do total depois de deduzir as despesas de produção. Muitos empresários ficam com mais do que isso. Eu achava Irving incrível.

Àquela altura da minha carreira, me sentia confortável fazendo qualquer coisa. Não me importava com minha suposta imagem.

Eu estava aberto a todos os tipos de ideias malucas. Irving e eu estávamos em seu escritório, planejando o que fazer a respeito de uma turnê no verão de 2002. Estávamos conversando sobre participações especiais e bandas de abertura, e alguém me perguntou se eu já tinha pensado em fazer uma turnê com Roth, só para irritar o Van Halen e deixar os fãs em polvorosa.

— Que ótima ideia — comentei —, mas ele nunca vai topar.

— Vamos ver — disse Irving, pegando o telefone. Ele ligou para uma pessoa e, quem poderia imaginar, Roth quis fazer uma reunião.

Não conhecia Roth pessoalmente, apenas conversei com ele uma vez por telefone, então fiquei surpreso quando aquele deus do rock alto e escultural entrou no escritório do Irving trajando toda sua indumentária — chapéu grande, óculos escuros, um conjunto preto cintilante com calças que cobriam as botas. Eu não sabia que ele era tão alto, mas, quando se sentou e cruzou as pernas, vi que ele estava usando saltos plataforma de 12 cm. Eu estava vestindo uma camiseta, short e chinelos. Ele se sentou ereto na cadeira, tentando permanecer mais alto do que todo mundo. Fui ao banheiro.

— Falamos muitas coisas um para o outro — disse Roth. — Vamos esquecer tudo e começar do zero.

Esse viria a ser o último sinal de cooperação da parte dele.

Logo de cara ele rejeitou minha sugestão de que cantássemos algumas músicas juntos e fizéssemos daquilo um evento amigável. Ele visualizava algo mais no estilo do jogo de videogame de luta-livre WWF SmackDown. Concordamos em fazer a turnê, decidimos que iríamos nos revezar como atrações principais — Roth uma noite, eu na seguinte — com a primeira data a ser determinada no cara ou coroa, mas, ao longo dos dias que se seguiram, cada vez mais novas exigências de sua parte surgiam.

Eu estava ciente de sua situação. Alguns anos antes, um amigo meu o contratou para um show em Tahoe por dez mil dólares e ficou me telefonando durante o show para me fazer ouvir como ele estava desafinado e cantando mal. Ainda assim Roth insistiu em receber o mesmo valor que eu, apesar de ambos sabermos o que ele ganhava com seus shows solo. Ele não podia competir com a minha bilheteria, mas ele queria dez vezes mais do que estava ganhando por conta própria. Irving me convenceu a consentir.

— Você vai acabar com ele — disse Irving. — Ele tem uma porcaria de uma banda cover. O mundo todo finalmente vai ver que você é o melhor dos dois. Vamos cair na estrada e provar isso, Sammy. Vamos lá, não seja ganancioso agora. Estamos falando do seu futuro. Todos os promotores vão dizer: "Sammy é melhor do que ele, ele é que está atraindo o público e vamos pagar mais a ele". Você vai dobrar o seu dinheiro na próxima vez que excursionar sozinho ao fazer essa turnê com o Dave.

Realizamos uma coletiva de imprensa e fizemos o cara ou coroa, mas Roth queria renegociar o tempo todo. Ele insistiu em fechar os shows em Los Angeles e Nova York. Irving resolveu essa questão sutilmente ao agendar dois shows em uma casa menor em Los Angeles para que cada um de nós pudesse ser a atração principal em uma das noites, mas o agendamento em Jones Beach em Nova York foi por água abaixo. Roth não queria ceder e eu me recusei a deixá-lo vencer. Nós pulamos Nova York nessa turnê.

Foi assim o tempo todo. Roth não estava sendo muito bem recebido. Ele perdeu a voz e não conseguia mais cantar direito de qualquer maneira. Sua bandinha sem graça tocava todas as músicas antigas do Van Halen, e o The Wabos e eu detonávamos com músicas novas e meu material solo, guardando quatro ou cinco músicas do Van Halen para tocar com Michael Anthony. Os fãs adoravam isso. Roth não chamou Mike para tocar com ele nem uma vez sequer. Minhas camisetas estavam vendendo mais do que as dele em uma proporção de quatro para uma.

Ted Nugent e Kid Rock subiram no palco para me apresentar em Detroit. Depois do show, Kid Rock me arrastou até o camarim de Roth e perguntou por que não estávamos cantando algumas músicas juntos. Ele disse que, daquele jeito, estávamos enganando os fãs. Roth concordou em fazer isso e nós apertamos as mãos. Quando enviei o gerente de turnê para conversar com ele na noite seguinte sobre quais músicas cantaríamos juntos, ele voltou relatando que Roth estava de mau humor e não queria sair do ônibus. Quando fui conversar com Roth mais tarde, ele contou que tinha ficado acordado a noite toda com Kid Rock e não conseguia cantar.

— Minha garganta — disse ele. — Amanhã.

Ele repetiu essa encenação de novo e de novo. Isso virou uma piada recorrente. Eu batia na porta do camarim dele e gritava: “Ei, Dave, o que vamos tocar esta noite?”.

Ele fazia qualquer coisa para ficar com os holofotes só para si. O *Los Angeles Times* enviou um repórter para St. Louis, meu principal mercado, para escrever uma matéria especial sobre a turnê. Roth só aceitou fazer uma entrevista com o sujeito pouco antes de eu subir no palco. O repórter decidiu assistir ao meu show em vez disso.

Ele aprontou coisas assim ao longo de toda a turnê. Chegamos em Fresno e Roth ligou para informar que seu ônibus tinha quebrado. Eu tinha que seguir em frente e abrir o show ou esperar até depois da meia-noite, depois do tempo-limite, para me apresentar como atração principal. Seguimos em frente e abrimos o show, e ele chegou a tempo de subir no palco depois de nós. Que otário. Em vez de demonstrar um pouco de gratidão pelo grande negócio que estávamos fazendo, arrancando-o do esquecimento e o colocando de volta nos grandes palcos, ele decidiu ser difícil. Por fim, fui sincero com um repórter da coluna da Página Seis do *New York Post*.

— Ele é a porra de um otário careca — disse eu —, uma prima-dona arrogante de meia-idade que finge ser uma coisa que não é mais. Ele é um artista nostálgico que precisa usar peruca e até a pinta com spray.

Estávamos no Verizon Wireless Amphitheatre em Charlotte, Carolina do Norte, quando Roth leu a matéria. David Lauser estava passando pelo camarim, enrolado em uma toalha, a caminho dos chuveiros.

— Olá, moças — cumprimentou ele.

— Vai se foder — gritou Roth. — Você está me chamando de viado? Sua bicha maldita.

Saí do meu camarim quando ouvi a gritaria.

— Dave, você precisa pegar leve — falei.

— Vai se foder — exclamou ele.

Dois membros da equipe se colocaram entre nós, mas Roth viajava com cinco guarda-costas corpulentos e eles intervieram, jogando os roadies no chão. Chamamos a polícia. Depois disso, ergueram uma barreira de madeira compensada para dividir o camarim em todos os shows. Ele tinha permissão de entrar no local só quando eu já tivesse terminado e não podia aparecer enquanto ele ainda estivesse lá.

No início, eu esperava que a turnê comigo e Roth fosse convencer aqueles cabeças-ocas de Amsterdã a juntar forças para uma turnê em estádios com Sam e Dave e o Van Halen. Teria sido a maior turnê do mundo. Mas isso nunca iria acontecer. A turnê com Sam e Dave foi um enorme sucesso financeiro, mas um desastre pessoal.

APESAR DA FRUSTRAÇÃO da turnê com Roth, continuei correndo atrás de novas oportunidades. Agarrei a chance quando fui convidado para tocar com o The Dead no Dia dos Namorados de 2003 no Warfield Theater em San Francisco, a primeira vez que aqueles caras se reuniram e usaram esse nome desde a morte de Jerry. Kari e eu saímos para jantar antes, então chegamos um pouco bem-vestidos demais, mas só de ver a marquise com THE DEAD escrito... Isso mexeu bastante comigo. Fui à casa de Bob Weir alguns dias antes e ele me pediu para escolher uma música para tocar com eles no show. Escolhi "Loose Lucy".

Conversamos sobre ela nos bastidores durante o intervalo. Phil Lesh foi muito legal. Quando perguntei sobre o arranjo, Phil me disse para apenas sentir a música. Perguntei quantos compassos eu tinha que esperar antes de começar a cantar. "Entre quando você quiser", disse ele. "Quando você entrar, esse vai ser o verso."

Eu tinha tocado com aqueles caras alguns anos antes, quando eles se chamavam The Other Ones, mas só toquei guitarra na última música, "Fire on the Mountain". Dessa vez, eles estavam tocando a música para eu cantar, uma grande diferença. Fizemos uma ótima

QUANDO VOLTEI A CANTAR, TODOS ME ACOMPANHARAM. PUDE SENTIR DE VERDADE O QUE ELES FAZEM. NÃO ACHO QUE FOI UM DAQUELES MOMENTOS DE ARREPIAR, MAS A PLATEIA ME ACEITOU.

versão — os fãs Deadheads que trocam fitas a adoram. Cantei um verso e parei. Olhei em volta para ver se alguém me daria a deixa. Aqueles caras estavam longe, em seu próprio mundo. Eles não ligavam. Quando voltei a cantar, todos me acompanharam. Pude sentir de verdade o que eles fazem. Não acho que foi um daqueles momentos de arrepiar, mas a plateia me aceitou. Quando eles me apresentaram, fui recebido por um som que foi mais para "Hum, o que ele está fazendo aqui?" do que um ruído de reconhecimento. Mas, depois que comecei a cantar, pude perceber que eles estavam curtindo. Quando saí do palco, a Mountain Girl foi até mim e me deu um grande abraço. Eu não conhecia a patroa do Garcia, mas sabia quem ela era.

— Sammy, você mandou muito bem nessa música — disse ela.

Para o verão de 2003, fiz planos de sair em turnê com o Lynyrd Skynyrd, *Party of a Lifetime* foi como eles chamaram a turnê, só para ver o Skynyrd sobrevivente, o guitarrista Gary Rossington, desmaiar no começo da turnê por causa de problemas cardíacos. A banda cancelou uma série de shows. Tive a brilhante ideia de reunir o Montrose como meus convidados especiais e dar continuidade aos shows com minha banda. Ofereci aos três rapazes dez mil por noite para serem divididos entre eles, com todas as despesas pagas, jatinho particular, gerente de turnê, o pacote completo. Bill Church e Denny Carmassi agarraram a oportunidade. Ronnie Montrose se mostrou menos ansioso.

— Ok, Hagar — disse ele —, mas você tem certeza de que garantiu o avião particular?

Tudo acabou saindo muito bem. Eu fazia meu show completo e voltava para o bis com o Montrose. Tocávamos "Rock the Nation", "Bad Motor Scooter", "Rock Candy", "Space Station Number 5" e sempre fazíamos outro bis. Eles receberam mais dinheiro do que jamais tinham ganhado na vida, e houve momentos em que tocamos bem pra caramba. Mas Ronnie começou a ter ataques de ego para cima da minha banda, tentando dizer ao meu guitarrista, Vic, onde ele podia colocar seu equipamento no palco, coisas idiotas assim. Era inevitável, suponho eu, mas só voltei a fazer isso mais umas duas vezes.

Irving, no entanto, não queria parar por aí. Ele queria algum tipo de reunião do Van Halen e, como eu parecia ser a única pessoa sã do grupo e eu era a pessoa que ele empresariava, ele começou a trabalhar nos bastidores para fazer isso acontecer. Pediu, então, para Al me telefonar na véspera do ano-novo de 2003 — o nascimento de um ano que veio a ser muito importante.

Eu amo o Al, sempre amei. Mesmo depois de eu ter deixado a banda, às vezes telefonávamos um para o outro em nosso aniversário ou na véspera do ano-novo. Essa era nossa maneira de permanecermos em contato mesmo quando as coisas ficaram ruins. Os irmãos tinham feito pouca coisa desde minha saída.

Eles tinham gravado um álbum com Gary Cherone — que mais tarde me contou que eles o tinham testado enquanto eu ainda estava na banda. Ray Danniels era o empresário de Cherone, porque ele era o empresário do Extreme. Primeiro, ele tentou colocar Cherone no *Fantasma da Ópera* na Broadway. Depois, Danniels lhe disse que ele seria o vocalista do Van Halen. Gary é um sujeito talentoso. Ótimo cantor, ótima forma física, um cara saudável, não usa drogas, um sujeito muito gente fina. Escolha errada para a banda? Sem sombra de dúvida.

Van Halen III foi o único álbum do Van Halen que não ganhou disco de platina. De acordo com Gary, Eddie insistiu que ele fizesse no disco exatamente o que lhe era pedido. Ele lhe disse quais melodias cantar e até mesmo escreveu algumas das letras. Ele nunca tinha feito nada disso antes. Lembro de Ray Danniels me dizendo: "Eddie quer a banda dele de volta". Fiquei sabendo que Eddie despediu Al duas vezes durante a gravação de *Van Halen III*. Eddie tocou bateria. Eu sempre lhe disse que ele deveria gravar um disco solo. Eles levaram anos para gravar o disco por causa da condição em que Ed e Al se encontravam.

Não sei como eles conseguiram fazer a turnê, mesmo curta, que acabaram fazendo. Al não conseguia tocar por muito tempo. Eddie estava mancando. A turnê para promover *Van Halen III* não rendeu muito lucro. Eles cancelaram muitos shows. Tocaram para mil e seiscentas pessoas em Sacramento. Fiquei sabendo que tocaram quarenta minutos e Eddie deixou o palco. Eu não estava lá, mas Gary me contou depois que nos tornamos amigos. Eu o levei para tocar comigo em um show gratuito que fiz no Irving Plaza de Nova York para os bombeiros depois que o World Trade Center desmoronou. Ele me contou que Eddie também deixou o palco no meio do show em Boston e só voltou meia hora depois.

Eles mandaram Cherone embora depois da turnê e começaram a tentar uma reunião com Roth, a qual não durou. Fizeram cinco tentativas frustradas com Roth. Eles decidiam se reunir, agendavam uma turnê ou começavam a trabalhar em novas músicas, mas nada chegava a acontecer. Eu sabia o que estava acontecendo. Eu mantinha contato com Michael Anthony.

Enquanto isso, eu estava me saindo bem com a tequila. O The Cabo Wabo Cantina tinha virado um poço de petróleo bombeando dinheiro, então não precisava fazer uma turnê de reunião para levantar uma grana. Mas os irmãos eram outra história. Eles me contaram que estavam quase falidos. Al tinha se divorciado e perdido muito dinheiro. Quando se divorciou, ele estava bastante endividado, mas Al já estava mergulhado em dívidas quando saí da banda. Eles tomaram algumas decisões de negócios muito ruins. Suas reservas financeiras estavam baixas e eles precisavam do dinheiro.

Quando Al me telefonou na véspera do ano-novo de 2003, eu lhe disse que Kari, as crianças e eu estávamos indo para Laguna

Beach e que ele deveria nos visitar. Ele levou sua nova esposa e o filho deles. Chegaram por volta do meio-dia e ficaram até meia-noite. Rimos, brincamos e bebemos. Al bebeu café e eu tomei algumas taças de vinho. Tarde da noite, o telefone do Al tocou e era Ed. Ele me entregou o telefone, e Ed começou a me interrogar.

— Por que você saiu da banda? — perguntou ele.

Estava tarde. Imaginei que o cara estivesse chapado e não dei bola.

14

CABELO DE SAMURAI

EU ESTAVA ESPERANDO EDDIE NO 5150 STUDIOS havia mais de uma hora quando ele por fim deu as caras. Eu não o via havia dez anos. Parecia que ele não tomava banho fazia uma semana. A roupa, ele com certeza não trocava pelo menos esse mesmo tempo todo. Estava sem camisa. Vestia calças camufladas e um sobretudo gigante, esfarrapado e rasgado nas mangas, preso por um pedaço de corda. Eu nunca o tinha visto tão magro na minha vida. Ele tinha perdido alguns dentes e aqueles que tinham sobrado estavam enegrecidos. Suas botas estavam tão gastas que ele tinha passado fita adesiva em volta delas e o dedão do pé ainda despontava de uma.

Ele andou até mim, encurvado feito um velhinho, com um cigarro na boca. Um terço de sua língua tinha sido removido devido ao câncer e ele falou com um leve ceceio.

— Você está bem, cara? — perguntou ele.

— Estou — respondi.

— Hum, você parece um pouco acabado — disse ele.

Eu olhei para o Al, que estava meio que rindo. O pensamento de que eu deveria dar o fora daquele lugar passou pela minha cabeça — aquele sujeito era doido de pedra. Mas ele me fez aquele gesto vem-cá-me-dá-um-abraço, um abraço desajeitado com toda certeza. Ele não era só o cara mais estranho que eu já tinha visto, ele estava mais embriagado do que qualquer pessoa que já encontrei na vida. Mas eu o abracei. Minha ideia era: se vamos dar continuidade a essa reunião, vamos gravar um disco novo.

— Vamos tocar alguma coisa — disse eu. — Toquem alguma coisa para mim. O que vocês têm aí?

Ele foi fuçar um monte de fitas e tocou para mim algumas ideias de músicas, com apenas ele e Al tocando, como sempre. Algumas coisas eram bem legais. Eu ia falando: “Gostei disso, gostei daquilo, não gostei muito disso”. Fiquei lá durante alguns dias e tentei compor com eles.

O mais cedo que começávamos era ao meio-dia. Houve vezes em que Eddie só descia para o estúdio quando já eram 21 horas. Ele morava na casa ao lado. Al ia ver como ele estava.

— Ele teve uma noite difícil ontem — contava Al. — Ficou acordado tentando escrever algumas músicas.

Ele podia ter perdido um pedaço da língua para o câncer, mas ainda estava fumando. Alegava que o câncer foi causado por colocar a palheta na boca enquanto usava os dedos para tocar. Eu lhe contei que os cigarros mataram nosso empresário, Ed Leffler, mas ele não acreditou. Ele passava o dia todo bebendo Shiraz barato direto da garrafa. Era por isso que seus dentes estavam enegrecidos.

— Ed, por que você não coloca isso em algum recipiente? — perguntei.

Ele levantou a garrafa.

— Já está em um recipiente — respondeu.

Ele estava morando com uma patologista que vivia cortando pequenos pedaços de sua língua para examinar e ver se havia algum sinal de câncer. Ele derrotou o câncer. Ele me contou que se curou ao mandar que pedaços de sua língua fossem liquefeitos e injetados em seu corpo. Também me contou que, quando passou pela artroplastia do quadril, ficou acordado durante a operação e ajudou os médicos a fazerem o furo. Que maluco.

Não sei o que ele estava tomando, mas ficava acordado três ou quatro dias seguidos. Ele costumava socializar com uma das bandas de abertura na turnê e ia até o camarim deles antes do show. Seja lá o que estivesse usando, ele não nos deixava ver. Eu nunca consegui ver o que era, mas ele estava tomando alguma coisa. Além de beber vinho o dia todo. Ele nunca ficava no mesmo lugar por mais de vinte minutos.

— Volto daqui a pouco — dizia ele. — Preciso dar uma cagada. — Gary Cherone me contou que uma vez ele fez isso no meio de um show.

Seu casamento tinha acabado. Valerie tinha ido embora. Ele, por fim, me convidou para ver a casa gigantesca e extravagante de 1.480 metros quadrados que ele e Valerie tinham construído antes de se separarem. Parecia que vampiros moravam ali. Havia garrafas e latas espalhadas pelo chão. A maçaneta da geladeira estava quebrada. Parecia um barraco. Teias de aranha estavam por toda parte. Ele havia pendurado grande cobertores nas janelas. Os colchões tinham sido arrancados das camas e encostados nas paredes para isolar o som, pois ele estava compondo músicas e tentando obter o som certo. Ele disse que gravaríamos muito ainda naquele lugar. Ele cavou uma vala para passar os fios do estúdio até a casa. Não usamos o lugar nem uma vez sequer para as três músicas que acabamos gravando.

Ele dormia no chão com um cobertor e um travesseiro. Não havia comida nos armários. Eu nunca tinha visto um lugar tão sujo na vida. Era como a casa daquele filme *Grey Gardens – Do Luxo à Decadência*.

Aquele era o Eddie Van Halen, uma das pessoas mais gentis que já conheci. Ele tinha se transformado no desgraçado mais esquisito que eu já havia visto, grosseiro, rude e desleixado. Eu deveria ter caído fora, mas Eddie tem um lado muito charmoso e astuto, que faz com que você acredite que ele tem um bom coração. Ele vai se recuperar. Ele vai ficar limpo e vamos conseguir terminar o trabalho.

Eu achava que algumas das ideias eram ótimas, mas eram apenas gravações. Fazer com que ele de fato tocasse as músicas se mostrou mais difícil. Ele começou a tocar a música que virou "Up for Breakfast" na coletânea *Greatest Hits*. A parte do teclado já tinha sido gravada digitalmente. Al e Eddie iam tocar ao vivo para me mostrar. Eu estava com o microfone na mão, pronto para tocar com eles como sempre fazíamos. Ele começou e então parou.

— Tenho que tocar a parte do teclado — explicou.

Ed começava a música e então dizia:

— Espere, espere, espere. Preciso trocar de amplificador.

Ele nunca avançava mais do que uns dois compassos.

— Ah, não, não, espere um pouco. Isso não está certo. Preciso trocar de guitarra.

Ele não conseguia tocar a porcaria da música inteira. Umas duas horas depois, Al pegou uma fita e tocou para mim uma versão que já tinha sido gravada. Adorei o que ouvi. A sequência de teclado me fazia lembrar de "Why Can't This Be Love" e outra de minhas músicas favoritas, "Mine All Mine".

Mas as sessões de gravação foram uma bagunça. Al estava em negação. Eu tentava conversar com Al sobre o irmão dele, mas ele se recusava a ouvir.

— Você o conhece — dizia Al, apontando para a guitarra *signature* pintada do Eddie. — Está vendo todas aquelas faixas, aquelas coisas desordenadas, espalhadas por toda parte? É assim que a mente dele funciona. Tudo para um lado, para o outro, espalhado. Não consegue focar. Não consegue se concentrar.

Planejamos gravar um álbum em três meses, mas em pouco tempo ficou óbvio que tínhamos três músicas que ficariam legais e que não haveria álbum nenhum. Contratamos o produtor Glen

Ballard, que tinha gravado *Jagged Little Pill* da Alanis Morrisette, um grande profissional que tentou de verdade fazer as coisas darem certo. Eu tinha escrito minhas letras. Eddie tinha pilhas de fitas cassete. Recuperamos fitas antigas — sessões com Cherone? Roth? Eu não sei — cortamos e recortamos para transformá-las em músicas novas e escrevi as letras. Estávamos com tudo isso pronto em uma semana. Ed demorou três meses para gravar as partes de guitarra e uns dois solos de três músicas. O Eddie Van Halen que eu conhecia poderia ter feito aquilo em uma hora.

Eu estava lá certo dia quando Ed chegou com um grampo tipo C. Glen. Ballard me pediu para ir ao estúdio e participar de todas as sessões, tentar manter a atmosfera agradável e ajudar a orquestrar as coisas — para ajudá-lo, na verdade. Ele não queria ficar sozinho com aquele maluco.

Eddie tinha uma Telecaster que ele queria tocar, mas não conseguia deixá-la afinada. Sempre que tentava, ela emitia um som diferente. Eles estavam trabalhando nisso havia três ou quatro dias quando Eddie levou a guitarra para sua oficina, a prendeu à bancada de trabalho usando um grampo tipo C e passou fios do estúdio através pela entrada da garagem. Não deu certo, claro.

Parecia que, sempre que eu chegava no estúdio por volta das 17 horas, Ed ainda não tinha dado as caras. Eu ficava lá de bobeira, mas, quando Eddie descia para o estúdio às 21 horas, eu já tinha ido embora. Ele deixava todo mundo exausto, ficando acordado e trabalhando a noite toda. Quando tentei conversar com ele sobre isso, ele me olhou como se eu fosse louco. “Você sabe que eu não consigo fazer nada a não ser que esteja me sentindo criativo”, disse ele.

Ed decidiu que queria tocar baixo nessas três músicas – não queria deixar o Mike tocar baixo. Em uma delas, “It’s About Time”, ele demorou pelo menos uma semana para gravar as partes do baixo. Mike poderia ter gravado em uma hora. Quando eles finalmente gravaram as faixas com as bases de guitarra, era só isso que eu precisava para cantar. Eu não precisava de seus solos de guitarra. Não precisava de qualquer outra produção. Assim que eles fizeram isso, eu entrei e gravei meus vocais nas três músicas em duas horas. Michael Anthony chegou e gravamos todos os vocais de apoio em outras duas horas. Metade de um dia e tínhamos concluído tudo. Eddie ainda estava dormindo. Quando ele desceu, já tínhamos terminado. Fui embora. Eles passaram os três meses seguintes gravando as guitarras do Eddie.

Começamos a ensaiar para a turnê. O show seria a atração mais popular do verão. Os promotores desembolsaram grandes quantias e arrebataram oitenta datas. Os irmãos Van Halen queriam um novo baixista. Eu lhes disse que não faria uma reunião sem Mike. Eles ainda conseguiram diminuir a porcentagem dele a um valor menor do que deveria ter recebido como sócio igualitário — Al, Irving e eu abrimos mão de partes de nossas porcentagens para dar ao Mike — e ele abdicou de futuros direitos autorais do Van Halen depois da turnê. Eles estavam com raiva dele. Estavam com raiva de mim também. Eu só não tinha percebido ainda o tamanho da raiva deles.

Eles ainda estavam putos por causa do Cabo Wabo e se atendo à ideia de que eu tinha ferrado com eles de alguma forma no acordo. Se alguém fez isso, essa pessoa foi Ray Danniels, o antigo empresário deles. Quando o governo passou uma fita amarela em volta do bar, eles quiseram fechá-lo e se recusaram a investir mais dinheiro para mantê-lo aberto. Ainda estávamos brigando por causa disso quando a banda se separou. Ray Danniels me deu o Cabo Wabo em troca de meu interesse pela marca registrada do Van Halen. Na época, eles não deram nenhuma importância, mas, durante a reunião, a tequila estava por toda parte e as pessoas sempre me abordavam para falar sobre o bar. Isso os deixava loucos.

Eles colocaram no contrato que eu não podia usar nenhuma camiseta do Cabo Wabo no palco ou mencionar qualquer coisa relacionada à tequila ou ao bar no microfone. Fui direto a um estúdio e fiz uma tatuagem gigante do Cabo Wabo no meu ombro. Eu sabia que iríamos utilizar telões enormes e que, como vocalista, eu apareceria em muitos close-ups naqueles telões. Eu não precisava de uma camiseta.

Eles não sabiam que eu tinha feito isso. Eu me assegurei de usar camisas de mangas compridas. Mas Mike sabia. Ele chegava no ensaio e me dava um tapa no ombro. "Tudo bem com você?", perguntava. Doía pra diabo com toda aquela tinta preta na tatuagem. Mike ficava me dando tapas no ombro e fazendo brincadeiras, mas os irmãos Van Halen não sabiam o que eu tinha feito.

Os ensaios não correram muito bem. Eddie estava tendo dificuldades para acabar as músicas. Sempre algo dava errado com seu equipamento. Era a mesma rotina de quando começamos a improvisar no estúdio meses antes. Ele começava as músicas, mas não terminava. Eu ia embora na hora do jantar. Al ficava acordado a noite toda com ele. Eddie nunca tocava o repertório completo nos ensaios. Tudo o que ele queria tocar nos ensaios eram as três músicas novas. Não queria aprender as músicas antigas. Sempre havia alguma coisa errada. Eu chegava no ensaio e ele estava desmontando seus alto-falantes. As três músicas novas eram tudo o que ele sabia tocar, e ele nem sabia tocá-las assim tão bem. Podíamos tocar as músicas que tinham teclado — gravado em fita — e ele podia sair improvisando, "When It's Love", músicas assim. Nunca terminávamos as outras canções — "Runaround", "Top of the World", "Finish What You Started". Ele não conseguia tocar "Why Can't This Be Love".

Ele demitiu o técnico dos monitores, demitiu o técnico de som, demitiu o técnico de teclado, demitiu pelo menos cinco técnicos de guitarra, e isso só durante os ensaios. Alguma coisa está errada quando um sujeito coloca a culpa em todas as outras pessoas — como o técnico de teclado, que apenas apertava um botão que disparava a parte de teclado. Foi tudo uma loucura e uma bagunça. Eu sabia que seria um desastre. E disse isso ao Irving.

Irving é um verdadeiro profissional. Ele sabe como fazer as coisas funcionarem, mas não é um sujeito confrontador. Ele prefere levar as coisas na conversa, mas, pouco depois de começarmos os ensaios, Irving concordou em realizar uma intervenção com Eddie. Ele chamou um segurança grande e musculoso e se encontrou comigo e com o Al no 5150. Eddie chegou carregando sua garrafa de vinho. Foi Irving quem falou. Ele disse ao Eddie que a turnê seria difícil, que ele precisava ficar longe por uma semana ou duas, que poderíamos adiar alguns dos shows se necessário. Todos concordávamos que Eddie precisava ficar sóbrio.

Ele estraçalhou a garrafa.

— Vão se foder — exclamou ele. — Eu vou matar o primeiro filho da puta que tentar tirar essa garrafa de mim. Eu abandonei minha família por essa merda. Vocês acham que vou fazer isso por vocês?

Para você ver como o camarada estava doente naquela época. Iria ser uma longa turnê.

O primeiro show da turnê, em Greensboro, Carolina do Norte, foi fenomenal. Eddie não teve uma atuação incrível, mas até que foi bem. David Fisher projetou o palco a partir de uma ideia minha e do Al que usava os anéis do logo do Van Halen como uma maneira de instalar seções de assentos especiais no meio do palco. Na primeira vez em que pisei naquele palco, fiquei de queixo caído — a banda estava poderosa, e os fãs foram incríveis. Foi isso o que me fez continuar.

Mas, desde o começo da turnê, eu não pude me basear no Eddie. Ele cometia alguns erros terríveis e parecia não conseguir se lembrar das músicas. Ele apenas mexia no tremolo e fazia *wheedle-wheedle-whee*. Eu prestava atenção no Mikey para poder encontrar minhas notas.

Sempre que subia no palco sem camisa e com o cabelo preso no estilo samurai, ele parecia chapado. Esse era o seu sinal sutil. Não sei o que ele estava usando. No começo do show, ele subia no palco com o cabelo solto, ia para trás do palco trocar de guitarra, ou depois do solo de bateria do Al, e voltava com o cabelo preso e sem camisa. Eu olhava para o Mike e revirávamos os olhos — lá vamos nós. Em algumas noites, ele já começava o show sem camisa e com o cabelo preso.

Ele parecia um mendigo. Seu cabelo estava emaranhado. Em uma ocasião, embarcamos em um avião depois de um show e ele passou quase todo o voo no banheiro. Quando por fim saiu de lá, estava com a escova de cabelo, do tipo com cerdas naturais, enrolada no cabelo, pendurada. Ele estava ensopado, coberto de água, como se tivesse tentado tomar banho na pia do banheiro do avião. Fiz a Kari olhar para mim. Eu não queria aquele cara na minha frente. Ele se deixou cair no chão, remexendo na escova presa no cabelo, e não chegou a voltar para seu assento, aterrissou desse jeito mesmo. Doido de pedra.

Quando nossos filhos não estavam conosco na estrada, Kari e eu dividíamos o grande jato Gulfstream com Eddie e a namorada, Al e a esposa, Mikey e algumas pessoas do administrativo e da segurança. Depois de um show, Mike e eu ficamos para trás, como costumávamos fazer, e tomamos banho. Ed não tomou banho. Ele entrou na limusine assim que saiu do palco e foi direto para o avião. Quando Mike e eu chegamos, rindo, brincando, comendo sanduíches de churrasco que tínhamos encomendado, Eddie estava sentado bebendo seu vinho direto do gargalo. Ele soltou os cachorros em nós.

— Nunca mais me façam esperar de novo, porra — exclamou ele. — Sem mim, vocês não são nada. Vocês precisam de mim. Vocês vão ver. No fim desta turnê, vocês não vão ter nada. Vocês vão ter que me ligar se quiserem fazer outra turnê de novo.

Ele estava virado para um lado, eu para outro. Eu me virei e disse:

— Ed, cala a porra da boca, cara. Vamos. Acabamos de fazer um show.

— Vai se foder — ele disse e começou a bater a garrafa na janela do avião. Um dos seguranças tentou acalmá-lo, mas ele continuou gritando e batendo a garrafa. Virei de costas para ele. Meu representante do escritório do Irving estava olhando para mim, balançando a cabeça e fazendo o sinal de fechar a boca com um zíper. A comissária de bordo e o piloto, com medo, estavam relutantes em decolar com aquele maluco no avião. Por fim, Al o acalmou e decolamos.

Quando chegamos no hotel, Eddie começou a perguntar para todo mundo qual era o número do meu quarto. Ele não conhecia o pseudônimo que eu usava quando me registrava nos hotéis. O gerente de turnê entrou em contato comigo pelo telefone do quarto e me contou que Eddie estava me procurando.

— Traga aquele filho da puta até aqui — falei. — Desisto. Já chega. Vou voltar para casa amanhã. Nunca mais vou trabalhar com esse cara de novo. Ele tenta arrebentar a janela da porra de um jato de quarenta milhões de dólares. Não respeita nada nem ninguém. Ele que se foda. Para mim essa turnê já era.

Telefonei para meu advogado. Ele não tinha ficado muito feliz com o contrato que eu tinha assinado. Irving e seu advogado o tinham redigido. Além de emergências médicas extremas, se eu cancelasse algum show, seria responsável por toda a renda perdida. Ele achava que iriam me custar cinco milhões de dólares para eu sair antes de terminar a turnê. Eu estava preso. Eddie pediu desculpas, mas eu nunca mais voaria no mesmo avião que ele.

Foi como na turnê com Sam e Dave, tudo de novo, só que dessa vez era com Sam e Eddie. Eles nos mantinham separados o máximo possível. Irving sabia das coisas. Viajávamos em jatinhos diferentes. Ficávamos em hotéis diferentes. Tínhamos nossas próprias limusines. Eles tinham seus guarda-costas. Mike e eu tínhamos os nossos. Eu ficava no meu próprio camarim do outro lado do corredor. A única vez que eu precisava ver aquele sujeito era quando subíamos no palco. De vez em quando eu ia até o camarim dele antes do show para ver como ele estava, e geralmente era legal quando eu fazia isso. Ele começava a tocar, eu cantava, improvisando, como nos velhos tempos. Outras vezes, ele começava a me contar umas coisas doidas, como: "Eu arranquei meu próprio dente — aquele negócio estava me incomodando, então peguei um alicate e o arranquei".

Eu não achava que ele conseguiria chegar ao fim da turnê. A cada semana eu pensava que aquela seria a última. Ele iria acabar no hospital. Ele desmaiou algumas vezes. Uma vez ele nos disse que tinha sido atropelado. Ele estava deitado e estava tão chapado que não conseguia se levantar.

— Fui atropelado — disse ele. — Vocês não entendem.

Ele mantinha o ritmo até desmoronar. Então ficava largado no hotel por um dia ou dois. Ele usava as mesmas roupas durante uma semana: saía correndo do palco e não se trocava, ia direto para o quarto. Na manhã seguinte, ele estava com as mesmas roupas. Mais tarde, à noite, no palco — as mesmas roupas. Ele usou aquelas botas enroladas com fita adesiva a turnê toda.

Seu solo se transformou em um desastre. Ele costumava ser o destaque de todos os shows. Agora ele não tocava nada, só umas porcarias. Ele tentava tocar "Eruption", uma de suas maiores obras, e errava tudo. Ele só agarrava o tremolo, mandava ver no sustenido e começava a fazer um monte de barulho. A plateia também não estava caindo nessa. Eu vi seu solo em muitos dos shows. Ele dizia coisas inacreditáveis para o público: "Eu só estou brincando um pouco. Eu amo vocês. Vocês pagam meu aluguel".

Isso ficou tão ruim que Al uma vez jogou suas baquetas nele. Em outra ocasião, ele sequer conseguia ficar em pé — ficou sentado na plataforma da bateria. Al tinha deixado uma baqueta cair. Ele pegou a baqueta e começou a usá-la em seu solo de guitarra. Era como ver uma criancinha batendo nas coisas.

Eu não chegava perto dele no palco. Não éramos mais como Jimmy Page e Robert Plant. Se ele estava de um lado, eu ficava de outro. Quando ele vinha para cá, eu ia para lá. Não era energia ruim, só não havia energia nenhuma.

Parecia que Ed estava fazendo tudo nas coxas, como se não ligasse para o que estava tocando. Ele não ligava para sua aparência. Ele apenas subia no palco e pegava o dinheiro. Era uma vergonha. Al, Mike e eu fizemos tudo de corpo e alma. Dávamos tudo de nós todas as noites. Ed subia lá e batia punheta.

Tivemos três técnicos de som. Ele pegava uma gravação feita direto da mesa após os shows e a ouvia. O técnico de som abafava sua guitarra porque ele estava tocando muito mal. Ele estava tocando tão alto no palco, de qualquer maneira, que provavelmente não precisava que sua guitarra fosse transmitida pelos alto-falantes principais da casa, mas ele crucificava o técnico de som e o despedia no dia seguinte. Al e eu discutíamos para chamar o sujeito de volta, mas isso nunca dava certo.

Aqueles dois costumavam compartilhar uma mentalidade de ensino médio. Eles odiavam quase todas as outras bandas. Para eles, tudo era sempre uma competição. Todos os outros eram uma porcaria. Eu não gosto de tudo, mas gosto de música e, quando ouço um músico que admiro, quero abraçá-lo, levá-lo para os bastidores, fazer com que se sinta bem-vindo. Eddie costumava ser um sabichão grosseiro. Eu levei Kenny Chesney para o camarim naquela turnê e o levei para conhecer o Eddie. Eddie apertou sua mão e lhe deu as costas.

— Preciso cagar — anunciou ele. Ele entrou no banheiro com o cara parado bem ali.

— Vamos sair daqui — disse Kenny.

Essa foi a única vez que eles se encontraram. Eu conheci Kenny naquela noite. Fomos para o meu camarim e tocamos violão, cantando “I’ll Fall in Love Again”, “Eagles Fly” e todas essas músicas minhas que ele adorava. Ficamos bebendo tequila e cantando até as 3 horas da manhã. Ele se tornou um dos meus melhores amigos.

Mas Ed? "Preciso cagar." Isso costumava significar que ele estava indo prender o cabelo.

Em outra ocasião, Toby Keith foi nos ver em Oklahoma City, que não fica muito longe de sua cidade natal. Decidi tocar "I Love This Bar" no meu segmento acústico e planejei uma surpresa com Toby. Eu iria dizer que, já que ele era daquelas bandas, eu iria tocar uma de suas músicas, mesmo sabendo que ele não estava na cidade. Então ele chegaria na metade da música e cantaria o restante dela comigo. Toby me contou depois que, enquanto esperava nos bastidores, Eddie o encurralou e tentou impedi-lo de subir no palco.

— Por que você quer cantar com ele? — Toby me contou que Ed perguntou. — Por que você não foi cantar com a gente?

— Você não me convidou — respondeu Toby.

— Estou convidando agora — disse Eddie. — Por que você está usando esse chapéu de caubói?

— Sou um cara do country — explicou Toby.

— Não, porque você é careca — rebateu Eddie.

Toby apareceu na metade da música e o lugar foi à loucura. Eddie perdeu a cabeça pelo restante da noite. Ele destruiu seu camarim depois do show. Seu filho, Wolfie, estava no meu camarim, assustado e chorando. Eu fui ver se conseguia acalmá-lo. Naquela noite, deixamos Ed em Oklahoma City com seu gerente de turnê e dois seguranças e viajamos até a cidade seguinte sem ele. Quando o levaram de volta ao hotel, ele chutou a janela da limusine.

— Aquele rapaz precisa de ajuda — comentou Toby, que foi até o show com a esposa e a filha adolescente em sua picape.

Irving ia nos ver bastante na estrada, mas não chegava perto do Ed. Ninguém queria ficar perto dele, porque todos acreditavam que toda a turnê iria por água abaixo se Eddie desistisse. Tenho certeza de que o contrato foi redigido para ele da mesma maneira que para mim, caso ele desistisse ou desmoronasse. Se ele tivesse perdido três performances consecutivas, eu poderia ter caído fora. Ele nunca perdeu uma sequer. Ed nunca perdeu sua ética de trabalho. Os irmãos Van Halen vêm de uma boa família holandesa trabalhadora. Ele estava lá todas as noites, na pior condição imaginável, mas ele fazia o show.

Ele estava começando a deixar transparecer a raiva que sentia de mim. Nós vendemos pacotes de luxo de mil dólares que não só incluíam os assentos especiais no palco, como também davam acesso aos bastidores, à passagem de som e ao bufê. Eu nunca fazia as passagens de som. Sou cantor. Guardo minha voz para o show. Mas alguns dos meus fãs compraram esses pacotes e apareceram usando camisetas do Cabo Wabo. Mikey me contou que Eddie pegava no pé deles. "Onde você conseguiu essa camiseta?", perguntava ele. "Que bosta."

Os últimos dois shows aconteceram em um pequeno anfiteatro em Tucson. Na segunda noite, Eddie desencanou por completo. Ele sabia que aquele era o fim da turnê. Sabia que estava acabado. Ele se aproximou de mim antes do show, enquanto eu conversava com Irving, e desenrolou a manga da minha camiseta para cobrir a minha tatuagem. Nem lhe dei atenção. Apenas voltei a enrolar a manga da camiseta. Ele a desenrolou de novo. Eu voltei a enrolá-la.

— Pare de ficar mexendo na minha camiseta, cara — disse eu.

— Essa coisa nunca vai durar — disse ele, me mostrando sua tatuagem do Van Halen. — Está vendo isso? Isso é melhor. E vai durar mais.

Como se eu me importasse. Tivemos uma equipe de cento e vinte pessoas naquela turnê. Eu tinha algumas caixas de tequila no meu camarim e estava ali sentado autografando as garrafas para a equipe. Eddie entrou e viu o que eu estava fazendo.

— Posso ficar com uma garrafa? — pediu ele.

Eu fui até a geladeira e peguei uma.

— Eu vou te dar uma garrafa — falei. — Estas outras estão todas autografadas para a equipe.

Ele deu duas grandes goladas e abaixou a garrafa.

— Por que não posso ficar com uma dessas? — indagou ele.

Expliquei que aquelas garrafas eram para a equipe e que eu tinha a quantidade exata delas. Se você pegar uma, eu disse a ele, alguém vai ficar sem. Ele se afastou, foi até um dos convidados em meu camarim, um agente de agendamentos que Eddie conhecia, mas que confundiu com o filho de Mo Ostin, o presidente da Warner Bros. Ele começou a falar para esse cara um monte de merda sobre alguma coisa que não fazia sentido para ninguém além do Ed. "E seu pai, ele era um grande homem, e você e seu irmão não são nada."

Ele estava esbravejando loucuras. Ele já tinha atacado o irmão da Valerie, que tinha cometido o erro de ir ao show para ver seu ex-cunhado. Havia pessoas gritando e berrando no camarim, e ele estava fora de si, batendo nas pessoas e quebrando garrafas na parede. Ele perdeu a cabeça completamente.

Irving me puxou de lado.

— Quando este show acabar — disse-me ele —, vou colocar você em uma limusine e nós vamos dar o fora daqui. — Meu avião estava me esperando para me levar para casa.

Aquele foi o pior show que fizemos em nossa vida. Eddie tocou muito mal. Meu sobrinho estava na lateral do palco comigo, assistindo Eddie fazer seu solo.

— Eu nunca vi nada assim — falou ele. — Qual é o problema dele?

Ele deixou sua guitarra favorita em pedacinhos. Espalhou lascas por cima da plateia. Ele foi até o microfone, chorando.

— Vocês não entendem — disse ele. — Vocês pagam meu aluguel. Eu amo vocês.

Alguém me contou que ele aprontou alguma merda na viagem de avião de volta para casa. Ele estava com a namorada e as duas filhas adultas dela. Al estava lá com sua família. Mike e a esposa ficaram em Tucson em vez de viajar com Ed. Alguma merda das grandes aconteceu naquele avião. Meu camarada estava completamente louco e fora de si. Fui direto para meu avião depois do show e viajei para minha casa em San Francisco. Não voltei a falar com ele depois que lhe disse para manter as mãos longe da minha camiseta.

15

INDO PARA CASA

LEVAMOS TODA A FAMÍLIA para o México antes do começo do ano letivo de 2005. A diferença de idade de cada uma de nossas filhas, Kama e Samantha, e das filhas do meu sócio no Cabo Wabo, Marco Monroy, era de seis meses. Éramos vizinhos em Cabo e nossas filhas eram amigas. Queríamos colocar as meninas na escola enquanto ainda eram jovens o bastante para aprender o idioma e assimilar a cultura. Kama estava na quarta série e sua irmã caçula, Samantha, que estava com quatro anos, estava na pré-escola. Depois do último ano de tortura no Van Halen, eu estava pronto para a praia.

Acordávamos de manhã ao som das ondas se quebrando do outro lado da janela. O clima era fantástico. Tínhamos o Cabo Wabo e podíamos ir até o bar e comer ou pedir comida. Tínhamos pessoas trabalhando em todos os cantos da casa — empregadas, seguranças, jardineiros. Naquelas partes, todo mundo precisa de um emprego e eles trabalham duro pelo dinheiro. A vida pode ser muito confortável.

Quando você tira dez dias de férias, passa os primeiros sete dias só relaxando. Quando você sai de férias para sempre, passa por períodos de tédio, em que você alcança novos níveis de relaxamento. Você desliza até o fundo. Quando voltamos, depois de passar a maior parte do ano no México, havíamos mudado. Não eram apenas as roupas, ainda que Kari e eu tivéssemos percebido que as roupas que estávamos usando pareciam um pouco esfarrapadas e sujas quando paramos em uma loja no condado de Marin no caminho para casa. Havíamos chegado a um lugar que tinha um efeito duradouro. Assim que voltamos para a cidade e nos ocupamos de novo, agora sabíamos onde aquele lugar ficava, e era mais fácil voltar para lá.

Durante a reunião, continuei pagando os salários integrais do The Wabos. Os únicos shows que tínhamos feito o ano todo foram na minha festança de aniversário no Cabo Wabo e o fim de semana anual no novo Cabo Wabo Cantina, que foi aberto no Harrah's de Lake Tahoe em maio de 2004. Ted Nugent, Toby Keith e Bob Weir foram tocar comigo no fim de semana da inauguração no antigo South Shore Room, a maior casa de espetáculos do cassino onde Elvis Presley e Frank Sinatra se apresentavam.

O bar em Lake Tahoe fazia parte de um plano de expansão no qual eu estivera trabalhando havia algum tempo. Muitos anos antes, Don Marrandino, que trabalhava para os irmãos Fertitta e para o Station Casinos, me abordou com a ideia de construir um Cabo Wabo em Las Vegas. Os irmãos Fertitta eram ótimos. Passei a conhecê-los muito bem. Os Fertitta compraram o Ultimate Fighting Championship, uma espécie de boxe extremo que misturava artes marciais e luta-livre sem restrições com boxe. Eles agendaram a primeira grande luta no Trump Arena em Atlantic City, e eu fui com eles. Eles mandaram um jatinho particular G4 para me pegar primeiro em San Francisco, e em seguida o restante do grupo em Vegas. Atlantic City estava fechada por causa de uma nevasca e, em vez de aterrissarmos lá, fomos para a Filadélfia. Fomos acomodados em grandes suítes no Ritz-Carlton. Jantamos em um restaurante italiano chique e eles simplesmente pediram tudo o que havia no cardápio e caixas de vinho fino. Na manhã seguinte, viajamos para Atlantic City de avião e fomos ver as primeiras lutas. O pai deles fundou o Station Casinos. Ele foi o primeiro operador de cassinos independentes fora da Strip. Ele começou pequeno, mas, depois de algum tempo, já tinha aberto onze cassinos, ganhando mais dinheiro do que ganharia na Strip. Comecei a pensar que aqueles caras eram as pessoas mais espertas de Vegas.

Marrandino foi até a minha casa para me mostrar as plantas. Ele queria construir um complexo Cabo Wabo — uma arena com capacidade para oito mil pessoas, uma pista de boliche e o bar. Agendamos para iniciar a construção em outubro de 2001, mas, depois do atentado de onze de setembro, eles mudaram de ideia. O contrato expirou. Don Marrandino foi trabalhar primeiro para o Hard Rock Cafe e depois com Steve Wynn para a construção do The Wynn. Marrandino acabou administrando o Harrah's em Lake Tahoe e de imediato deu início aos planos de abrir um Cabo Wabo ali. Ele tem amigos na indústria musical e os contratou para tocar lá. Ele sabia como fazer um lugar ser descolado e moderno. A maioria desses velhos sujeitos dos cassinos, eles não sabem que porra têm de fazer. "Onde estão Sammy e Frank? Os melhores sujeitos estão mortos. Não temos ninguém para tocar aqui." Marrandino sabia que havia uma nova geração de gente boa por aí.

De início, eu só queria que houvesse um Cabo Wabo. Eu odiava o Planet Hollywood e, quando os investidores por trás do Planet Hollywood e do Rainforest Cafe me abordaram com a ideia de abrir dúzias de bares, eu os dispensei sem sequer ouvir quanto dinheiro eu poderia ganhar. O original era muito especial para mim. Mas Marrandino me convenceu de que não precisávamos fazer uma produção em massa, então abrimos o bar em Tahoe (desde então nós também abrimos um em Las Vegas). O bar em Tahoe é acompanhado de uma enorme sala para apresentações estilo cassino, e minha série anual de shows com o The Wabos no Cinco de Mayo em Tahoe se tornou um destaque no meu calendário todos os anos. Tahoe tem um novo Sammy.

Eu construí um estúdio novinho no condado de Marin para o The Wabos. Pedi a eles para se certificarem de se reunir e ensaiar pelo menos uma vez por semana, mas eles entravam e saíam daquele estúdio o tempo todo. Estavam sempre bem-ensaiados. Depois da turnê de reunião do Van Halen, fiquei muito feliz em voltar a tocar com o The Wabos. Após relembrar o que era a pressão em cima de grandes bandas de rock, os altos preços dos ingressos, a produção gigantesca, as equipes numerosas e toda essa merda, fiquei feliz em voltar para uma banda que pode simplesmente chegar e tocar. Se eu quisesse levar a banda para Cabo para tocar de graça no bar durante uma semana, eu fazia isso. Praticamente fiquei de folga durante todo aquele ano que passei em Cabo. Escrevi meu álbum seguinte, *Living It Up*, basicamente sobre tudo o que eu estava fazendo — "Feet in the Sand", "Living on the Coastline", todas essas músicas.

Ainda estava me recuperando da turnê de reunião quando Irving me telefonou para falar sobre o Van Halen ter entrado para o Rock and Roll Hall of Fame. A princípio, ele disse algo sobre apenas a banda original ser convidada. Fiquei louco com Irving. Estive na banda por mais tempo do que Roth, que ficou sete anos no Van Halen, enquanto eu fiquei onze anos. Vendi mais discos do que ele. Como podiam fazer isso comigo?

Não sabíamos que os irmãos estavam em contato com Roth de novo. Mikey e eu não estávamos falando com eles. Irving ligou de volta para dizer que estava tudo bem. É provável que nunca tenha havido um problema. Isso é uma coisa dele: ele faz os problemas acontecerem para que ele possa resolvê-los.

O evento contou com o Van Halen, R.E.M., Patti Smith, Grandmaster Flash e Ronnie Spector. Eu disse ao Irving que todos nós deveríamos esquecer tudo e fazer uma aparição conjunta na cerimônia. Ele voltou com a resposta deles. "Se você for, eles não irão", disse ele. Achei que estavam blefando. Até o instante em que, durante meu discurso, eu meio que esperei que Roth fosse aparecer

APÓS RELEMBRAR O QUE ERA A PRESSÃO EM CIMA DE GRANDES BANDAS DE ROCK, OS ALTOS PREÇOS DOS INGRESSOS, A PRODUÇÃO GIGANTESCA, AS EQUIPES NUMEROSAS E TODA ESSA MERDA, FIQUEI FELIZ EM VOLTAR PARA UMA BANDA QUE PODE SIMPLESMENTE CHEGAR E TOCAR.

e fazer alguma idiotice. Mikey e eu queríamos tocar. Ed e Al deram para trás no último minuto. O Velvet Revolver estava marcado para abrir para o Van Halen. Irving também era o empresário deles, o que pode ter tido alguma relação com a maneira como eles foram escolhidos para essa tarefa. Visto que o Van Halen não iria se apresentar, o Velvet Revolver planejou um medley com uma música do Dave e uma música do Sammy.

Roth telefonou para o Slash, o guitarrista do Velvet Revolver, e lhe disse que, se a banda tocasse "Jump", iria cantar com eles. Quando Slash contou que a banda não tinha um tecladista, Roth lhe disse para usar uma gravação. Ele e Slash começaram a discutir. Slash lhe disse que eles eram uma banda de rock e que tocavam os próprios instrumentos e não iriam fingir que tinham um tecladista só por causa do Roth. Slash se ofereceu para tocar "You Really Got Me" ou "Running with the Devil", mas para Roth era "Jump" ou nada. Quando o vocalista do Velvet Revolver, Scott Weiland, ficou sabendo do telefonema de Roth, ele disse ao Slash que sairia da banda se eles deixassem aquele desgraçado chegar perto do palco. Quando liguei para o Slash para sugerir que Mikey e eu nos juntássemos a eles para umas duas músicas, não havia como isso acontecer. Liguei para Paul Shaffer, o líder da banda do evento, e ele aceitou minha sugestão de Mike e eu tocarmos "Why Can't This Be Love" com a banda da casa. Não tinha como eu ir e não tocar.

Kenny Chesney insistiu em ir comigo. Emeril Lagasse viajou até lá. Mike e eu estávamos lá com nossas esposas e todos estavam sendo muito gentis conosco. Annie Leibovitz, a fotógrafa, foi até mim e me abraçou. A filha de Keith Richards quis me conhecer.

— Tiro uma foto com você se me apresentar para o seu pai — disse eu. Ela me arrastou até a mesa dele.

— Oi, parceiro, Sammy, bom trabalho — disse ele. Não consigo dizer como me senti. Essa foi a primeira vez que me senti respeitado pela indústria em toda minha vida.

Eu fiz meu discurso.

— Sinto muito os irmãos e todos os outros não estarem aqui — falei. — Que Deus os abençoe, mas não daria para me deixar fora disso nem com uma espingarda.

Ao final da noite, eles fizeram uma jam com Patti Smith tocando sua música "Power to the People". Ela não é meu tipo de garota (e eu não sou seu tipo de cara), mas cheguei a gravar um cover de uma de suas músicas, "Free Money", no início da minha carreira. Stephen Stills estava no palco, um pouco chapado e pisando em todo mundo, rolando por cima deles. Eddie Vedder estava lá, em ótima forma. Os rapazes do R.E.M. estavam lá. No fim da jam, eu estava parado ao lado de Keith Richards. Ele olhou para mim e piscou.

— Ótimo trabalho, Sammy — disse ele. — Ótimo trabalho, parceiro. Parabéns. — Muito legal.

Ainda assim, os irmãos Van Halen se recusavam a me deixar em paz. No outono de 2006, decidi sair em turnê com o The Wabos e marcar shows em teatros pequenos, tocar em lugares menores em todos os meus melhores mercados, não mais do que dois shows em cada cidade, um presente especial para meus fãs mais dedicados. Irving e eu conversamos sobre a estratégia. Ele concordou que isso ajudaria a gerar empolgação, e a indústria musical precisava desesperadamente de um pouco de empolgação. Irving achou que isso ajudaria nos negócios na próxima vez que eu tocasse nesses mercados. Agendamos a turnê inteira.

Foi nessa época que começamos a ouvir boatos sobre outra reunião do Van Halen com Roth. Não acreditávamos que isso iria acontecer. Mikey achava que não, mas ele estava fora, substituído pelo filho de dezesseis anos do Eddie, Wolfie, e, do nada, a reunião aconteceu. A gravadora lançou outra coletânea, apenas com faixas da era Roth. Irving acabou atuando como empresário da banda para a turnê e colocou o Van Halen bem na minha cola.

Eles tocaram nas mesmas cidades que eu e na mesma semana. Ou eles tinham acabado de deixar a cidade ou eu tinha acabado de ir embora. Era como se estivéssemos juntos em turnê. Nós nos saímos muito bem de qualquer maneira, com os ingressos esgotados em todos os nossos shows, mas isso foi um golpe muito baixo. É claro, Eddie e Dave o obrigaram a fazer isso. Os fãs tinham esperado um século por uma reunião com Roth e todas as estações de rádio falavam disso. Quando lhe perguntei a respeito, Irving agiu como se isso não fosse nada. Ele me disse a mesma coisa que tinha dito sobre a turnê com Sam e Dave — deixe que vejam como você é muito melhor. Quando lhe perguntei se ele mandaria o The Eagles em turnê colado com Don Henley, ele disse que tudo bem — isso faria com que as pessoas falassem sobre o Henley.

Por mais que eu o respeite e por mais inteligente que ele seja, Irving não conseguia se segurar. Ele estava ganhando muito mais dinheiro com aquela grande reunião do Van Halen do que comigo tocando naqueles teatros. Eu precisava de um empresário novo. Voltei a trabalhar com Carter, o cara que tinha arranjando meu primeiro contrato. Nunca havíamos nos distanciado e ele tinha sido muito bem-sucedido como empresário desde seus anos com a Capitol — mais recentemente, àquela altura, com a cantora-compositora vencedora do Grammy, Paula Cole.

ENQUANTO TODAS ESSAS turnês aconteciam, o negócio da tequila praticamente caminhava sozinho, mas tinha crescido ao ponto de eu poder ver que ele precisava ser administrado de maneira apropriada. Meu contador assumiu o negócio e recebeu uma oferta de Gary Shansby, um investidor figurão, que tinha bilhões de dólares para gastar e já era dono de empresas como Johnson's Wax, La Victoria Salsa e Famous Amos Cookies. Shansby queria comprar a fábrica de tequila por trinta e oito milhões de dólares, mas o acordo era complicado. Ele só me pagaria metade. Eu manteria uma participação de cinquenta por cento no negócio e, depois que ele passasse três anos fazendo a empresa crescer, ele dividiria tudo após vendê-la por cento e sessenta milhões. Quando lhe perguntei o que ele faria de diferente com a empresa, ele respondeu: "Colocar gente nas ruas".

Meu contador queria vender. Eu não. Esse era um dos piores acordos que eu já tinha visto. Se o plano dele não desse certo e eu quisesse comprar a empresa de volta, ele me obrigaria a pagar juros exorbitantes do dinheiro que ele tinha me pagado como adiantamento. Nada feito. Shansby me odiou por não vender e lançou sua própria marca de tequila. Fui até meu contador, que agora administrava a empresa, e lhe disse para fazer o que Shansby disse que faria. O contador contratou um publicitário. Contratou seis vendedores regionais para trabalharem em campo. Contratou um gerente para administrar o trabalho dos vendedores. Abriu um escritório. Gastou quatro milhões de dólares em despesas gerais naquele ano. Nada de fato aconteceu.

Enquanto isso, como meu contador, ele me convenceu a investir em um restaurante em San Francisco. Ele encontrou outros dois investidores, e os três viajaram para o México e conheceram todos na minha fábrica, planejando lançar sua própria marca. Comecei a perceber que poderia haver um problema ali. Ele se encontrou comigo e me contou que ele e seus investidores queriam comprar a empresa e pagariam vinte e dois milhões de dólares. Eu já tinha recusado a oferta de trinta e oito milhões de Gary Shansby. O que aquele cara estava pensando? Despedi meu contador.

Ele tinha uma porcentagem da empresa. Quando ele me processou para recuperar minhas ações de seu restaurante em San Francisco, fiz um acordo pela parte dele na Cabo Wabo e ele foi embora. Contratei um homem experiente no mercado de bebidas chamado Steve Kauffman para administrar a empresa. Eu já o conhecia. Ele vinha da Seagram e tinha feito alguns trabalhos para mim como consultor. O pobre coitado estava passando por seu quarto divórcio e precisava de um emprego. Assim que ele assumiu o controle, o negócio explodiu da noite para o dia.

Pouco mais de um ano depois de Kauffman ter começado a trabalhar para mim, a Skyy Vodka o abordou com uma proposta de compra. Ele foi almoçar com um velho amigo da Skyy e lhe mostrou os números. O sujeito me telefonou durante o almoço mesmo e me ofereceu setenta milhões pela empresa. Quase desmaiei.

No mercado de bebidas, tínhamos um baixo rendimento. Tínhamos quatro funcionários. Eu não gastava dinheiro com publicidade porque estávamos indo bem, crescendo a um ritmo agradável e lento. A média do lucro líquido em três anos era de quase sete milhões. Eu estava feliz ganhando essa quantia e não precisava de mais dinheiro. Eu gostava de manter as coisas no estilo guerrilha, mantendo o controle.

Fui ao escritório da Skyy em San Francisco, uma empresa bem moderna, com muitos funcionários jovens. Eu me senti em casa e queria me envolver com aquelas pessoas. Eu lhes disse que talvez vendesse cinquenta por cento da empresa. Fiquei remoendo meus pensamentos durante uns dez dias, acordando no meio da noite pensando: "Ah, não, não posso vender a empresa". Eu afinal lhes disse que não poderia vendê-la. Depois que eu tivesse pagado os advogados, os impostos, comprado as partes dos meus sócios, eu disse a eles, tudo o que sobraria era uma quantia que não mudaria muito minha vida.

— Que quantia mudaria sua vida? — perguntaram.

— Pelo menos cem milhões — respondi.

Eles me telefonaram no dia seguinte para dizer que tudo bem.

Eu não conseguia nem calcular. O que você faz com cem milhões? Você não pode colocar no banco. Isso estava me deixando mais nervoso do que quando eu estava quebrado. Mudei de ideia e lhes disse, mais uma vez, que não poderia vender a empresa. Foi então que Luca Garavoglia, o jovem e intrépido presidente do Grupo Campari, e seu companheiro com manchas de comida na camisa, Stefano Saccardi, um homem tão tranquilo e agradável que eu não me dei conta de que era o advogado de Luca, apareceram em Cabo para minha festança de aniversário.

Luca talvez seja a pessoa mais impressionante que já conheci na vida. Ele é um ser humano brilhante, sutil e sofisticado, elegante e intelectual, com um controle extraordinário de uma ampla variedade de detalhes. Ele atua no conselho administrativo da Ferrari. O pai dele morreu de repente quando Luca tinha acabado de se formar da faculdade, e ele assumiu o controle do antigo fabricante de aperitivos italiano. Ele impulsionou a empresa para o mundo moderno. Começou a comprar marcas como Skyy Vodka e colocou a agora empresa de capital aberto na bolsa de valores italiana. O Grupo Campari se transformou em uma das maiores empresas de bebidas do mundo.

Luca e Stefano me explicaram que, como eles administravam uma empresa de capital aberto, seria difícil para eles adquirirem apenas uma porcentagem da fábrica de tequila, mas eles poderiam encontrar uma maneira para que eu pudesse ficar com vinte por cento dela. Concordei. Com alguém como Luca Garavoglia como dono da empresa, meus vinte por cento valeriam muito mais do que os cem por cento tinham valido. Luca foi o fator decisivo. Em maio de 2007, fechei a venda.

Levei toda a minha família para passar seis semanas de férias na Itália, incluindo meu irmão e a família dele. Ficamos uma semana em uma vinícola que pertencia ao pessoal da Campari em Sardenha, um dos lugares mais legais do planeta. Viajamos de Sardenha para o sul da Itália, subindo a Costa Amalfitana e atravessando Toscana e Chianti, até chegarmos no lago Maggiore no norte da Itália. Depois de uma semana às margens do lago, fomos para Milão visitar o Luca.

Ele me mostrou a nova fábrica da Campari de cem milhões de dólares. Apenas umas cinco pessoas administravam o lugar inteiro com aquelas novas máquinas eficientes que empacotavam e selavam duas mil e quinhentas caixas de Campari em uns dois minutos. Ele me apresentou alguns números impressionantes — quinze mil dólares por segundo ou algo assim —, mas não estava se gabando. Ele só estava me mostrando. Vinte anos antes, eles provavelmente tinham seis mil funcionários. Agora eles têm uma dúzia, a maioria no escritório.

— Você vem comigo — disse ele enquanto saíamos da fábrica. — Vamos continuar conversando.

Entramos em sua Maserati Quattroporte, que não é um carro tão bom assim. Havia dois sujeitos com ele. Nós nos sentamos atrás. Os outros dois se sentaram na frente. Eles olharam em volta, deram a partida e pisaram fundo. Em pouco tempo, estávamos avançando a 225 km/h pela estrada. Eu sentia cada solavanco e não podia abrir a janela. Estávamos com calor. O ar-condicionado não estava funcionando muito bem.

— Não gosto muito deste carro — disse Luca. — Gosto da Mercedes, mas faço parte do conselho administrativo da Ferrari e eles queriam que eu dirigisse um de seus carros. O Maserati é o único com quatro lugares. A Ferrari, ela não é o carro certo para mim, pois não tem quatro portas.

Voltamos para o escritório e passamos por um detector de metal. Os outros dois sujeitos tiraram as armas que estavam carregando em coldres de ombro. Ninguém nem piscou. O carro de Luca andava tão mal porque carregava mil e seiscentos quilos de blindagem.

Dois anos depois, comecei a ler a respeito da nova Ferrari 599 Fiorano. Os entusiastas da Ferrari a estavam comparando à maior das Ferraris — a 275GTB, a primeira Testarossa. Fazia bastante tempo que eu não comprava uma Ferrari nova. Decidi comprar uma. Fui a uma concessionária da Ferrari e o vendedor fez meu pedido. Quando terminamos, ele me disse que seria uma espera de dois anos e meio e um valor adicional de trezentos mil dólares acima do preço de venda. Liguei para o Luca.

— Engraçado você me ligar — disse ele. — Tenho uma reunião com o conselho na segunda. Vou ver o que posso fazer. O que exatamente você quer?

Na noite daquela segunda-feira, recebi um e-mail do Luca com uma carta do CEO da Ferrari anexa, para a concessionária. Recebi meu carro depois de dois meses e meio e paguei o preço de venda. A Ferrari até me deu uma pintura customizada, preta com uma faixa vermelha. Eles inverteram as cores do interior — o interior era vermelho com costura preta. Eles colocaram uma placa que dizia "Esta Fiorano foi feita para Sammy Hagar", e a entregaram no meu aniversário. Em todas as Ferraris, o símbolo é sempre um cavalo preto em um fundo amarelo. Eles fizeram o meu em vermelho.

A vida estava boa para um garoto que saiu dos laranjais. Eu tinha dinheiro e fama. Eu estava na porra do Rock and Roll Hall of Fame. Sou abençoado com uma esposa maravilhosa, filhos ótimos e uma família amorosa. Vivenciei o sucesso em todas as áreas da minha vida. O caminho até Cabo foi longo.

Voltei para Fontana em fevereiro de 2007 para tocar "I Can't Drive 55" no autódromo da NASCAR que foi construído no local onde ficava a antiga fábrica da Kaiser Steel. O palco foi montado onde meu pai costumava trabalhar no forno Siemens-Martin. Toda minha família estava lá. Fui muito aclamado, mais do que as celebridades de Hollywood presentes ali, cujos nomes eu não conseguia nem lembrar no dia seguinte. Levei Kari e as meninas, e passamos três dias com minha mãe em sua casa em Palm Desert.

Depois da morte do Mike, ela vendeu a fazenda que eu tinha comprado para eles e se mudou para um condomínio em Palm Desert, perto da minha irmã Velma. Minha mãe preferia encontrar uma nota de cinco dólares ao caminhar pela rua ou catar latinhas e trocá-las por vinte pratas a receber um milhão de mim. Ela queria ganhar na loteria ou em uma aposta. Não queria que ninguém lhe desse nada.

Por fim, consegui convencê-la a me deixar comprar uma casa para ela. Ela adorava sua casa no condomínio. Nós a mobiliamos e a reformamos, mas outra muito bonita diante da casa da Velma foi posta à venda, pertencente a um dos executivos do Outback Steakhouse, que tinha sido transferido para a Flórida. Ela a adorou. Realizávamos grandes eventos lá todos os anos. Ela preparava jantares enormes na Páscoa ou no Dia de Ação de Graças para a família.

Havia um quarto extra para mim e Kari. Deixávamos algumas das nossas coisas lá, como meu violão. Ela também ia ficar conosco. Ela teve seu primeiro infarto às 4 da manhã em uma de suas visitas: disse que não estava conseguindo respirar e a levamos para o hospital. Foram colocados dois stents nela, mas teve outro infarto um ano depois. Passou por uma cirurgia de ponte de safena quádrupla aos oitenta anos. Eu fiquei com medo. Achei que ela iria morrer. Mas ela concordou em fazer a cirurgia e se recuperou muito bem.

Quando ficamos com ela antes do evento da NASCAR, ela parecia cansada. Minha mãe sempre foi muito ativa, mas ficava bastante tempo sentada. Ela ficou acordada até tarde na noite antes de irmos embora, conversando comigo. Minha mãe sempre teve um jardim. Ela guardava as sementes e tomava o cuidado de alternar as plantações em seus pequenos lotes. Ela entendia bastante dessas coisas. "Você não pode simplesmente pegar sementes de cenoura e plantá-las no ano seguinte", dizia ela. "Tem que ser no terceiro ano." Ela falou sobre como as sementes de pêssego precisam ser embrulhadas em algodão e deixadas em um vidro com água durante todo o inverno antes que pudessem dar brotos. Ela me contou como você tem que plantar cenouras em um lugar em um ano e, no ano seguinte, plantar alface naquele local e, então, no ano seguinte deixar o lugar descansar e, depois, você volta com tomates. Ela me contou coisas maravilhosas sobre fazer conservas. Eu me levantei na manhã seguinte, fui embora, fiz o show da NASCAR em homenagem a meu pai e voltei para casa. Dois dias depois, ela morreu.

Minha irmã ligou por volta das 6 da manhã, enquanto uma ambulância a socorria. Vinte minutos depois, o telefone tocou de novo. Ela havia morrido. Ela não teve um infarto. O coração simplesmente parou de bater. Ela tinha chegado ao fim e apenas partiu em silêncio. “Um final bonito”, escreveu minha irmã Bobbi. Sinto saudades dela todos os dias.

Cabo Wabo

16

QUEM QUER SER UM BILIONÁRIO?

TENHO UMA DIFICULDADE MUITO GRANDE em desistir da indústria musical. Isso não tem nada a ver com meu sustento. É só porque ela é uma vergonha. As pessoas não se dão conta de como ela secou. As únicas que ainda vendem discos são as novas bandinhas pop que a garotada compra. Para mim, não existe indústria musical. Isso parte meu coração. Quero gravar discos. Isso é grande parte do que eu faço. Mas antes mesmo de o Napster estragar tudo, eu estava à procura de maneiras de evitar as grandes gravadoras. Dei um álbum ao pessoal da Tower Records, que estava inaugurando uma pequena gravadora. As grandes gravadoras vinham passando a mão no meu dinheiro havia anos. Eu tinha trabalhado com a MCA e a Bubble Factory em *Marching to Mars* e *Red Voodoo*, cada um deles tendo vendido quase meio milhão de cópias. Não eram os números que eu estava acostumado a vender, mas eu só queria lançar discos. Vi tudo isso descendo pelo ralo. Vi as gravadoras mudando, parando de se esforçar por um artista como eu.

Tudo o que você precisa é de uma música nova. Fiz uma série de gravações e as lancei como singles, como "Sam I Am" ou "I'll Take You There", a antiga canção do The Staple Singers. Talvez eu as reúna em um disco mais para a frente, mas elas na verdade foram pequenos agrados para as rádios e para meus fãs. Passei a gastar meu próprio dinheiro. Eu escrevia uma música, gravava-a em meu estúdio, prensava-a em CD, contratava um publicitário, lhe pedia que a enviasse para todas as estações de rádio, pagava um dinheirinho aqui e ali e fazia com que ela fosse tocada para que eu pudesse ter uma música nova lançada. Isso era divertido, não rentável, mas ganho dinheiro de outras maneiras. Agora posso me divertir com a minha música.

Esse vem sendo o maior presente do Cabo Wabo. A fábrica de tequila paga para que eu possa permanecer na indústria musical. Eu poderia ganhar dinheiro com turnês, mas eu não viajaria em um jatinho particular e não ficaria em bons hotéis como banda de abertura ou tocando em casas pequenas. Eu não gravaria discos.

Minha banda recebe um salário de banda grande. Não lucro muito com minha carreira musical, o que me faz amá-la ainda mais. Isso remove o fator comercial da equação. Essa é a coisa mais bem-sucedida que já fiz, tirar a parte comercial da minha música, porque agora tudo o que faço vem do coração, meu bem. Também me sinto livre para fazer coisas como a canção do The Staple Singers. Adoro não ficar preso à minha imagem ou ao que as pessoas pensam de mim. Amo essa música. Fiquei muito feliz em gravá-la. Foi como "Sam I Am". Senti como se pudesse compor e gravar o que quisesse. Não existe nenhuma indústria hoje em dia, de qualquer maneira.

Resumindo, quero gravar discos. Quero escrever músicas. Quero cair na estrada e tocar material novo para as pessoas. Esse foi um dos principais motivos de eu montar o Chickenfoot com Chad Smith na bateria, Joe Satriani na guitarra e Michael Anthony no baixo.

Tudo começou alguns anos antes, quando Chad Smith do Red Hot Chili Peppers começou a frequentar minha festança de aniversário todos os anos. Ele comprou uma casa por lá. Nós tocávamos, tocávamos e tocávamos. Eu lhe disse para nunca ir a Cabo sem me ligar antes. Eu lhe telefonava e dizia que estava indo para Cabo no dia seguinte, então ele pegava um avião e viajava para lá também. Ele, Michael Anthony e eu tocávamos todas as noites. Chamávamos nosso pequeno trio de Chickenfoot. Tocávamos covers e o que nos desse na telha. Eu deixava o Mike fazer os vocais principais. Costumávamos fazer um medley incrível de "Come Together" e "Give It Away" do Chili Peppers. E também do James Brown, "Hot Pants", "Give It Up", "Turn It Loose", "Superbad", terminando com "Cold Sweat". Estávamos detonando, nos divertindo pra valer. Chad falava isso o tempo todo. "É isso aí", dizia ele. "Vamos montar uma banda." Foram necessários cinco anos para a luzinha acender.

Prometi a mim mesmo que nunca mais tocaria com outro gênio da guitarra, mas percebi que, para essa banda dar certo, seria necessário algum tipo de guitarrista superestrela. Não consigo tocar guitarra e cantar. É trabalho demais. Posso improvisar, mas, se tivesse que tocar tudo todas as noites, eu teria muita dificuldade em grande parte do tempo. A primeira pessoa em quem pensei foi Joe Satriani.

Eu havia telefonado para Satriani para falar sobre tocarmos juntos muitos anos antes, e ele me disse: "Não toco música de outras pessoas". Mas eu o tinha visto algumas vezes desde então e ele parecia ser bem legal, quieto e reservado, distante, não muito extrovertido. Dessa vez, ele ficou muito mais interessado.

Era o fim de semana do Super Bowl de 2008 em Las Vegas, e eu tinha um show marcado no Pearl, a grande sala de espetáculos do Palms Hotel. Diversão das boas. Os ingressos estavam esgotados. Joe tinha chegado de uma turnê. Pegamos seu amplificador e fomos para Vegas. Mike e Chad nos encontraram lá. Combinamos as coisas no camarim. Porém, só conversamos, não ensaiamos. Decidimos que todos conheciam "Goin' Down", "Mr. Fantasy" do Traffic e "Rock and Roll" do Led Zeppelin. Não falamos sobre arranjos nem nada. Simplesmente subimos no palco e tocamos. Fiz o show com o The Wabos e, para o bis, anunciei que receberíamos alguns convidados especiais, enquanto a equipe montava o equipamento do Joe e ajustava a bateria para o Chad. O amplificador do Mike já estava montado.

Trinta segundos depois do início de "Goin' Down", aquela plateia foi à loucura. Eu senti. Todos no palco sentiram. Nossas esposas, a equipe, os empresários — todos viram aquilo. Todo mundo na casa sentiu. Foi eletrizante. Eu tinha acabado de fazer um ótimo show com minha banda, tocado todos os sucessos que eu poderia ter tocado, mas essa banda fez algo único com aquela plateia. Aquela era uma banda de verdade.

Desde a primeira vez que tocamos juntos, soube que tínhamos nos deparado com uma combinação impossível de musicalidade e química. O mais legal sobre o Chickenfoot não foi apenas o fato de a química ter sido certa logo de cara, mas também o fato de sermos todos adultos, com nossas próprias carreiras, nosso próprio dinheiro. Ninguém precisava de dinheiro. Tocávamos músicas de que gostávamos. Não estávamos tentando ser assim ou assado. Éramos exatamente o que e quem éramos e deixávamos o que quer que aquilo fosse acontecer. Isso fazia com que tudo soasse como jazz, de sua própria maneira. Não era jazz, mas era como jazz, no sentido de que éramos quatro caras tocando exatamente a música que queríamos tocar, do jeito que queríamos tocar. Para nós, isso funcionava.

Eu sabia que um suposto supergrupo receberia mais atenção. As gravadoras poderiam nos apoiar, e nós poderíamos cair na estrada e tocar só coisas novas, me dar uma folga de "I Can't Drive 55". Eu amo essas músicas, mas não gosto de tocá-las o tempo todo. O primeiro disco do Chickenfoot se saiu bem. Ele ganhou disco de ouro. Lucramos alguma coisa. Para mim é difícil gastar algumas centenas de milhares de dólares em um disco e lucrar só cem, mas as coisas são assim. A indústria musical já chegou ao fim.

Minha carreira solo funciona de trás para a frente. Pessoas como Phil Collins ou Peter Gabriel saem de uma banda para começar uma carreira solo. Eu sempre tive minha carreira solo primeiro e depois entrei para uma banda. Eles começam uma carreira solo porque estão cansados de ficar em uma banda. No meu caso, entrei em bandas porque precisava da inspiração. Aprendi muitas coisas no Montrose — tocar guitarra como Ronnie, liderar uma banda, entender como uma banda funciona — e usei tudo isso em minha carreira solo depois do Montrose. Dez anos depois, eu estava tocando em diversas arenas com ingressos esgotados, tive cinco discos de platina na sequência com a Geffen e estava pronto para me juntar ao Van Halen quando eles me convidaram. Estava cansado de fazer minhas próprias coisas e pensando em tirar um ano de folga e, no fim das contas, não sabia o que fazer. Eu precisava estar envolvido com outros músicos para voltar a crescer. Dez anos com o Van Halen, e eu já estava pronto para voltar à minha carreira solo. Uma pena eu ter ficado aquele décimo primeiro ano. Já tinha aprendido tudo o que podia com aquela banda.

Eu queria um último momento de glória. Venho ameaçando me aposentar desde 1984. Sempre aparece alguma coisa que me impede de desistir. O Chickenfoot é a única banda de rock clássico a aparecer em muito tempo. Felizmente, evitamos ser chamados de supergrupo. É sempre difícil viver à altura disso. Nós com certeza éramos supermúsicos, todos da banda. Quando nos reuníamos, Joe começava a tocar uma ideia para uma música. Chad entrava na onda. Mike aprende mais rápido do que qualquer outra pessoa — ele agia como se já conhecesse a música. Eu começava a improvisar, inventava a letra na hora ou a escrevia mais tarde. Era assim que escrevíamos todas as músicas. Joe levava uma ideia nova. Ao final do dia, eu já tinha a minha parte. Todos sabiam o que ele iria tocar. Performance mágica. Nem um pouco cansativo. Não precisávamos arrancar nada de ninguém. Com o Chickenfoot, nós apenas chegávamos e detonávamos.

Decidimos que queríamos que nosso disco tivesse um som clássico. Pensamos em trabalhar com Brendan O'Brien ou um dos outros produtores jovens do momento, mas contratamos Andy Johns, ainda que eu tivesse me recusado a trabalhar com ele em *For Unlawful Carnal Knowledge*. Por mais que eu quisesse matá-lo, e no fim das contas o tivesse dispensado do disco do Van Halen, ele gravou os melhores discos de classic rock de todos os tempos, *Led Zeppelin III*, *Exile on Main St.* Joe também tinha trabalhado com ele. Nós dois sabíamos que ele tinha muitos problemas pessoais, mas, quando Andy Johns monta os microfones ao redor de uma bateria, as coisas começam a acontecer. O álbum do Chickenfoot foi um entre os únicos doze álbuns que ganharam disco de ouro em 2009.

Com a energia maluca do Chad, eu me transformei no rapaz certinho. Qualquer outra pessoa perderia o ritmo umas vinte vezes ao mudar a batida com a frequência com que ele muda, mas ele mantém o ritmo e toca tudo o que você pode imaginar em todas as músicas. Ele é um baterista feroz. Ele realça o melhor do Joe, obriga o Joe a não ser muito conservador. E Joe pode ser o técnico de um técnico. Mas não com o Chickenfoot. Não existe nada como o 'Foot. O Chickenfoot nunca vai me transformar em um bilionário. Por que estou fazendo isso? Por que trabalho tanto?

Se quisesse ser um bilionário, eu provavelmente conseguiria. Eu poderia pegar tudo o que tenho agora e usar como alavancagem, assim como Donald Trump. Foi isso o que ele fez. Eu também poderia trabalhar para alcançar esse objetivo. Mais algumas ideias boas e quem sabe? Eu poderia inventar tantos lugares diferentes que seriam divertidos, que seriam bem-sucedidos, que tenho certeza de que poderia ser um bilionário se quisesse. É provável que não seja muito difícil. Mas não tenho interesse. Não quero ser um bilionário. Isso seria a maior perda de tempo do mundo.

Quando tive a ideia para o Sammy's Beach Bar & Grill, soube que era uma ótima ideia, mas tive que refletir por que eu seguiria em frente com ela. Eu não precisava do dinheiro. Descobri que sou capaz de fazer algo assim e sei como fazê-lo, e para mim isso parece ser a coisa mais fácil do mundo. Eu só não conseguia pensar em uma única razão para fazê-lo. Então pensei que poderia fazê-lo para ajudar instituições de caridade. Kari e eu gostamos de apoiar instituições de caridade que ajudam crianças.

O Beach Bar & Grill de Maui trabalha com uma instituição de caridade que ajuda crianças da ilha gravemente doentes. Todos os nossos restaurantes Beach Bar & Grill apoiam instituições de caridade nas cidades nas quais estão localizados. Ajudamos a pagar um transplante de rim para uma menina. Não pagamos pela cirurgia, mas pagamos para que sua família pudesse ir a San Francisco, onde ela seria operada. Construímos alguns restaurantes em aeroportos — Las Vegas, St. Louis, JFK em Nova York — e eles rendem um fluxo contínuo de renda para as instituições locais que trabalham com crianças. Uma pessoa com quem faço trabalhos de caridade em Maui me pediu para falar com alguns adolescentes que passaram por orfanatos. Eles são liberados da instituição, mas não têm ninguém lá fora, nem um irmão ou uma irmã. Não sabem quem são seu pai e sua mãe. Ele disse que esses jovens, por falta de escolha, acabam arrumando encrenca. Ele administra um abrigo para esses adolescentes. São jovens que não têm nenhuma autoestima, ele diz, que não acreditam nem um pouco em si mesmos. Eu posso consertar isso. Posso ajudar esses jovens, porque eu posso dizer a eles que, antes de tudo, não importa quem seus pais sejam, não importa onde você nasceu, todos nascem com os mesmos dons. Você tem as mesmas habilidades que eu, que qualquer outra pessoa. Só porque você não sabe quem são seus pais, não pode pensar que não tem a capacidade de conseguir o que quiser.

Você é tão poderoso quanto eu ou qualquer outra pessoa. Você nasceu com isso. Eu sei que acredita, do fundo do coração, que isso é diferente para você, mas digo que você nasceu com os mesmos dons que eu, os mesmos dons que os Kennedy ou qualquer outra pessoa. Você pode pegar um resfriado, como qualquer pessoa.

Pode arrumar um emprego, como qualquer pessoa. Você pode ter uma família. Pode se apaixonar. Pode cair de um penhasco. Pode ser como qualquer outra pessoa. Nada é diferente para você. Pode ser tão bem-sucedido quanto qualquer um. E eu sei que o sucesso não tem fim.

Eu com certeza acredito em Deus e, mesmo que não acreditasse, eu acredito que você deveria. As pessoas precisam acreditar em alguma coisa. Sem fé em algo, você só anda em círculos. Eu realmente acredito em coisas espirituais. Acredito no desconhecido. Acredito em Deus, em óvnis, em alienígenas e em todos esses mistérios. Acredito de coração em todas essas coisas. Uma das minhas principais crenças é na bondade e em ser uma boa pessoa nesta vida. Não acredito em matar pessoas, em infligir sua vontade sobre outra pessoa e em tentar machucá-las de alguma maneira. Não importa como elas sejam más — isso não é da sua conta e, se você mexe com isso, está mexendo com o mal. Se as pessoas soubessem como a vida é sagrada e não tirassem a vida uma das outras, seríamos uma raça muito melhor. Este planeta estaria em condições melhores.

Há certas coisas que não faço. Sei que meus fãs veem alguma coisa em mim que fazem com que me respeitem. Às vezes sinto que não sou merecedor. Sei que sou uma boa pessoa, que tenho boas intenções e que me dedico bastante, mas eles veem alguma coisa ali, acho, que é mais profundo do que eu penso de mim mesmo. Eu me considero uma boa pessoa, mas não me considero especial. Único, talvez, mas não vejo uma grande estrela quando me olho no espelho pela manhã. Vejo minha mãe. Ela era o sal da terra. Ela catava coisas em caçambas de lixo. Quando minha mãe nos levava para passear nos fins de semana, sua ideia de passeio e de fazer alguma coisa em família era levar nós quatro para o lixão da cidade e catar coisas. E nós adorávamos isso. Era uma grande diversão, encontrar coisas. Era como uma caça ao tesouro para nós, crianças. Minha mãe encontrava comida, como frutas e legumes quase estragados que os mercados jogavam fora. Ela encontrava duas ou três laranjas boas e ficava muito feliz. “Ah, olhem só estas!”, exclamava ela.

Eu lhe comprei casas e carros. Não havia nada que eu não fizesse por ela, mas ela não aceitava. Eu praticamente tinha que obrigá-la a me deixar comprar alguma coisa para ela.

— Mãe — dizia eu —, é só me dizer. O que você quer? O que você sempre quis fazer?

— Bom, eu não sei — respondia ela. — Eu tenho praticamente tudo o que poderia desejar.

Ela era tão sólida. Eu sou igual a ela. Não sinto como se fosse alguém importante. Não me sinto como uma grande estrela e não quero ser um bilionário. Tenho algumas ambições bem loucas, mas existe algo dentro de mim que é como a minha mãe, e eu gosto muito disso.

NOTA DO COAUTOR

EU ME SINTO AFORTUNADO E PRIVILEGIADO EM AJUDAR SAMMY a contar sua extraordinária história. Sam e eu nos conhecemos há muito tempo — eu vi o The Justice Brothers no The Wharf Rat — e ele certa vez anunciou meu número de telefone residencial para a plateia no Cow Palace, como uma maneira de mostrar objeção a uma das minhas resenhas. Como um membro de carteirinha de longa data da elite crítica do rock, com sua ortodoxia doutrinária proscrita cuidadosamente, eu tenho plena ciência de como tais círculos referem-se ao Sam. A eles, eu digo, vão se foder, o cara teve "Rock Candy" em seu primeiro álbum. Existem carreiras inteiras muito respeitadas que nunca alcançaram algo tão grande, e esse foi apenas o disparo inicial do Sammy. Aqueles que conhecem Sammy todos esses anos vão corroborar que ele continua consistentemente sendo a mesma pessoa esse tempo todo. Ele é tão autêntico quanto o The Grateful Dead, talvez mais. Sammy Hagar é um verdadeiro herói da classe trabalhadora. Eu me sinto tão orgulhoso deste livro quanto de qualquer outra coisa que já fiz.

— J.S.

AGRADECIMENTOS

ESTE LIVRO É DEDICADO À MINHA MÃE.

Obrigado a minha esposa e filhos — Kari, Aaron, Andrew, Kama e Samantha; meu irmão, Bob Jr. (Ponchito); minhas duas irmãs, Bobbi e Velma; Betsy e Bucky; todas as minhas tias e tios, sobrinhas, sobrinhos, primos e sogros que ajudaram a deixar minha vida tão colorida; minha banda, The Wabos — Vic, David (Bro), Mona e Mikey; Renata e Bill Ravina; Carter; Joe Selvin por me convencer a escrever este livro e por fim ficar do meu lado; Ronnie Montrose; Ed e Al; Joe e Chad; minha equipe — Paul, Rosie, Ace, Jim, Three, Big Kenny, Chris, Rick, Gage, Duggie, Manning, Rich e Austin; todos os funcionários dos bares Cabo Wabo e dos restaurantes Sammy's Beach Bar & Grill; Marco e Jorge; Dick Richmond por me ajudar com este livro; Don Marrandino; Stan Novak; Frank Sickelsmith; Don Pruitt; John Koladner; Gary Arnold; Ed Leffler, meu segundo pai; Shep Gordon; Steve Kauffman; a equipe da Skyy e Campari; Wilson Daniels. Além de Mo Ostin; David Geffen; Irving Azoff; Tom Consolo; Rupert Perry; Mick Brigden; Todd Gallopo; Maureen O'Conner; Bobby D; CJ e Johnny da Podell Talent. Todos meus amigos chefs, todos os músicos que tocaram no Cabo Wabo e os músicos com quem já tive o prazer de tocar. Ma, Lu e Chick; todos os meus velhos amigos com quem cresci; meu padrasto, Mike, por ter comprado meu primeiro carro; e um agradecimento especial aos fãs, a todos os Red Heads, por serem os melhores companheiros de viagem que um artista pode ter. E meu pai, que acreditava mais em mim do que em si mesmo.

— Sammy

PRECISO AGRADECER a Lisa Sharkey, Matt Harper e toda a equipe da Harper Collins/It Books; Frank Weimann do Literary Group (e Elyse Tanzillo); Carol Mastick pelas transcrições; Peter Rieger e toda a equipe do Pierre pela hospitalidade; Carter por dizer não; David Ritz por me mostrar como; e, sempre, Carla por ser ela mesma. E, é claro, meus maiores agradecimentos ao Sammy.

— J.S.

COMPRE UM
·LIVRO·
doe um livro

Sua compra tem
um propósito.

Saiba mais em
www.belasletras.com.br/compre-um-doe-um

Este livro foi composto em Georgia e impresso em pólen bold 70 g pela gráfica Impress, em junho de 2021.